십자가, 순복음 신앙의 뿌리
여의도순복음교회의 신앙과 신학, 제1권

십자가, 순복음 신앙의 뿌리

초판 1쇄 발행   2011년 4월 5일
6쇄 발행   2023년 10월 30일

지은이   이영훈
펴낸곳   교회성장연구소

등록번호   제 12-177호
주소   서울시 영등포구 은행로 59, 4층
전화   02-2036-7936
팩스   02-2036-7910
홈페이지   www.pastor21.net

※ 책 값은 뒤표지에 있습니다.
※ 잘못된 책은 구입하신 곳에서 교환해 드립니다.
※ 이 책은 저작권법에 의해 보호를 받는 저작물이므로
무단 전재 및 무단 복제를 금합니다.

ISBN | 978-89-8304-164-7 03230

● 여의도순복음교회의
● 신앙과 신학 I

이것이 충만한 복음(Full Gospel)이다!

The Cross on Calvary,
The Theological Foundations of
the Full Gospel Faith

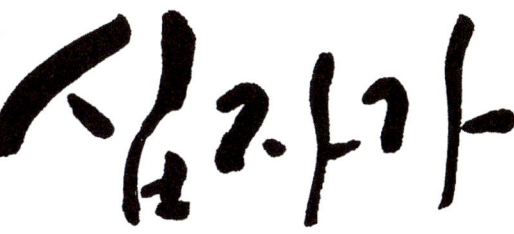

순복음 신앙의 뿌리

: 이영훈 지음

교회성장연구소

:들어가며:

1 순복음의 의미

 '순복음'은 Full Gospel을 번역한 단어다. 'full'은 '가득 차다'라는 뜻의 형용사, 'Gospel'은 '복음'이라는 뜻의 명사로서 'Full Gospel'은 '충만한 복음'을 의미하며, 신본주의에 입각하여 성경 전체의 내용을 '그대로'(fully) '전부'(totally) 믿고 받아들이는 오순절의 성령충만의 복음을 그 내용으로 한다. 따라서 어의상으로는 '만(滿)복음'이나 '전(全)복음'이라고 하는 것이 본래의 의미에 더 가깝지만 처음에 '순(純)복음'으로 번역되었기에 그대로 쓰이고 있는 것이다.
 원래 '순복음'(Full Gospel)이라는 용어는 19세기 자유주의 신학의 영향으로 문서비평설이 등장하면서 성경의 원래 권위가 상실되자 성경을 있는 그대로 다 믿고 받아들이자는 의미로 'Full

들어가며

Gospel'이 쓰이게 되었다. 20세기 오순절 운동의 선구자인 찰스 팔함(Charles F. Parham) 목사가 이 용어를 자주 사용하였는데, 널리 퍼지기 시작한 것은 1950년대 초부터다. 1951년에 카리스마적인 초교파 평신도 기구인 세계순복음실업인교회(Full Gospel Business Men's Fellowship International : FGBMFI)가 남부 캘리포니아의 코스타 메사(Costa Mesa)에 세워졌다.[1] 이 모임의 첫 설교자는 오랄 로버츠(Oral Roberts) 목사였다. 1952년에는 데니스 쏜(Dennis W. Thorn)에 의해 순복음교회협의회(Full Gospel Church Association: FGCA)가 텍사스의 아마릴로(Amarillo)에 세워졌으며[2] 사도적 신앙을 계승하고 해외 선교에 관심이 있었던 목회자들이 순복음전도협회(Full Gospel Evangelistic Association: FGEA)를 결성하여 정기 간행물인 순복음 소식(Full Gospel News)[3]을 발행했다.

  순복음은 창세기부터 요한계시록까지 기록된 하나님의 말씀과 예수 그리스도의 온전한 복음을 성령으로 말미암아 우리의 신앙과 생활에 충만케 하는 복음(Full Gospel)[4]이다. 오늘날 적지 않은 교회와 신자들이 예수님의 복음을 부분적으로 믿고 이해하고 있어서 삶에 지쳐 수고하고 무거운 짐을 진 채 교회를 찾아오는 사람들에게 평안과 위로를 제공하는 대신 높은 종교적 윤리와 도덕만을 요구하는 경우가 많다. 결국 교회가 그리스도 안에서 영적으로 참만족과 기쁨을 주지 못함으로써 그들을 다시 세상으로 돌려보내거나 이단에 빠지도록 방임하는 결과를 낳게 되는 것이다.

  물론 기독교의 신앙에 이러한 윤리적이고 도덕적인 내용들이 포

Prologue

함되어 있지 않다는 것은 아니다. 그러나 예수 그리스도의 복음은 그 차원에서 훨씬 더 나아가 살아 계신 하나님을 체험하게 함으로써 우리의 문제를 해결해 주고, 인생의 상처를 치료해 주고, 죽어가는 자를 살리게 만드는 보다 강력한 내용을 포함한다.

그러므로 순복음 신앙이란 예수 그리스도의 십자가 대속의 결과로 주어진 영혼의 구원뿐만 아니라 육체적 질병의 치료와 생활의 저주로부터의 해방을 모두 포함하는 전인적 구원의 복음을 강조하는 신앙이요, 순수한 성경 중심적 복음주의 신앙을 의미한다.[5]

2. 순복음 운동의 신앙적 기반[6]

순복음 운동은 오순절적인 성령 운동을 그 기반으로 한다. 순복음 성령 운동은 성삼위일체 하나님이 함께 일하시는 운동으로, 하나님의 말씀과 예수 그리스도의 십자가에 바탕을 두고 있다.

(1) 성경 중심의 운동

순복음 운동은 창세기부터 요한계시록까지 66권의 성경 말씀이 정확 무오한 성령의 영감으로 기록된 말씀임을 믿는 성경 중심의 신앙이다. 특히 하나님의 말씀은 시간과 공간을 초월하는 절대 불변의 진리이며, 그 약속의 말씀이 오늘날에도 그대로 역사하고 성취됨을 확신하는 신앙이다.

　나아가 성경 말씀이 신앙생활의 유일한 근거이며, 절대적 권위를 갖고 있음을 믿는다. 그리하여 성경의 기본 중심 사상인 십자가 대속의 신앙으로부터 출발하는 복음의 다섯 가지 주제인 오중복음, 즉 중생, 성령충만, 신유, 축복, 천국과 재림의 복음을 중심 교리로 선포한다.

(2) 하나님 중심의 운동

　순복음 운동은 인간의 전적 타락과 하나님의 절대 은총에 의한 구원을 믿는 신앙이다. 구원에 있어 인간의 행위나 의식, 노력은 전혀 무익하며, 오직 하나님이 허락하신 예수 그리스도의 십자가 대속의 은총에 의해서만 구원 받게 됨을 믿는 것이다. 뿐만 아니라 하나님이 절대 주권을 가지고 우주를 섭리하시며, 인류 역사를 주관하시고, 인간의 생사화복을 주장하심을 철저히 강조한다.

(3) 복음적인 신앙 운동

　순복음 운동은 복음적이다. 복음적이라는 말은 순복음 운동이 종교 개혁적인 기반에서 출발했고 더 깊게는 사도 교회의 신앙, 곧 십자가의 복음에 뿌리를 내리고 있다는 뜻이다. 종교 개혁가들은 중세 가톨릭의 잘못된 구원관을 공격하며 '이신득의'(以信得義)를 주장했는데, 순복음 운동도 이 점에 있어 종교 개혁가들과 뜻을 같이한다. 인간은 오직 믿음에 의해서만 하나님으로부터 의롭다 함을 받을 수 있음을 깨달아야 한다.

(4) 사도 교회적 운동

　순복음 운동은 사도 시대의 교회를 닮고자 노력하는 운동이다(사도행전 2:41~47). 그렇기 때문에 항상 하나님의 말씀을 가르치고 배우며 서로 교제하고 떡을 떼며 기도하기에 힘쓴다. 나아가 기사와 표적이 나타나는 것을 믿고 바라며 간구한다. 또한 모이기를 힘쓰며 많은 예배를 통해 하나님을 찬양하고, 서로 복을 나누어 주기에 힘쓴다. 뿐만 아니라 하나님이 교회의 성장을 기뻐하시며 성령이 교회를 폭발적으로 부흥시켜 주심을 믿는다(사도행전 2:47). 이와 같이 순복음 운동은 초대 교회에 역사하신 하나님의 손길을 오늘날에도 체험하고 누리고자 하는 믿음 위에 서 있다.

(5) 성령 중심의 운동

　순복음 운동은 성령이 하나님이심을 믿고, 인격적으로 성령을 인정하고 환영하고 모셔 들이는 신앙이다. 성령 하나님의 도우심이 없이는 개인의 영적 성장이나 교회성장, 부흥도 불가능하다. 신앙생활의 첫발을 내디딜 때부터 천국에 이를 때까지 성도는 전적으로 성령님을 의지해야 하며, 모든 성도는 성령의 능력을 받아 예수 그리스도를 증거하는 증인이 되어야 한다.
　순복음 운동은 성령의 은혜로운 역사를 통해 하나님의 나라를 크게 확장하고자 하는 운동이다. 그렇기에 순복음 운동은 그 근저에 성경을 중심으로 한 기반과 하나님 중심의 기반, 복음적 기반, 사도 교회적 기반이 확고하게 자리 잡고 있지만 겉으로 가장 두드러지게 보이는 것은 성령 중심의 신앙이다.

Contents

Part 1
십자가 신학에 기초한 순복음 신앙

Chapter 1 삼중축복 : 십자가에서 이루신 완전한 구원 ··· 16
1) 삼중축복이란? • 2) 인간의 전적 타락(삼중형벌)
3) 인간의 전적 구원(삼중축복)

Chapter 2 오중복음 : 복음을 이해하는 다섯 가지 주제 ··· 30
1) 복음이란? • 2) 오중복음이란?

Chapter 3 7대 신앙 : 순복음 성도의 7대 신앙 고백 ··· 38
1) 갈보리 십자가의 신앙 • 2) 오순절 성령충만의 신앙
3) 땅끝까지 전하는 신앙 • 4) 좋으신 하나님 신앙
5) 병을 짊어지신 예수님 신앙 • 6) 다시 오실 예수님 신앙
7) 나누어 주는 신앙

Chapter 4 4차원의 영성 : 십자가의 능력으로 삶을 변화시키는 영적 원리 ··· 48
1) 4차원의 영성이란? • 2) 4차원의 영성의 신학적 기초
3) 4차원의 영성의 원리

십자가, 순복음 신앙의 뿌리
여의도순복음교회의 신앙과 신학, 제1권

Part 2
충만한 복음,
오중복음의 성경적 근거는 무엇인가?

Chapter 1 중생의 복음 : 죄로 죽었던 영이 다시 살아남 … 72
1) 하나님이 지으신 인간 • 2) 중생의 필요성 • 3) 중생의 길
4) 중생의 방법 • 5) 중생의 결과

Chapter 2 성령충만의 복음 : 그리스도로 충만한 삶 … 88
1) 성령은 어떤 분인가? • 2) 성령의 명칭과 상징
3) 성령의 사역 • 4) 중생과 성령세례 • 5) 성령충만

Chapter 3 신유의 복음 : 육체의 연약함과 질병으로부터의 구원 … 107
1) 신유의 의미 • 2) 질병의 근원 • 3) 질병을 대속하신 예수 그리스도
4) 신유의 조건

Chapter 4 축복의 복음 : 주님의 부요하심을 누리며 나누는 축복 … 120
1) 성경의 축복관 • 2) 물질세계에 대한 바른 이해
3) 십자가 대속으로 우리에게 주신 축복 • 4) 성경적인 물질관

Contents

Chapter 5 천국과 재림의 복음 : 천국과 재림을 사모하는 삶 ··· 134
1) 재림의 목적 • 2) 재림의 시기 • 3) 재림의 형태
4) 그리스도 재림 전후의 사건들 • 5) 천국과 지옥
6) 재림의 결과들 • 7) 종말적 삶의 자세

Part 3

전인구원에 대한 신학적 근거는 무엇인가?

Chapter 1 전인구원의 신학에 대한 이해 ··· 154
1) 통합적 신학으로서의 오중복음의 신학
2) 삼중축복의 신학적 원리

Chapter 2 오중복음과 삼중축복의 실천 신학적 적용 ··· 184
1) 한국적 상황에 맞는 순복음 신앙으로의 승화
2) 목회적 적용

십자가, 순복음 신앙의 뿌리
여의도순복음교회의 신앙과 신학, 제1권

Part 4
오중복음과 기독교 윤리

Chapter 1 **오중복음과 기독교 윤리학적 본질** … 196
1) 기독교 윤리의 정의 • 2) 오중복음의 윤리
3) 윤리적 장(場)으로서의 삼중축복

Chapter 2 **오중복음의 기독교 윤리학적 특징** … 206
1) 신론적 윤리 • 2) 기독론적 윤리
3) 새로운 윤리의 요청 • 4) 성령론적 윤리

Chapter 3 **오중복음과 사회 윤리** … 219
1) 경제 윤리 • 2) 환경 윤리 • 3) 향후 한국 사회의 윤리적 과제

Chapter 4 **오중복음과 사회 참여** … 242
1) 윤리적 공동체로서의 교회 • 2) 교회와 사회 참여
3) 오중복음에서의 사회 참여 • 4) 사회 참여적 기독교 윤리에 대한 역사적 고찰

Part 1

십자가 신학에
기초한 순복음 신앙

인간은 누구나 복을 받아 행복하게 살기를 바란다. 그런데 언제부터인가 성도들이 가난하고 고통 받는 중에 신앙생활을 하는 것이 신령한 생활이라는 잘못된 생각을 하게 되었으며, 일부 목회자와 신학자들은 복을 사모하는 기독교 신앙을 샤머니즘적인 기복 신앙으로 비판하고 있다. 물론 이를 맹목적으로 추구하는 것은 비판받아 마땅할 것이다. 그러나 십자가의 대속의 은혜로 주시는 축복을 받아 세상에 나누어주는 것은 성도의 본분이다. 그러므로 이 장에서는 십자가 신학에 뿌리를 둔 순복음 신앙을 살펴봄으로 하나님의 말씀에 굳게 서 있는 신앙임을 밝히고자 한다.

Chapter 1.
삼중축복 : 십자가에서 이루신 완전한 구원

Chapter 2.
오중복음 : 복음을 이해하는 다섯 가지 주제

Chapter 3.
7대 신앙 : 순복음 성도의 7대 신앙 고백

Chapter 4.
4차원의 영성 : 십자가의 능력으로 삶을 변화시키는 영적 원리

Chapter 1

삼중축복
십자가에서 이루신 완전한 구원

---

1 삼중축복이란?

(1) 삼중축복의 의미

　여의도순복음교회의 출발은 불광동 천막 교회였다. 당시의 성도들은 절망 가운데 가난과 저주와 씨름하며 살았다. 그들에게 전한 희망의 메시지가 바로 예수님의 십자가 대속을 통해 우리에게 주어진 영적, 육적, 환경적인 축복 곧 삼중축복이다.

순복음의 오중복음이 우리의 신앙을 위한 이론(theory)과 교리(doctrine)라고 한다면 그 이론과 교리를 실천하는 실제(practice)와 적용(application)이 필요한데 그것이 바로 삼중축복인 것이다.[7]

(2) 신약에서의 삼중축복
① 사복음서

사복음서를 보면 예수님의 메시지와 사역이 현실 생활과 매우 밀접하게 연관되어 있음을 알게 된다. 왜냐하면 예수님은 실제로 죄인의 죄를 용서하시고 그 자리에서 위로해 주셨으며(요한복음 8:1~11), 병든 자를 고쳐 주시고(마태복음 9:1~8), 배고픈 자들을 먹여 주시고(마가복음 6:30~44), 죽은 자를 살리셨기 때문이다(요한복음 11:43~45). 예수님의 사역은 이 땅에 사는 인생의 실존적인 문제들을 해결하신 것이다.

주님의 메시지는 천국을 선포한 것일 뿐만 아니라 천국을 이 땅에 이루게 하신 메시지였다. 주님은 인생의 문제를 해결해 주시면서 "회개하라 천국이 가까이 왔느니라(마태복음 4:17)."라고 복음을 전파하셨다. 이와 같이 예수님이 이 땅에 계실 때 행하신 구원 사역은 삼중축복과 연결된 것들이었다. 예수님은 영적인 문

여의도순복음교회의 출발이 된 불광동 천막 교회의 예배 모습

제뿐만 아니라 현실적인 문제도 간과하지 않으셨음을 우리에게 보여 준다.[8]

② 서신서

서신서를 보면 구원은 우리의 삶 전체를 포함하고 있다. 예수 그리스도를 믿는 자는 삶 전체가 새로워지는 피조물이 되며(고린도후서 5:17), 삶의 위치 또한 완전히 새로워진다(갈라디아서 6:10). 그리스도의 복음이 임하는 곳에는 모든 인간관계가 변화되는 바 결혼, 배우자와의 관계, 자녀들의 교육, 상사와 부하의 자세, 그리고 삶의 불안과 비탄, 기쁨과 자유, 재물과 명예, 미래에 대한 관심 등 모든 면에서 하나님의 자녀답게 변화하는 것이다.

2 인간의 전적 타락(삼중형벌)

(1) 영적 죽음

"여호와 하나님이 그 사람에게 명하여 이르시되 동산 각종 나무의 열매는 네가 임의로 먹되 선악을 알게 하는 나무의 열매는 먹지 말라 네가 먹는 날에는 반드시 죽으리라 하시니라(창세기 2:16, 17)."

선악과를 따먹었을 때 아담과 하와는 하나님의 말씀대로 영적으로 죽게 되었다. 영이 죽었다는 것은 '하나님으로부터 분리되었다.'라는 뜻이다. 영이 죽기 전의 인간은 하나님과 교제하고 대화하는 가운데 그의 지혜와 분별력과 은총 아래에서 살 수 있었다. 그러나 하나님과 분리되면서 스스로의 힘으로 살 수밖에 없게 되었다. 신본주의에서 인본주의로 전락하여 하나님이 예비하신 에덴에서 믿음과 순종으로 사는 대신 하나님이 부재한 세계 속에서 인간의 제한된 수단과 방법과 지혜만으로 살아가게 된 것이다.

이와 같이 에덴에서 쫓겨난 이후로 인간은 하늘을 향한 창문이 닫혔기 때문에 오관을 통한 감각적 지식만을 느낄 뿐 하나님과의 교제에서 알게 되는 계시적 지식은 얻을 수 없게 되었다. 이것이 타락의 첫 결과로서 인간에게 다가온 영적 죽음이다.[9]

(2) 환경적 저주

"아담에게 이르시되 네가 네 아내의 말을 듣고 내가 네게 먹지 말라 한 나무의 열매를 먹었은즉 땅은 너로 말미암아 저주를 받고 너는 네 평생에 수고하여야 그 소산을 먹으리라 땅이 네게 가시덤불과 엉겅퀴를 낼 것이라 네가 먹을 것은 밭의 채소인즉(창세기 3:17, 18)"

아담과 하와의 타락으로 땅은 저주를 받아 가시덤불과 엉겅퀴가 자라게 된다. 이때부터 시작되어 오늘날까지 인간의 삶의 전반에 저주의 가시와 엉겅퀴가 돋아나게 되었다. 인간이 가정을 세워 행복하게 살려 해도 가정 내에 불행의 가시와 엉겅퀴가 돋아나고, 인류를 위해 과학 문명을 발전시켜 잘 살아 보려 해도 미움의 가시, 불안과 공포의 가시, 좌절과 절망의 가시가 돋아나며, 나아가 죽음의 가시까지 돋아나 그 모든 고통에서 벗어날 수 없게 되었다.

이 가시와 엉겅퀴는 현실적인 물질 사회뿐만 아니라 정신 사회 속에도 있다. 인간은 그 방대한 지식과 법률 등 사회 전반에 걸친 각종 제도를 바탕으로 행복한 사회를 만들고자 하지만 정신적인 가시와 엉겅퀴를 말끔히 제거하기는 힘들다. 요즘은 옛날보다 물질적으로는 풍요로울지 몰라도 심적으로 진정한 행복을 누리며 사는 사람은 많지 않다. 왜냐하면 세월이 흐를수록 가시와 엉겅퀴가 더욱 무성해져서 인간을 찌르고 찢고 피 흘리게 하기 때문이다.[10]

(3) 육체적 죽음

"네가 흙으로 돌아갈 때까지 얼굴에 땀을 흘려야 먹을 것을 먹으리니 네가 그것에서 취함을 입었음이라 너는 흙이니 흙으로 돌아갈 것이니라 하시니라(창세기 3:19)."

인간이 처음 창조되었을 때는 죽지 않는 육체를 가지고 있었다. 그러나 돌이킬 수 없는 죄를 범했기에 하나님은 타락한 인간에게 흙으로부터 지음 받았으니 흙으로 돌아가라고 명령하셨다. 그 결과 인간의 육체가 흙으로 돌아가는 것, 즉 죽음의 출발인 질병이 인간에게 다가오게 되었다.

갖가지 비극적인 병들이 인간의 육체에 붙어 우리의 삶을 도적질하고 파괴시켜 끝내는 흙으로 돌아가게 만든다. 오늘날 인류는 이 절망과 슬픔을 안은 채 살아가고 있다. 그토록 의학을 발전시켜 육신의 건강을 유지하려 노력해도 결국 사람은 죽음에 이르고 만다. 그 누구도 피할 수 없는 육체적 죽음의 강이 인간의 역사 속에 흐르게 된 것이다.[11]

3 인간의 전적 구원(삼중축복)

(1) 예수 그리스도의 보혈의 대속적 사역[12]

① 불순종한 죄의 대속

타락한 인간은 오직 예수 그리스도의 보혈의 공로로 죄 사함을 받고 저주에서 벗어날 수 있다. 예수님은 겟세마네 동산에서 첫 번째 보혈을 흘리셨다. 성경은 예수님이 기도하실 때 땀방울이 변하여 피같이 되었다고 기록하고 있다(누가복음 22:44). 아담 이후부터 인류의 종말 때까지 온갖 추악하고 더러운 죄가 가득한 죄악의 잔 앞에서 점도 없고 흠도 없는 의로우신 예수님은 몸서리치지 않을 수 없으셨다. 할 수만 있다면 예수님은 그 잔을 마시지 않기를 원하셨다. 그래서 예수님이 사력을 다해 기도하실 때 그 얼굴에서 점도 없고 흠도 없는 의로운 피가 흘러내리기 시작했다. 그러나 예수님은 "나의 원대로 마시옵고 아버지의 원대로 하옵소서(마태복음 26:39)."라고 기도하셨다.

그러므로 겟세마네 동산에서 흘리신 피는 당신의 의지를 깨뜨리고 하나님께 순종하시기 위한 피로서, 곧 우리의 불순종을 대속하신 피다. 마음을 바로잡아 하나님의 뜻대로 살 수 있는 위대한 힘을 주는 권세가 바로 이 보혈 속에 있다. 우리가 이 보혈을 의지할 때 아담 이후로 내려오는 마음속의 불순종이 비로소 깨어지게 된다.

② 질병의 대속

예수님은 빌라도의 뜰에서 두 번째 보혈을 흘리셨다. 예수님은 빌라도에게 사형 선고를 받으신 후 로마 군인들에게 끌려가 채찍을 맞으셨다. 가죽 채찍을 내리칠 때마다 채찍 끝의 쇠갈고리가 예수님의 살을 파고들었다. 예수님의 가슴과 등에 골이 패이고 그곳에서 피가 솟구쳤던 것이다. 이것이 우리의 질병의 대속을 위해 흘리신 보혈이다. 성경은 "그가 채찍에 맞으므로 우리는 나음을 받았도다(이사야 53:5)."라고 기록하고 있다. 따라서 빌라도의 뜰에서 흘리신 예수님의 보혈은 질병으로 쇠약해진 우리의 육신을 고쳐 주시기 위한 것이었다. 예수님이 우리의 연약함을 친히 담당하시고 병을 짊어지셨던 것이다(마태복음 8:17).

③ 저주의 대속

빌라도의 뜰에서 예수님은 머리에 가시관을 쓰셨다. 억센 가시가 예수님의 머리를 찌르자 보혈이 흘러내리기 시작했다. 이것이 예수님이 흘리신 세 번째 보혈이다.

아담과 하와가 타락했을 때 하나님은 저주의 상징으로 땅에서 가시와 엉겅퀴를 내셨다(창세기 3:18). 아담과 하와가 하나님의 뜻을 거역하는 생각을 품었기에 이 땅에 저주가 온 것이다. 예수님이 가시 면류관을 쓰신 것은 이러한 저주를 상징적으로 나타내고 있다. 예수님이 머리에 가시관을 쓰심으로써 잘못된 생각을 통해 이 땅에 내린 저주를 속량하셨을 뿐만 아니라 범사가 잘되는 복을 가져다주셨다(갈라디아서 3:13, 14). 우리가 이것을 믿고 의지할 때 저주에서 씻음을 받게 되는 것이다.

④ 원죄와 자범죄의 대속

마지막으로 예수님은 십자가에 못 박히시어 모든 물과 피를 다 쏟으셨다. 예수님이 십자가 위에서 흘리신 피는 버림받는 자리에서 구원 받게 하는 피다. 영원히 저주 받아 지옥 불에 던져질 수밖에 없는 우리의 영혼을 구원하시기 위한 대속의 피인 것이다. 십자가 위에서 예수님은 "다 이루었다(요한복음 19:30)."라고 말씀하셨는데, 이는 '다 지불했다.'라는 뜻이다. 곧 우리의 원죄와 자범죄 일체를 손수 속량하셨다는 의미인 것이다. 이로써 인류의 구원을 위한 하나님의 역사는 완벽하게 성취되었다.

(2) 삼중축복

예수 그리스도의 십자가 죽음과 보혈의 능력으로 말미암아 인류는 영적, 육체적, 환경적 저주와 죽음에서 대속함을 얻게 되었으며 영적, 육체적, 환경적 복을 받을 수 있게 되었다.

① 영적 축복

죄 없으신 주님이 십자가 형벌을 받으신 것은 바로 우리 모두의 죄와 허물을 대속하시기 위함이었다. 십자가 위에서 예수님이 "다 이루었다."라고 외치셨을 때 우리의 과거, 현재, 미래의 모든 죄가 하나님 앞에서 청산되었으며, 마치 한 번도 죄를 짓지 않은 사람처럼 부끄러움 없이 하나님 앞에 설 수 있는 법적 자격까지 얻게 되었다. 하나님과 원수 되었던 관계가 청산되고 올바른 관계로 회복된 것이다. 이로써 인간은 상실되었던 하나님과의 교제를 다시 시작할 수 있게 되었다.[13] 이러한 교제가 지속되도록 모든 성도는 기도, 말씀, 그리고 하나님께 드리는 예배에 힘써야 한다.[14]

우리가 예수님을 믿을 때 비로소 영의 창문이 활짝 열려 성령이 임하시며, 하나님이 그리스도 안에서 우리를 위해 예비해 놓으신 그 모든 지식이 창문을 통해 비치는 밝은 태양처럼 우리의 마음속에 들어오게 된다. 그리하여 우리는 성령을 통해 하나님의 깊은 지식을 깨닫게 되며(고린도전서 2:9, 10), 그 선하시고 기뻐하시고 온전하신 뜻을 분별할 수 있게 되는 것이다.

② 환경적 축복

아담은 죄의 형벌로 에덴에서 쫓겨나게 된다. 그 이후로 오랫동안 하나님은 인간에게 분노하시고 그들을 심판하셨다. 바로 이러한 관계를 청산하고자 예수님이 십자가에 매달리시고 하나님으로부터 버림받으신 것이다(마태복음 27:46).

성경은 예수님의 환경적 '가난'의 대속에 대해 "우리 주 예수 그리스도의 은혜를 너희가 알거니와 부요하신 이로서 너희를 위하여 가난하게 되심은 그의 가난함으로 말미암아 너희를 부요하게 하려 하심이라(고린도후서 8:9)."라고 기록하였고, '저주'의 대속에 대해서는 "그리스도께서 우리를 위하여 저주를 받은 바 되사 율법의 저주에서 우리를 속량하셨으니 기록된 바 나무에 달린 자마다 저주 아래에 있는 자라 하였음이라(갈라디아서 3:13)."라고 말하고 있다. 복의 근원이신 하나님의 아들이 우리 대신 저주를 짊어지고 피를 흘리시어 저주의 세력을 멸하신 것이다. 그래서 예수님을 믿으면 미움과 원망, 불안과 초조, 공포와 절망, 좌절과 죽음, 죄책과 정죄 등 모든 저주의 가시가 제거된다. 그리고 마음속에 평화의 강물이 흐르는 삶을 누릴 수 있는 그리스도의 복이 주어진다.[15]

③ 육체적 축복

아담의 타락으로 다가온 육체적 죽음은 예수님의 대속으로 완전히 회복되었다. 이제 육체의 남은 생애를 사는 동안 예수 그리스도의 대속에 입각하여 인간의 몸에 붙어 우리를 도적질하고 파괴하는 질병에 대한 치료와 건강의 회복을 단호하게 주장할 수 있는 것이다.

그뿐만 아니라 죽음을 이기고 부활하신 그리스도 안에서 우리는 연약함과 죽음을 완전히 극복하고 영생의 복을 누리게 된다. 예수님이 부활하시어 살려 주는 영이 되셨으므로 예수님을 구주로 모신 사람, 즉 그리스도의 영이 있는 사람은 그 육체가 부활할 생명의 씨앗을 얻게 되는 것이다(고린도전서 15:42~45). 그렇기에 우리 그리스도인들은 죽어도 썩어 없어지지 않는다. 주께서 호령과 천사장의 소리와 하나님의 나팔로 친히 하늘로 좇아 강림하실 때 주안에서 죽은 자가 먼저 일어나고 살아남은 우리도 변화되어 공중으로 끌려 올라가 주와 함께 영원히 살게 된다(데살로니가전서 4:16, 17).[16]

(3) 요한3서 1장 2절에 대한 이해

"사랑하는 자여 네 영혼이 잘됨 같이 네가 범사에 잘되고 강건하기를 내가 간구하노라(요한3서 1:2)."

① 사랑하는 자여

사도 요한은 예수 그리스도의 대속을 통해 우선 "사랑하는 자여"라고 전제해 놓았다. 그리스도의 대속의 은혜 아래 있는 우리는 하나님께 미움을 받는 자가 아니라 사랑 받는 자다. 그리스도 안에서 택함 받은 존재인 것이다. 그러므로 삼중축복을 받게 되는 전제 조건은 예수 그리스도를 개인적으로 또 인격적으로 모셔 들여 하나님의 사랑을 받는, 하나님이 사랑하는 자녀가 되는 것이다.[17]

② 네 영혼이 잘됨 같이

인간의 생명과 생활의 모든 근원은 영혼에 있으므로 먼저 영혼이 잘되어야 한다. 영혼이 잘되고 나면 타락하고 죄악에 찬 성격을 개조하고 변화시켜 풍성한 삶을 이룰 수 있다.[18]

영혼이 잘되기 위해서는 먼저 그의 나라와 그의 의를 구해야 한다. 그런데 대부분의 사람들이 예수님을 믿는다 하면서도 말씀에 순종하여 믿음, 소망, 사랑 가운데 생활하려는 생각은 하지 않고, 현실적인 문제에만 급급하여 어서 빨리 해결해 달라고 주님께 간구한다. 이렇게 순서가 잘못되면 하나님은 역사하시지 않는다. 먼저 구할 것과 나중에 구할 것의 순서를 반드시 지켜야 한다.

하나님을 섬기며 하나님 중심으로 사는 것이 본업이 되고 세상의 삶은 부업이 되는 것이 그리스도인의 올바른 삶의 순서다. 그런데 요즘 신자들을 보면 하나님은 부차적으로 믿고 대신 세상의 삶이 본업이 된 경우가 너무나 많다. 이렇게 우선순위가 뒤바뀌었기 때문에 생활 속에 부조리가 다가오고, 여러 가지 시험과 환난을 만났을 때 하나님께 부르짖어도 응답을 받지 못하는 것이다. 그러므로 그리스도인은 무엇보다 먼저 영혼이 잘되도록 힘써야 한다.[19]

③ 네가 범사에 잘되고

여기서 '범사'는 삶의 모든 활동과 노력을 총칭하며, 생명체를 둘러싼 환경과 조건과 상태를 모두 포괄한다. 그러므로 '범사가 잘되기를 간구한다는 것'은 영혼이 잘됨 같이 육체가 살아가는 데 필요한 모든 노력의 결과 또한 좋게 나타나기를 기원하는 것이다. 매사에 최선을 다하여 풍성한 생활을 하며, 하나님 나라의 사업을 위해 헌신하고 소외된 이웃에게 그리스도의 사랑을 함께 나누는 섬김의 삶도 포함된다.[20]

우리의 영혼이 잘되면 하나님의 복이 우리와 함께 있기 때문에 범사에 모든 것이 합력하여 선을 이룬다(로마서 8:28). 예수님은 분명히 "너희는 먼저 그의 나라와 그의 의를 구하라 그리하면 이 모든 것을 너희에게 더하시리라(마태복음 6:33)."라고 말씀하셨다. 이것을 믿고 기도하며 나아갈 때 우리의 생활 속에 복이 더해지는 것이다.[21]

④ 강건하기를 간구하노라

강건하기 위해서는 먼저 병 고침을 받아야 한다. 여기서는 믿음과 치료를 위한 간절한 기도가 필요하다. 질병은 인간의 생활에 있어 기본적인 고통이요, 죽음의 전 단계인 만큼 모든 인간은 이러한 병을 두려워한다. 그래서 병 낫기를 위해 기도하고, 하나님의 치료하심과 건강의 회복을 간구하는 것이다.[22]

실제로 예수님은 공생애 사역 중 3분의 2가 병 고치는 사역이었고, 열두 제자와 칠십 인의 제자에게 복음을 증거할 때마다 병든 자를 치료하라고 명하셨다. 승천하실 때는 마지막으로 "믿는 자들에게는 이런 표적이 따르리니 곧 그들이 내 이름으로 귀신을 쫓아내며 새 방언을 말하며 뱀을 집어 올리며 무슨 독을 마실지라도 해를 받지 아니하며 병든 사람에게 손을 얹은즉 나으리라(마가복음 16:17, 18)."라고 말씀하셨다. 또한 성경은 분명히 "너희 중에 병든 자가 있느냐 그는 교회의 장로들을 청할 것이요 그들은 주의 이름으로 기름을 바르며 그를 위하여 기도할지니라 믿음의 기도는 병든 자를 구원하리니 주께서 그를 일으키시리라(야고보서 5:14, 15)."라고 기록하고 있다. 그러므로 교회는 신유의 기도를 계속해야 한다.

예수님은 위대한 치료자이시다. 그렇기 때문에 우리는 예수님의 보혈을 의지하고 믿음으로 기도할 때 질병의 결박에서 벗어날 수 있다.[23] 한편 순복음 신앙은 의술이나 약을 통해서도 하나님이 역사하시는 것을 믿으며, 현대 의학도 당연히 긍정적 측면으로 받아들이고 있다.

Chapter 2

오중복음
복음을 이해하는 다섯 가지 주제

---

1 복음이란?

(1) 복음의 개념

　복음은 헬라 어로 '유앙겔리온'($ε\dot{υ}αγγέλιον$)이며 '복된 소식', '좋은 소식'을 뜻한다. 성경 기자들은 이 낱말을 구약적인 배경 속에서 사용했는데, 구체적으로는 메시아로 인해 임하게 될 구원의 기쁜 소식을 의미하는 것으로 한정해서 생각했다. 그러므로 복음

이란 예수 그리스도를 통해 이루어지는 하나님의 구원에 대한 기쁜 소식을 의미한다.[24]

영어의 Gospel은 앵글로·색슨 어의 'god-spell'(신의 말씀) 혹은 'good-spell'(좋은 말씀)에서 유래한 말로서 대개 후자의 개념으로 본다. 신약에서는 신학적 의미로 구원과 관련하여 사용되었는데, 먼저는 예수님이 전한 하나님의 구원 및 하나님 나라의 도래를 가리키며(마가복음 1:14, 15), 두 번째는 예수가 메시아로 강림하시고 죽음과 부활로써 속죄의 사역을 완성시킨 사실을 뜻한다(마가복음 1:1; 로마서 1:1~4). 또한 율법에 대비되는 개념의 복음을 가리키기도 하는데(로마서 3:20~31; 갈라디아서 2:16), 이는 율법의 행위가 아니라 복음에 대한 믿음으로 의롭다 함을 얻는 것을 의미한다.[25]

(2) 복음에 대한 바른 이해

예수 그리스도는 복음의 중심이요, 핵심이며 복음 자체다. 예수님이 전파하신 하나님 나라도 그 현재성이나 미래성의 주체가 예수 그리스도이시다. 예수님과 함께 하나님 나라가 임했고, 오고 있으며, 장차 예수님의 재림과 더불어 올 것이다. 그러므로 복음의 내용은 사도들이 성령을 통하여 예수님에 대해 기록한 말씀이라고 할 수 있다. 예수님의 생애와 사역은 복음서에 자세히 나타나 있으나, 특별히 그 핵심적 사역은 사도행전에 나타난 사도적 케리그마(복음의 선포, κήρυγμα : kerygma)를 통해 잘 알 수 있다.

사도행전에 나타난 베드로의 설교와 서신서에 나타난 사도 바울의 케리그마의 내용은 다음과 같이 요약할 수 있다.

첫째, 구약의 예언은 예수 그리스도로 성취되었다. 둘째, 하나님 나라가 예수 그리스도의 사역과 죽음과 부활을 통해 이 땅에 임했다. 셋째, 예수 그리스도가 높임 받으심으로 인해 성령이 이 땅에 강림하셨다. 넷째, 예수 그리스도를 믿음으로써 하나님의 구원의 역사인 중생과 믿음과 평화와 새 생명을 소유하게 되며 심판에 이르지 않게 된다. 다섯째, 예수님의 재림으로 이 땅에 완전한 하나님 나라가 이루어진다.[26]

예수님은 이 땅에 오셔서 인간들에게 천국을 체험하는 은혜를 베풀어 주셨다. 즉 우리의 죄를 용서하시어 죄가 없는 천국을 미리 맛보게 해주셨다. 온갖 병자들을 고쳐 주시어 장차 병이 없는 천국이 다가올 것을 미리 보여 주셨다. 그리고 귀신을 쫓아내시어 그것들의 압박이 없는 천국을 체험하게 하셨다. 뿐만 아니라 죽은 자를 살리시어 후에 우리 몸이 부활해서 영화롭고 신령한 몸(고린도전서 15:44)으로 변화할 것을 소망할 수 있게 해주셨다. 나아가 마음이 상한 자를 위로하시고 평안을 주시어 다시는 눈물과 탄식과 애통이 없는 평화의 천국을 체험할 수 있게 하셨다. 이와 같이 예수 그리스도의 복음은 죄 사함의 은총과 종말적 구원의 복과 의와 희락과 평강이 가득한 천국 복음인 것이다.[27]

2 오중복음이란?(중생 · 성령충만 · 신유 · 축복 · 재림)

오중복음은 그 구조가 성결 교회의 교리인 사중복음론과 유사한 면이 있다. 즉 중생, 성결, 신유, 재림의 사중복음과 비교할 때, 오중복음은 '성결' 대신에 '성령충만'을 강조하고 '축복'의 개념이 추가되어 있다. 순복음 교회의 오중복음과 성결 교회의 사중복음은 각각의 특색을 지니며 강조점이 다를 수도 있다. 그러나 성경적인 복음에 기초를 두고 있다는 점은 다르지 않다.[28] 오중복음에 대한 상세한 내용은 뒤에 가서 다시 다루도록 하겠다.

(1) 중생의 복음

아담과 하와의 타락 이후 인간은 하나님과의 교제를 상실한 채 멸망할 수밖에 없는 존재가 되었다. 그런데 예수님이 이 땅에 오시어 인간의 죄악을 십자가의 고난을 통해 하나님 앞에서 완전히 청산해 주시면서 구원의 터전을 마련해 놓으셨다.[29] 우주 만물의 창조자이신 하나님이 영광을 받으시기 위해 우리 인간을 창조하셨다(이사야 43:7, 21).

그러나 인간이 타락하여 그 목적을 상실한 채 죄 가운데 방황하게 되었을 때 하나님은 절망과 파멸에 빠진 인류를 구원할 계획을 세워 캄캄한 어둠의 나락으로 빠져들던 우리에게 한 줄기 희망의 빛을 비추기 시작하셨다.[30]

요한복음 3장 16절을 보면 "하나님이 세상을 이처럼 사랑하사 독생자를 주셨으니 이는 그를 믿는 자마다 멸망하지 않고 영생을 얻게 하려 하심이라."라고 기록되어 있다. 그러므로 우리 인류를 죄와 사망의 법에서 해방시키기 위해 이 세상에 오시어 십자가에서 죽으시고 사흘 만에 부활하신 예수 그리스도를 누구든지 믿기만 하면 마귀의 자식에서 하나님의 자녀로 신분이 바뀌는 것이다. 이것이 바로 '거듭남', 곧 '중생'이다.[31] 예수님을 영접하면 제2의 탄생, 즉 영적 출생을 경험하게 되며 하나님이 마련해 놓으신 구원의 은총을 누리게 된다. 그리고 성령의 인치심과 인도하심으로 성결의 생활을 시작하게 된다.[32]

(2) 성령충만의 복음

예수님을 믿고 난 후 성령으로 충만함을 받아야 하나님의 말씀에 대한 깊은 신앙 속으로 들어가게 되며, 능력 있는 복음의 증인으로 쓰임 받게 된다. 오늘날 많은 사람들이 예수 그리스도에 대해 머리로만 알 뿐 심령 깊숙이 체험하지 못하고 있는 것은 성령충만을 받지 못했기 때문이다. 그래서 바울은 에베소 교회에 가서 "너희가 믿을 때에 성령을 받았느냐(사도행전 19:2)."라고 질문한 것이다. 에베소 교회 사람들은 예수님을 믿었지만 성령충만을 경험하지 못해 생명력 있는 신앙생활을 할 수 없었다.[33]

성령충만을 받을 때 비로소 권능을 얻어 예수 그리스도의 증인이 되며(사도행전 1:8), 성령충만을 통해 성령의 은사와 열매를 생활 가운데 나타낼 수 있다. 나아가 성령충만한 생활을 할 때 육체의 소욕을 이기고 성령의 인도하심을 받아 행하게 되므로 그리스도인 다운 성결한 삶을 살 수 있게 된다.[34] 성경은 "요한은 물로 세례를 베풀었으나 너희는 몇 날이 못 되어 성령으로 세례를 받으리라(사도행전 1:5)."라고 분명히 말한다. 이는 제자뿐만 아니라 오늘날 모든 성도에게 주신 약속의 말씀이다.[35] 그 약속대로 제자들은 오순절에 성령의 충만을 받았다(사도행전 2:1~4). 성령의 세례는 성령충만의 시작이다.

(3) 신유의 복음

하나님은 치료의 하나님이시다. 하나님은 "나는 너희를 치료하는 여호와임이라(출애굽기 15:26)."라고 말씀하신다. 여호와는 변함이 없으시다(말라기 3:6). 성경은 예수님이 친히 우리의 슬픔을 담당하시고 질고를 짊어지셨다고 말하고 있다(이사야 53:4). 예수님은 우리의 마음의 병과 육신의 병을 치료하시기를 원하신다.

예수님은 승천하시기 전에 "믿는 자들에게는 이런 표적이 따르리니 곧 그들이 내 이름으로 귀신을 쫓아내며 …… 병든 사람에게 손을 얹은즉 나으리라(마가복음 16:17, 18)."라고 말씀하심으로써[36] 신유 사역이 복음 전파에 동반되어야 함을 강조하셨다. 따라서 우리는 병든 자를 위하여 기도해야 한다.

(4) 축복의 복음

예수님은 십자가에서 우리의 모든 저주를 속량하셨다.

"우리 주 예수 그리스도의 은혜를 너희가 알거니와 부요하신 이로서 너희를 위하여 가난하게 되심은 그의 가난함으로 말미암아 너희를 부요하게 하려 하심이라(고린도후서 8:9)."

"그리스도께서 우리를 위하여 저주를 받은 바 되사 율법의 저주에서 우리를 속량하셨으니 기록된 바 나무에 달린 자마다 저주 아래에 있는 자라 하였음이라 이는 그리스도 예수 안에서 아브라함의 복이 이방인에게 미치게 하고 또 우리로 하여금 믿음으로 말미암아 성령의 약속을 받게 하려 함이라(갈라디아서 3:13, 14)."

그러므로 구원 받은 성도는 예수 그리스도 안에서 생명을 얻되 넘치게 얻는 풍성한 삶을 살 수 있다. 우리 주님은 먼저 그의 나라와 의를 구하는 성도들에게 먹을 것과 입을 것을 주시며, 그들이 정직하고 성실하고 근면하며 충성된 생활을 할 때 가난과 저주에서 건져 주시고 풍성한 복을 내려 이웃에게 그 복을 나누어 주는 사랑의 삶을 살아가게 하신다.[37]

(5) 천국과 재림의 복음

그리스도인은 이 세상을 행인과 나그네처럼 살아간다. 이는 하나님이 그의 백성들을 위해 준비해 두신 영원한 본향이 있음을 믿기 때문이다. 그러므로 그리스도인의 삶은 미래 지향적이요 천국 지향적이다. 또한 말세를 사는 그리스도인은 구주 예수님이 이 땅에 다시 재림하실 것을 믿고 소망한다. 인류 역사의 마지막이 될 예수 그리스도의 재림에 대한 믿음은 그리스도인의 신앙을 현실에서 유리시키지 않고 역사적 책임 의식을 소유한 건실한 시민이 되게 한다. 그리스도인은 천국의 존재, 그리고 예수님의 공중 재림과 지상 재림을 믿는 자들이다. 주님이 재림하실 때 그리스도 안에서 죽은 자들이 부활하여 살아 있는 자들과 함께 공중에서 주를 영접하며(데살로니가전서 4:16, 17), 7년 혼인 잔치와 천년왕국 시대를 지낸 후 새 하늘과 새 땅에서 영원히 영화로운 삶을 살게 된다(요한계시록 21:1, 22:5).[38]

Chapter 3

7대 신앙

순복음 성도의 7대 신앙 고백

---

1 갈보리 십자가의 신앙

순복음 신앙은 예수 그리스도의 갈보리 십자가로부터 시작한다. 예수 그리스도가 없는 복음은 복음이 아니요, 예수님의 죽음과 부활이 없는 신앙은 참신앙이 아니다. 왜냐하면 예수 그리스도만이 인간이 구원 받을 수 있는 유일한 길이요 진리요 생명이기 때문이다(요한복음 14:6).

하나님은 아담과 하와를 위해 에덴동산을 지으시고 그 가운데 온갖 필요한 것을 다 예비해 두셨다. 그러나 아담과 하와는 하나님 말씀에 불순종하여 하나님이 금하신 선악과를 먹음으로써 죄짓고 타락하였다. 그 결과 에덴에서도 쫓겨나고 저주와 죽음 아래에 있는 존재가 되고 말았다.

인류의 조상인 아담의 죄로 인해 우리 또한 질병과 저주와 허무와 죽음에 시달리게 되었다. 이 같은 비참한 상태에서 벗어나기 위해서는 죗값을 청산하고 하나님과의 올바른 관계를 다시 확립하는 길밖에 없었다. 그러나 아담의 후손은 모두 죄 가운데 태어났으므로 그 누구도 죗값을 지불할 수 없었다.

그 때문에 점도 없고 흠도 없으신 하나님의 아들 예수 그리스도가 인간의 몸을 입고 이 세상에 오셔서 우리를 위해 죄를 청산하시고자 십자가에 못 박혀 피를 흘리고 죽으신 것이다. 성경에 "죄의 삯은 사망이요(로마서 6:23)" "피 흘림이 없은즉 사함이 없느니라(히브리서 9:22)."라고 말씀한다. 우리는 오직 예수 그리스도의 갈보리 십자가를 통해서만 죄 사함과 의로움을 얻어 하나님께로 나아갈 수 있다.[39] 이처럼 순복음의 신앙은 예수 그리스도가 우리를 위해 피 흘려 죽으시고 부활하심으로써 이루신 구원을 믿고 받아들여 얻게 되는 중생의 복음, 곧 갈보리 십자가의 신앙이다.[40] 이 갈보리 십자가의 신앙은 복음의 중심이요 핵이며, 순복음 신앙의 기반이요 출발이다.[41]

2. 오순절 성령충만의 신앙

　십자가 아래에서 죄 사함을 받고 구원의 은총에 들어간 사람은 이제 오순절의 성령충만을 받아야 한다. 오순절 성령강림 사건은 순복음 신앙에 있어 매우 중요한 의미를 갖는다.

　예수님이 십자가에 못 박혀 죽으시고 부활 승천하신 후 제자들은 예수님의 말씀에 순종하여 "아버지께서 약속하신 것-성령의 세례(사도행전 1:4, 5)"를 받기 위해 오직 기도에 힘썼다. 열흘간 간절히 기도하던 중 오순절에 마가의 다락방에서 성령의 충만함을 받게 되었다(사도행전 2:1~4).

　성령충만을 받은 제자들은 밖으로 뛰쳐나가 복음을 전파하기 시작한다. 성령의 충만함을 받고 완전히 새롭게 변화되어 강력한 복음 증거자로서 예루살렘을 그리스도의 복음으로 변화시켰다. 그리하여 그리스도의 복음은 유대와 사마리아와 로마를 거쳐 오늘날 전 세계로 전파되었다.[42]

　교회 역사 가운데 수많은 핍박이 있었음에도 불구하고 복음이 오늘날까지 전파될 수 있었던 것은 예루살렘 마가의 다락방에 임하신 성령의 충만하신 역사가 끊이지 않고 항상 있었기 때문이다.[43] 순복음의 신앙은 바로 이와 같은 성령충만한 초대 교회의 신앙을 오늘날 우리의 삶에 재현시키고자 하는 것이다. 즉 무기력한 신앙을 생동감 넘치는 생활 신앙으로 바꾸고, 성령의 능력과 은사로 충만하여 하나님의 뜻을 실천하는 사도적 신앙을 구현하는 것이 그 목적이다. 뿐만 아니라 성령의 도움으로 우리의 삶을 더욱 거룩하게 성화시키고 생활 속에 성령의 열매를 맺게 하는 것 또한 순복음 신앙의 목적이다.[44)]

3 땅끝까지 전하는 신앙

예수님의 지상 명령은 세계 만민에게 복음을 전하라는 것이다(마태복음 28:18~20). 이 엄위하신 예수님의 명령을 완수할 수 있는 방법은 무엇인가? 그것은 오순절 성령충만의 신앙을 갖게 될 때 가능하다. "오직 성령이 너희에게 임하시면 너희가 권능을 받고 예루살렘과 온 유대와 사마리아와 땅끝까지 이르러 내 증인이 되리라(사도행전 1:8)."라고 말씀하신 대로 우리가 성령의 권능을 받으면 예수님의 산증인이 되는 것이다.

교회사를 통해 볼 때 오순절에 성령충만함을 받은 예수님의 제자들은 예루살렘으로부터 세계 각처로 복음을 전파했다. 그 후 300년이 못 되어 로마는 기독교를 공인했고(주후 313년), 결국 국교로 삼았다. 복음은 계속 확산되어 로마에서 다시 독일로, 독일에서 영국으로, 영국에서 미국으로 건너가 오늘날 전 세계에 전파되었다.

순복음의 신앙은 땅끝까지 복음을 전파하는 것을 목표로 삼는

다. 복음을 땅끝까지 전하는 순복음 신앙을 가진 사람이라면 누구나 끊임없이 전도에 힘을 쓰게 된다.[45] 세계 선교의 비전은 성도 개개인의 전도의 열정에서 비롯된다.

예수님의 십자가 대속을 통해 거듭나고 성령의 능력으로 충만해진 성도는 열정을 가지고 자신이 체험한 복음을 다른 사람에게 전하게 된다.[46] 순복음 신앙을 가진 사람은 주의 종들을 파송하여 선교 일선에 서게 하고 후방에서 일선에 나간 선교사를 기도와 물질로 후원함으로써 세계를 복음의 불로 밝히는 데 끊임없이 노력해야 한다.[47]

4 좋으신 하나님 신앙

순복음 신앙은 갈보리 십자가의 신앙에 의해 거듭나고 오순절 성령충만의 신앙으로 권능을 받아 땅끝까지 복음을 전하는 신앙이다. 그런데 무엇을 땅끝까지 전한다는 것인가? 먼저 좋으신 하나님을 전한다. 예수님은 이 세상에 오셔서 죄와 죽음 앞에 두려워 떨고 있는 만민들에게 좋으신 하나님 아버지를 보여 주셨다.

예수님은 하나님 아버지의 뜻을 좇아 죄를 미워하시나 죄인은 사랑하셔서 그 죄를 사해 주셨고, 병을 미워하시어 병자를 치료하셨으며, 귀신 들린 자를 불쌍히 여기사 악귀를 쫓아내셨다. 그리고 십자가에 못 박혀 피를 흘리시어 우리의 죄와 질병과 저주와 죽음을 깨끗이 청산하셨다. 이 모든 것이 좋으신 하나님의 역사임을 알 수 있다.[48]

"우리가 아직 죄인 되었을 때에 그리스도께서 우리를 위하여 죽으심으로 하나님께서 우리에 대한 자기의 사랑을 확증하셨느니라(로마서 5:8)."

순복음 신앙은 이와 같이 우리에게 구원과 복을 주시는 좋으신 하나님, 사랑의 하나님을 철저히 믿는 신앙이다. 그러나 사랑의 하나님은 또한 공의의 하나님이 되시므로 하나님의 자녀들이 잘못된 길을 갈 때 사랑의 채찍을 아끼지 않으신다(히브리서 12:5~13).

하나님은 죄 가운데 빠져 신음하고 있는 우리의 구원을 무엇보다도 기뻐하신다. 나아가 우리가 예수 그리스도를 믿고 난 후 아담과 하와에게 주셨던 만물을 다스리는 복(창세기 1:26~30)을 회복하고, 아브라함에게 주셨던 복(창세기 12:1~3)을 누리며 베풀고 나누는 풍성한 삶을 살기를 원하신다.

그러므로 순복음의 신앙인은 눈에는 아무 증거 안 보이고 귀에는 아무 소리 안 들리고 손에는 잡히는 것 없고 앞길이 칠흑같이 캄캄할지라도 좋으신 하나님이 모든 것을 합력하여 선을 이루게 해주실 것을 굳게 믿고 약속의 말씀을 의지하며 성령의 인도하심을 따라 담대히 인생을 살아갈 수 있다.[49]

5　　　　　　　　　　　　　　　　　병을 짊어지신 예수님 신앙

구원이라는 말에는 치료도 포함되어 있다. 예수님을 믿고 구원 받는 것은 단지 죽은 후에 천국에 가는 것만을 의미하지는 않는다. 물론 하나님의 주권적 섭리(예정) 아래 예수 그리스도를 구세주로 영접함으로써 구원이 이루어진다. 그러나 넓은 의미로 볼 때 구원을 받은 후 건강하고 의미 있고 가치 있는 삶을 사는 것도 구원의 내용 속에 포함된다.

예수님의 공생애 사역의 3분의 2가 치료 사역이었는데, 많은 경우 치료와 구원을 동의어로 사용했다(누가복음 5:23). 예수님이 고난 받으신 것은 우리의 연약함과 질병을 치료하시기 위함이었다.[50]

또한 하나님은 자신을 "치료하는 여호와"라고 선포하셨다(출애굽기 15:26). 또한 이사야 53장을 보면 하나님의 고난의 종이 이루신 죄의 대속에 질병의 대속이 포함되어 있다. 즉 하나님은 죄의 문제만 해결하시는 것이 아니라, 죄의 결과로 나타나는 질병과 더 나아가 질병으로 인해 다가오는 슬픔까지 모두 대속하셨다(이사야 53:4, 5, 11, 12). 질병의 치료는 하나님이 원하시는 사역이며, 그리스도인들이 간구하고 소유해야 할 은총이다.[51]

순복음 신앙은 오늘날에도 살아 계셔서 치료하시는 예수님을 믿는 신앙이다. 예수님이 우리의 죄를 대속하셨을 뿐만 아니라 우리

의 질병까지도 대속하셨으며 그 은총을 지금도 베풀고 계심을 확신하여 이를 증거하고 실행하는 것이다.[52]

6　다시 오실 예수님 신앙

　재림이란 예수 그리스도가 모든 권세와 능력을 가지고 이 세상에 다시 강림하시는 것을 말한다. 예수님의 재림에 대해서는 신약은 물론이고 구약에도 여러 번 기록되어 있다(예레미야 46:10; 다니엘 7:13; 요엘 2:1; 미가 4:6). 예수님 자신도 재림을 약속하셨으며, 천사들도 예수님이 승천하실 때 제자들에게 재림을 증거했다(사도행전 1:11).

　그럼에도 불구하고 미혹게 하는 영과 귀신의 가르침을 좇는 자들 중에는 예수님의 재림을 인정하지 않거나 모호하게 왜곡하거나 혹은 어느 날, 어느 때를 임의로 정한 뒤 사람들을 현혹하기도 한다. 그러나 그날과 그때는 오직 하나님만이 아신다(마가복음 13:32). 예수님은 하나님의 시간표에 의해 예정된 시간에 반드시 이 땅에 다시 오시며, 인류의 역사를 새롭게 하실 것이다.[53] 순복음 신앙은 이처럼 성경이 말하는 신천신지와 영원한 나라를 소망하며, 이 땅에 사는 동안 최선을 다해 주를 섬기겠다는 종말론적 신앙이다.[54]

7 나누어 주는 신앙

순복음 신앙은 나 혼자만 잘되기 위해 노력하는 이기적인 생각을 배척한다. 순복음 신앙은 하나님 중심의 신앙이며, 다른 사람을 섬기는 이타주의적 신앙이다. 이런 면에서 보면 나누어 주는 신앙이 순복음 신앙의 핵심이라고 할 수 있겠다.

나누어 주는 신앙이란 하나님으로부터 받은 복을 먼저 하나님께 드리고, 또 이웃에게도 나누어 구제하는 것을 말한다. 구제하는 신앙의 중요성은 마태복음 25장 31~46절에서 찾아볼 수 있다. 성경을 보면 고넬료나 도르가는 구제하는 신앙으로 큰 복을 받았고(사도행전 9:36, 10:1, 2), 마게도냐 교회도 구제로 인해 칭찬을 받았으며(고린도후서 8:1~5), 다니엘은 느부갓네살 왕이 공의를 행하고 가난한 자들을 돌보면 왕 자신도 평안해지고 나라 또한 견고하리라고 간언했다(다니엘 4:27). 신앙생활에 있어 복과 구제는 불가분의 관계에 있다. 하나님은 구제하는 개인, 사회, 국가와 함께하시기 때문이다.[55]

순복음 신앙은 갈보리 십자가의 신앙에서 출발하여 다시 오실 예수님에 대한 신앙에 이르는 동안 하나님의 복을 받아 이웃에게 나누어 주는 신앙이다. 함께 나누는 것을 모르는 신앙은 요단강의 생명수를 받기만 하고 나눌 줄 몰라 죽어 버린 사해와 같이 생명력 없는 신앙이 되고 만다. 순복음 신앙인은 항상 맑은 물이 넘치고

Chapter 3. 7대 신앙 : 순복음 성도의 7대 신앙 고백

생명력을 가득 품은 갈릴리 바다와 같이 하나님의 복을 끊임없이 불우한 이웃에게 나누어 줌으로써 더욱 풍성하고 넉넉한 복의 열매를 맺기에 힘써야 한다. **이렇게 순복음 신앙은 하나님의 복을 받아 먼저 하나님께 드리고 나아가 이웃에게 나누어 주는 것이다.**[56]

Chapter 4

4차원의 영성
십자가의 능력으로 삶을 변화시키는 영적 원리

1 4차원의 영성이란?[57]

하나님이 지으신 이 세상은 4차원으로 구분할 수 있다. 1차원은 선이며, 2차원은 면, 3차원은 입체, 4차원은 시공간을 넘어선 영적 세계다.

1차원인 선은 2차원인 면에, 2차원인 면은 3차원인 입체에, 3차원인 입체는 4차원의 영적 세계의 지배를 받는다. 그런데 하나님께서는 천지를 창조하신 후 3차원의 입체에 그의 영을 불어넣음으로써 4차원에 속한 인간을 창조하셨다(창세기 2:7). 그리고 인간에게 3차원의 세계를 다스리는 권세를 부여하셨다. 사람은 4차원의 지배를 받는 영적 존재로 지어졌다.

(1) 4차원에 속한 하나님이 만드신 3차원의 세계

성경은 "하나님은 만유 안에 계시며, 만유를 초월하신다."라고 말하고 있다. 이 말씀을 차원의 개념에 넣어 해석하면 4차원은 3차원에 있으면서도 3차원을 초월하고, 3차원은 2차원에 있으면서도 2차원을 초월하며, 2차원은 1차원에 있으면서도 1차원을 초월한다. 따라서 4차원은 시간과 공간 속에 있으면서도 시간과 공간을 초월하는 것이다.[58]

이 4차원은 영적인 세계다. 창세기는 땅이 혼돈하고 공허하고 흑암이 깊음 위에 있었다고 말한다. 그러므로 창조된 이 세계는 3차원의 세계이고, 그 3차원의 세계를 성령님이 운행하셨다. 성령님은 무한하고 영원하신 하나님의 모습이다. 성령님이 운행하시자 3차원의 세계에 창조적인 역사가 일어나기 시작한 것이다. 하나님이 "빛이 있으라."라고 말씀하시자 빛이 생겨났다. 존재하는 무엇인가가 변한 것이 아니라 아무것도 없는 무(無)의 상태에서 빛이 창조된 것이다. 계속해서 "궁창이 있어 물과 물로 나뉘게 하라."라고 말씀하시자 궁창 아래의 물과 궁창 위의 물로 나뉘었고, 궁창을 하늘이라 이름 붙이셨다. 궁창의 창조 역시 없는 것[無]에서 보이는 아름다운 세상, 즉 있는 것[有]으로 만드신 것이다. 3차원의 세계 자체가 진화한 것이 아니라 4차원에 속한 성령님이 품으시며 친히 창조하신 것이다.[59]

이렇게 4차원은 영적인 세계이며, 인간은 영혼을 가진 영적인 존재이기 때문에 3차원의 세계에 있으면서 4차원에 속한다. 인간의 영은 하나님의 존재에는 비길 바가 못 되지만 하나님의 형상과 모양대로 만들어졌기 때문에 영원함과 무한함이 무엇인지는 알 수 있다. 인간의 육체는 흙으로 돌아가지만 영혼은 천국에 가든 지옥에 가든 영원히 존재하게 되는 것이다. 이런 4차원적인 의미에서 보면 인간은 영원히 사는 존재다. 인간의 영은 3차원인 육을 다스리므로 그 영이 상하면 육체가 병들고, 그 영이 성하면 육체가 건강해지는 것이다.

이러한 인간의 영은 육체의 어느 한 부분에 자리 잡고 있는 것이 아니라 우리의 몸속에 가득 차 있다. 4차원은 3차원을 포함하면서도 3차원 속에 존재하기 때문이다. 이것은 몸속에 있으면서도 3차원의 지배를 받지 않고 육신을 초월한다. 영은 4차원에 속한 것이기 때문에 3차원에 있으면서도 3차원을 초월한다. 우리는 몸으로써 존재하지만 3차원인 그 몸이 죽는다 해도 영은 그렇지 않다. 영은 3차원을 초월하므로 그대로 떠나 예수님 곁으로 가는 것이다.[60]

(2) 4차원의 지배를 받는 3차원의 인간 세계

골로새서 1장 13절을 보면 "그가 우리를 흑암의 권세에서 건져 내사 그의 사랑의 아들의 나라로 옮기셨으니"라고 말하고 있다. 이는 우리가 구원 받았을 때 마귀의 4차원으로부터 건짐을 받아 하나님의 거룩한 4차원으로 옮겨졌다는 뜻이며, 하나님이 흑암의 권세에서 우리를 건져 내셔서 사랑의 아들의 나라인 선한 나라로 옮기셨다는 말씀이다. 다시 말하면 4차원적인 존재는 하나님과 인간 그리고 사단인데, 현재 우리는 똑같은 4차원 중에서 가장 낮은 4차원에, 마귀는 중간 4차원에 있으며, 하나님은 가장 높은 4차원에 계신 것이다. 4차원은 3차원을 지배하므로 인간이 3차원의 세계를 지배하고 있다. 또한 사람은 영적인 존재이기에 발명과 발견을 통해 3차원을 변화시킬 수 있다.

사단도 4차원에 속한 존재이기 때문에 그보다 낮은 차원인 인간과 3차원을 지배하려 든다. 그리고 점령한 인간을 통해 하나님이 만드신 창조 세계 안에서 온갖 악한 일을 자행한다.[61] 마귀는 예수님의 제자였던 가룟 유다 속에 들어가 은 30냥에 하나님의 아들을 팔게 만들었다. 이렇게 하나님께 속하지 못하면 악마적 4차원에 속하게 되어 그 영향을 받게 된다.[62] 그러나 예수님을 구세주로 영접한 사람은 예수 그리스도의 보혈을 통해 인간적 4차원, 마귀적 4차원에서 건져져 영원한 하나님의 4차원에 들어가게 된다. 구원 받은 사람은 하나님의 4차원을 통해 영원한 생명을 얻는다. 그리고 우리의 영과 마음과 생각은 하나님의 4차원으로 가득 차게 되는 것이다.

(3) 천국의 열쇠를 사용하라

하나님은 우리에게 천국의 열쇠를 주셨다. 그리고 하나님이 속하신 4차원의 세계로 우리를 옮겨 놓으셨다.

"내가 천국 열쇠를 네게 주리니 네가 땅에서 무엇이든지 매면 하늘에서도 매일 것이요 네가 땅에서 무엇이든지 풀면 하늘에서도 풀리리라 하시고(마태복음 16:19)"

그런데도 우리는 여전히 낮은 차원에서 삶을 살고 있다. 3차원의 세계와 사단을 다스릴 권세를 주셨음에도 불구하고 여전히 그곳에 묶여 있는 삶을 자청하고 있는 것이다.

예수님을 믿음으로써 구원 받은 우리는 거룩한 4차원의 영적 세계로 옮겨졌다. 이제 그곳에 거하며 사단과 3차원의 세계를 다스릴 수 있어야 한다. 우리의 육신은 3차원에 속해 있지만 영은 하나님의 거룩한 4차원에 속해 있다는 것을 기억하고 그것을 내 것으로 만들어야 한다. 이것이 4차원의 영성을 훈련해야 하는 이유라고 할 수 있다.

4차원의 영성을 소유하게 되면 분명 이전에 경험하지 못한 새로운 삶을 누리게 된다. 그러한 기대와 희망을 품고 4차원의 영성의 삶을 소망해야 한다.[63] 하나님은 우리에게 3차원의 세계와 사단을 다스릴 권세를 주셨다. 우리는 3차원에 속해 있지만 4차원의 영적 세계에 속한 하나님 편에서 3차원을 다스릴 수 있는 이 권세를 사용해야 한다. 이것이 천국의 문을 여는 열쇠다.

2 4차원의 영성의 신학적 기초

(1) 십자가의 은혜

"아버지의 영광으로 말미암아 그리스도를 죽은 자 가운데서 살리심과 같이 우리로 또한 새 생명 가운데서 행하게 하려 함이라(로마서 6:4)."

① 십자가 사건의 의미

4차원의 영적 세계에 대해 배우기 전에 먼저 십자가 사건의 의미를 알아야 한다. '은혜'란 아무런 대가 없이 일방적으로 받는 축복을 의미한다. 요한3서 1장 2절의 말씀에서 "영혼이 잘됨과 범사가 잘됨과 강건함" 이 세 가지의 축복을 누리는 것이 바로 십자가 보혈의 은혜를 입은 사람들의 삶이다. 그러나 이 축복은 우리의 노력으로 주어지는 것이 아니다. 구원이 인간 스스로의 노력으로 이루어질 수 없듯이 축복 역시 마찬가지다. 축복은 십자가를 통해 주어진다. 십자가의 은혜 없이는 구원도 축복도 없기 때문이다.[64]

우리가 누리는 모든 축복은 예수 그리스도가 십자가에 못 박혀 희생하심으로써 얻게 된 것이다. 인간은 스스로 아무리 선한 일을 한다 해도 지옥에 떨어질 수밖에 없는 존재였다. 그런 인간을 위해 하나님이 구원의 은혜를 베풀어 주셨다. 구원의 대가를 치르기에는 그 값이 너무나 엄청나기에 하나님은 우리에게 그것을 선물로 주셨다. 이것이 바로 은혜인 것이다. 아무런 대가 없이 하나님이 공짜로 베푸신 구원의 역사가 바로 십자가 사건인데, 우리는 이 은혜를 통해 축복을 누릴 수 있게 되었다.

인간이 아무리 정의롭고 선하다 해도 심판대 앞에서 무죄로 판명될 사람은 없다. 한 번 지은 죄는 인간 스스로 사할 수 없기 때문이다. 이것은 인간의 능력이 닿지 않는 영역에서 풀어야 할 문제다. 이 죄를 속량해 주실 분은 오직 하나님뿐이시며, 그분의 용서를 통해 우리는 죄 씻음을 받고 구원 받을 자격을 얻게 된다. 예수 그리스도가 십자가에 못 박히신 사건에 대한 깊은 이해와 깨달음이 없이는 예수님을 믿는다고 말할 수 없고, 또한 그 사건을 통해 받게 되는 영과 혼과 육의 축복 역시 누리지 못하게 된다.[65]

십자가를 통해 얻은 귀한 축복인 구원은 하나님의 일방적이고 전적인 은혜에 의한 것임을 알아야 한다. 그 은혜로 말미암아 구원을 얻었으니 이것은 결코 그 누구도 스스로의 능력이라고 자랑할 수 없는 일이다.[66] 그러므로 우리가 마음에 새겨야 할 것은 우리 모두의 삶이 하나님의 은혜로 받은 선물이라는 사실이다. 그렇기에 4차원의 영적 세계에 대한 이해는 우리 스스로 하나님의 은혜를 입은 자임을 믿고 시인하는 것에서부터 시작된다고 할 수 있다.[67]

② 값없이 주어지는 은혜

예수님은 2천 년 전에 십자가에서 "다 이루었다!"라고 외치셨다. 우리는 그때 이미 예수님 안에서 새로운 피조물로 변화되었다. 새삼스럽게 지금 새로 만들어지는 것이 아니다. 과거에 주님이 다 이루어 주셨고, 우리는 예수님과 하나 되어 함께 죽고 장사 지낸 바 되어 함께 부활해서 새것이 되었다. 미래에 될 것이 아니요, 지금 되어 가는 것도 아닌, 이미 예수님 안에서 다 이루어진 것이다.

우리는 용서받은 의인이 되었고, 그리스도 안에서 성결한 사람이 되었으며, 치료받고 건강한 사람이 되었다. 또한 아브라함의 복을 받은 사람이 되었고, 부활과 영생을 얻은 천국 시민이 되었으며, 그리스도 안에서 영혼이 잘됨 같이 범사에 잘되며 강건하고 생명을 얻되 넘치게 얻는 사람이 된 것이다.

이 모든 것은 하나님이 이미 그리스도 안에서 다 이루어 놓으신 것이다. 우리 신앙이란 주님이 다 이루어 놓으신 것을 깨닫고 받아들여서 바라보고 믿고 입으로 시인하고, 감사하는 마음으로 소유하는 것을 말한다. 우리의 노력이나 수단으로 되는 일이 아니다. 오직 믿음으로 말미암아 붙잡는 것이다. 오직 믿기만 하면 그리스도의 성령이 오셔서 우리 가운데 기적을 베풀어 주신다. 하나님이 그리스도 안에서 우리를 위해 마련해 놓으신 일을 깨닫고, 그것을 바라보고 믿고 기도하고 시인하고 감사히 여기면 새로운 피조물의 역사가 우리의 생애 속에 넘쳐나게 된다.[68]

값없이 주어지는 은혜는 대상의 제한이 없고, 선착순도 아니며,

갖추어야 할 자격 조건도 없다. 은혜란 무조건적인 하나님의 선물인 것이다. 그러므로 삶의 매 순간마다 한량없이 베풀어 주신 은혜를 기억하고, 그 십자가의 은혜의 감격을 되새기며 살아가야 한다. 그때 하나님의 자녀로서 올바른 정체성을 갖게 되며, 자신에게 주어진 축복을 제대로 누릴 수 있게 되는 것이다.[69]

(2) 삼중축복을 누리는 믿음

"이 복음은 모든 믿는 자에게 구원을 주시는 하나님의 능력이 됨이라(로마서 1:16)."

예수님이 우리의 고난과 질병을 모두 지고 십자가에 못 박히셨기에 우리는 고통스러운 삶을 살 필요가 없다.[70] 이런 믿음을 가질 때 저주에서 벗어나게 되고, 육신의 질병에서 고침을 받아 진정한 하나님의 축복을 누리는 자격을 얻게 된다.

"사랑하는 자여 네 영혼이 잘됨 같이 네가 범사에 잘되고 강건하기를 내가 간구하노라(요한3서 1:2)."

예수님을 믿게 되면 십자가의 은혜로 영혼이 잘됨 같이 범사가 잘되며 강건해진다.[71] 요한3서 1장 2절에서 말하는 삼중축복은 영혼과 환경과 육체의 축복을 뜻한다. 우리가 어렸을 때부터 자주 접한 아담과 하와의 이야기를 보면 아담은 하나님이 먹지 말라고 하신 선악과 열매를 따먹고, 이 불순종의 결과로 아담과 하와는 죄인이 되어 형벌을 받게 된다. 하나님은 선악과를 먹지 말라고 말씀하실 때 분명히 "먹는 날에는 반드시 죽으리라(창세기 2:17)."라고 경고하셨다. 그러나 그들은 이 경고를 어김으로 하나님이 말씀하신 죽음의 형벌에 처해진 것이다.

여기서 '죽는다'는 것은 육체의 죽음이 아닌 영의 죽음을 의미한다. 즉 이전에 아담과 하와가 에덴동산에서 하나님과 자유롭게 거닐며 대화할 수 있었던 것은 영이 살아 있었기 때문이다. 영적인 존재로 살기 때문에 하나님을 볼 수 있고 하나님과 교제할 수 있었다. 그러나 이제는 영이 죽음으로써 하나님과의 관계가 단절되고 말았기 때문에 구약 시대에는 하나님을 만나기 위해 제사를 드려야 했던 것이다.

두 번째 형벌은 "땅이 네게 가시덤불과 엉겅퀴를 낼 것이라 네가 먹을 것은 밭의 채소인즉 네가 흙으로 돌아갈 때까지 얼굴에 땀을 흘려야 먹을 것을 먹으리니 네가 그것에서 취함을 입었음이라(창세기 3:18, 19)."라고 말씀하신 것처럼 땅의 소산을 얻기 위해 힘겹게 땀을 흘려 노력해야만 하는 환경의 저주다.

세 번째 형벌은 "너는 흙이니 흙으로 돌아갈 것이니라(창세기 3:19)."라는 말씀대로 육신의 질병과 사망의 저주를 말한다.

이처럼 하나님이 인간에게 내리신 저주는 크게 세 가지로 '삼중 저주'라고 한다. 이 저주 안에 갇힌 인간을 구원하러 오신 예수님

이 십자가에 못 박히심으로써 삼중저주를 삼중축복으로 바꾸어 놓으신 것이다.[72]

구원의 예수님이 오시기 전인 구약 시대에는 하나님을 만나려면 동물의 피로 제사를 드려야만 그 성소에 들어갈 수 있었다. 그러나 예수님이 이 땅에 오시어 십자가에 못 박혀 죽으시면서 성소의 휘장을 찢으셨고, 그 후에는 누구나 지성소에 들어갈 수 있게 되었다. 즉 죽었던 인간의 영을 부활시켜 하나님을 만날 수 있는 자격을 주신 것이다. 예수님은 친히 우리와 하나님을 연결하는 통로가 되어 주셨고, 그래서 하나님께 기도할 때 '예수님의 이름으로'라는 말을 넣어 그분을 통해 하나님 앞에 나아갈 수 있는 것이다.

십자가 사건으로 지성소에 나아갈 수 있게 되었을 뿐만 아니라 우리 모두 삼중저주에서 해방되었다. 죽었던 영이 살아났으며, 환경의 저주가 풀리고 형통해지는 축복을 받았다. 또한 예수님이 채찍에 맞으심으로써 질병으로부터 자유하여 강건함을 얻게 되었다. 이것이 바로 삼중저주가 삼중축복으로 바뀌게 되는 십자가 사건의 은혜다.[73]

(3) 오중복음으로 이끄심

삼중축복은 죽음을 피할 수 없었던 인간에게는 더할 수 없이 기쁜 소식이다. 하나님을 믿는 자녀는 그 축복을 누릴 자격을 얻게 된다. 그러나 결코 그 축복만을 바라봐서는 안 된다. 예수님의 십자가 사건을 통해 얻은 축복이라는 것을 기억하며 살아야 하는 것이다. 만약 예수님의 십자가 사건이 없었다면 우리는 여전히 하나님을 만나기 위해 힘든 제사를 드려야 했을 것이기 때문이다.

예수님은 이 땅에 오실 때 자신이 죽을 것을 아셨지만 이 좋은 소식을 알리는 기쁨이 더 크셨을 것이다. 예수님이 이 땅에 오시면서 예비하셨던 삼중축복의 소식은 당신 스스로 십자가에서 죽고 부활하심으로써 성취되었다.

결국 우리가 말하는 복음은 바로 이 축복들이다. 복음은 구원을 받는다는 한 가지 의미만을 가진 것이 아니라 삼중축복을 포함하여 예수님의 모든 사역에서 나타난 결과라고 할 수 있다. 이것은 '오중복음'으로 다시 정리할 수 있다.[74] 본서 33~37페이지를 참조하라.

예수 그리스도의 십자가 사건을 통해 우리는 삼중축복과 오중복음을 누릴 수 있게 되었다. 누구나 4차원의 영적 세계에 대한 비밀을 깨닫는다면 십자가의 구원을 통해 얻은 축복을 누릴 수 있는 것이다.

4차원의 영성은 여의도순복음교회의 삼중축복과 오중복음의 신학을 적용하는 원리라 할 수 있다. 예수 그리스도의 십자가 구원을 인정하고 시인하여 삼중축복과 오중복음을 누리는 새로운 피조물이 된 우리에게는 4차원의 영성을 통해 능력 있는 그리스도인으로서의 삶을 살 권리가 있다.

3   **4차원의 영성의 원리**(생각 · 믿음 · 꿈 · 말)

　4차원의 영적 세계는 무엇에 의해 움직이는가? 4차원의 세계를 움직이기 위해서는 생각, 믿음, 꿈, 말이라는 네 가지 요소가 필요하다. 이것을 정확히 알고 바로잡을 때 우리의 인생이 변화한다. 무조건 기도만 많이 한다고 되는 것이 아니다. 기도도 필요하지만 우선은 보이지 않는 4차원의 세계에 변화를 가져와야 보이는 세계인 3차원의 세계가 변화할 수 있다.

　1차원은 2차원에 속하고, 2차원은 3차원에 속하고, 3차원은 4차원에 속한다. 따라서 1차원을 변화시키려면 2차원을 변화시켜야 하고, 2차원을 변화시키려면 3차원을 변화시켜야 한다. 이것은 궁극적으로 4차원이 변화해야 3차원의 인생이 바뀐다는 것을 의미한다. 4차원의 변화는 그것을 이루는 네 가지 요소인 생각, 믿음, 꿈, 말을 어떻게 다루느냐에 달려 있다. 이 요소들을 변화시켜야 한다. 우리 안에 있는 생각, 믿음, 꿈, 말을 4차원의 생각, 믿음, 꿈, 말로 프로그래밍(programming)해야 하는 것이다. 프로그래밍이란 컴퓨터가 작업을 할 수 있도록 명령을 만드는 일이다. 4차원에서도 생각, 믿음, 꿈, 말을 우리 안에 프로그래밍하면 4차원의 영성이 작동된다. 이 과정을 통해 우리의 인생도 변화할 수 있다. 이제부터 좀 더 구체적으로 각 요소들에 대해 알아보고자 한다.[75]

(1) 생각

하나님은 인간이 4차원을 변화시킬 수 있도록 첫 번째로 생각(thinking)을 주셨다. 생각은 3차원적으로 계산할 수 없으며, 오직 4차원에서만 나타난다. 두께도 없고, 넓이도 없고, 보이지도 않기 때문이다. 생각은 영원하고 무궁한 것이다.

인간의 상상력은 4차원에 소속되어 있다. 생각에 일어난 변화는 3차원에 반영된다. 성경 말씀처럼 보이는 것은 나타난 것으로 된 것이 아니다.[76]

"믿음으로 모든 세계가 하나님의 말씀으로 지어진 줄을 우리가 아나니 보이는 것은 나타난 것으로 말미암아 된 것이 아니니라(히브리서 11:3)."

4차원의 세계에서 어떤 생각을 하는지에 따라 3차원에 그 결과가 반영된다는 뜻이다. 4차원의 요소인 생각이 부정적인 사람은 3차원에 부정적인 일이 생긴다. 머릿속에 '나는 안 된다, 나는 못한다, 나는 불행하고 슬프다.'라는 생각을 가지면 그것이 결국에는 3차원인 몸과 생활과 사업에 그대로 나타난다. 인간의 몸과 모든 세계는 4차원을 움직이는 요소인 생각을 통해 나타나게 되어 있기 때문이다.

그러므로 긍정적인 생각을 하는 사람은 언제나 자신의 3차원에 긍정적인 역사가 일어난다. '나는 건강하다, 나는 잘할 수 있다. 나는 행복하다.'라는 생각이 3차원에 영향을 미치는 것이다. 반대로 누군가를 미워하기로 작정하여 그 계획과 방법을 생각 속에 지니고 있어도 곧바로 자신의 3차원에 영향을 끼치게 된다. 다른 사람을 미워하면 자신이 먼저 상처를 받는다. 그런 이유에서 예수님은 "원수를 사랑하라."라고 말씀하신 것이다. 원수를 사랑하고 용서하며 그를 위해 기도하는 것은 어떤 의미에서는 자신을 위한 것이기도 하다. 원수를 미워하면 자기 자신의 3차원에 먼저 파괴가 일어나기 때문이다.[77]

이렇게 사람은 무엇을 생각하느냐가 중요하다. 틈날 때마다 남을 비방하고 욕하면 그 생각이 스스로에게 기록되어 자신의 3차원의 세계가 그 모든 부정적인 것의 명령을 받게 된다. 여럿이 모여 남의 흉을 보고 수군대면 몸이 개운하지 않고 기분까지 상하는 것은 모든 부정적인 생각이 3차원의 세계에 명령으로 전달되어 그대로 실행되기 때문이다.

4차원의 세계는 너와 나의 구별이 없이 오직 메시지만이 있다. 4차원의 세계에서는 그 메시지가 생각 속에 기록되면 가장 먼저 나의 몸과 생활 속에 영향을 끼친다. 그러므로 하나님 앞에서나 4차원의 세계에서는 비밀이 있을 수 없으며, 모든 것이 벌거벗은 것처럼 있는 그대로 다가오게 된다.

우리가 혹시 잘못된 생각을 갖게 되면 '신약과 구약'이라는 두 가지 약을 통해 치료를 받아야 한다. 하나님의 말씀은 4차원에 속한 것이기 때문이다. 하나님은 "내가 너희에게 이른 말은 영이요 생명이라."라고 하셨다. 하나님의 말씀에는 사람의 생각을 고치는 능력이 있다. 말씀으로 치료되면 우리의 3차원이 변하기 시작한다.[78] 그러므로 믿는 사람들은 성경의 4차원, 즉 성경 말씀을 따라 생각을 바꿔야 한다. 그렇게 할 때 하나님의 창조적인 기적이 일어나는 것이다.[79]

(2) 믿음

4차원을 바꾸는 두 번째 요소는 믿음(faith)이다. 믿음은 4차원의 세계를 통해 3차원을 바꾸는 강력한 힘이라고 할 수 있다. 성경에서도 "네 믿은 대로 될지어다(마태복음 8:13)." 그리고 "할 수 있거든이 무슨 말이냐 믿는 자에게는 능히 하지 못할 일이 없느니라(마가복음 9:23)."라고 말씀하고 있다.

예수님도 "누구든지 이 산더러 들리어 바다에 던져지라 하며 그 말하는 것이 이루어질 줄 믿고 마음에 의심하지 아니하면 그대로 되리라(마가복음 11:23)."라고 말씀하셨다. 왜냐하면 믿음은 4차원에 속하고 산은 3차원에 속해 있기 때문이다. 3차원은 덩치가 아무리 커도 제 스스로는 아무것도 못한다. 그것을 움직이는 4차원이 달라져야 그에 속한 3차원도 달라질 수 있다. 예수님 또한 4차원의 믿음으로 3차원의 기적들을 모두 이루셨다.

그렇다면 믿음은 어디에서 오는 것인가? 성경은 "믿음은 들음에서 나며 들음은 그리스도의 말씀으로 말미암았느니라(로마서 10:17)."라고 말하고 있다. 예수를 믿지 않는 사람도 신념으로 일을 한다. 신념도 일종의 믿음의 한 부분이라 할 수 있다. 그러나 그것

은 어디까지나 3차원적인 수준이다.[80]

믿음은 있어도 좋고 없어도 좋은 것이 아니다. 없어서는 안 되는 절대적인 것이다. 그러므로 우리는 항상 믿음으로 살아야 하며, 또한 믿음을 고백해야 한다.[81] 자기 자신을 4차원의 믿음으로 프로그래밍함으로써 그 믿음이 우리의 삶을 지배하게 되기 때문이다. 믿음으로 프로그래밍하는 삶은 반드시 변화하게 되어 있다.[82]

(3) 꿈

4차원의 세계를 프로그래밍하는 또 하나의 요소는 꿈(dream)이다. 하나님은 "꿈이 없는 백성은 망한다."라고 말씀하셨다. 꿈이 없으면, 즉 4차원이 꿈으로 프로그래밍되지 않으면 3차원에도 희망이 없는 것이다. 믿지 않는 사람들 중에서도 꿈이 있는 자가 세상을 변화시킨다. 그렇다면 꿈의 세계를 쥐고 계신 하나님 안에서 꾸는 꿈은 더 강력한 힘을 지니게 될 것이다. 그렇게 하나님의 꿈을 꾸는 우리는 세계를 넘어 모든 것을 움직일 수 있다. 그런데 여기서 반드시 짚고 넘어가야 할 것이 있다. 하나님 안에서 꾸는 꿈은 개인적인 욕망이나 잘못된 욕심과는 완전히 다르다는 사실이다. 그러한 것들은 사단의 영향을 받은 꿈이다. 우리는 하나님의 꿈이 그것과 구별된 것임을 깨달아야 한다.[83]

약한 꿈은 강한 꿈에 패배한다. 인간의 꿈보다는 마귀의 꿈이 강하다. 그러나 마귀의 꿈보다는 하나님의 꿈이 훨씬 더 강하다. 그러므로 우리는 성령님으로 말미암아 하나님의 꿈을 가져야 한다.

꿈은 성령님이 주시는 것이기 때문에 성령님을 통해 자신의 마음을 거룩한 꿈으로 프로그래밍해야 한다.

사람의 미래는 그가 어떤 꿈을 말하는지를 보면 알 수 있다. 현실이 아무리 어려워도 마음속에 꿈이 있다면 그 꿈이 3차원을 점령하고 변화시킨다. 4차원의 꿈은 3차원의 세계를 부화시킨다. 현재의 생활이 너무나 힘들고 공허해도 올바른 꿈을 품어 인큐베이터에서 보살피면 그것으로 인해 변화하게 되는 것이다. 죽음은 생명으로, 무질서는 질서로, 흑암은 광명으로, 가난은 부유로 변화하기 시작한다. 변화는 4차원의 세계에서 오는 것이다.

누구나 꿈이 있으면 어떻게든 그 꿈을 이루기 위해 열심히 기도하게 된다. 기도를 할 때도 역시 4차원을 움직이는 프로그램을 가동시켜야 한다. 나아가 금식과 기도로 그 꿈들을 명확하게 할 필요가 있다. 이 말은 4차원의 세계를 명확하게 해야 한다는 뜻이다. 금식은 나 자신이 먼저 변화하여 4차원의 세계도 달라짐으로써 하나님이 역사하시게 되는 방법이다. 다시 말하면 우리의 4차원의 그릇이 변화해야 하나님이 역사하신다는 뜻이다. 금식하고 기도하며 최선의 노력을 다하면 우리의 꿈은 이제 더 이상 생각이 아닌 현실이 될 것이다.[84]

(4) 말

4차원의 네 번째 요소는 말(word)이다. 말을 통해 인간만이 지닌 고유한 4차원적 특성을 가장 잘 표현할 수 있다. 인간은 말을 하기 때문에 문명을 만들고 발전시킬 수 있는 것이다. 아무리 힘이 세고 사나운 동물이라도 문명을 만들고, 계획하고, 발전시키지는 못한다. 그 이유는 4차원의 요소인 말을 가지고 있지 않기 때문이다.

성경은 "네 입의 말로 네가 얽혔으며(잠언 6:2)" "죽고 사는 것이 혀의 힘에 달렸나니 혀를 쓰기 좋아하는 자는 혀의 열매를 먹으리라(잠언 18:21)."라고 말씀하고 있다. 죽고 사는 것은 3차원이지만 혀는 4차원이다. 말의 권세가 얼마나 큰지를 말씀하신 것이다.

상대방의 말을 들어 보면 그 사람의 인생을 어느 정도 짐작할 수 있다. 성공하는 사람은 그 소망하는 것이 이미 이루어졌다고 말하지만 실패하는 사람은 말에서부터 벌써 실패를 논하고 있다.

성경은 구원을 받는 것도 "말로 시인하라."라고 가르치고 있다.

"사람이 마음으로 믿어 의에 이르고 입으로 시인하여 구원에 이르느니라(로마서 10:10)."

그러므로 우리의 귀와 마음에 들리도록 계속 말해야 한다. "주님의 십자가로 나는 구원 받았고, 나음을 입었고, 복을 받았다."라고 말로써 선포해야 하는 것이다. 4차원에서 망한다고 말해 놓고 3차원에서 성공을 기대하는 것은 헛된 바람일 뿐이다. 땅에서 묶이면 하늘에서도 묶일 것이요, 땅에서 풀리면 하늘에서도 풀린다는 것도 말로써 묶이고 풀린다는 것이다. 부정적인 말은 자신의 4차원을 부정적으로 프로그래밍하게 만든다. 다른 사람을 비방하고 욕하는 사람은 자신의 4차원을 그렇게 프로그래밍하는 것이기 때문에 다시 본인의 3차원인 욕으로 돌아올 수밖에 없다. 따라서 어떤 말을 해야 하는지는 무엇보다도 중요하다.

그렇다면 말은 어떻게 바꿀 수 있을까? 하나님은 성경 말씀을 통해 우리가 변화할 수 있도록 인도해 주신다. 하나님의 말씀은 영이요 생명이다. 그 말씀을 암송하고 말하는 것은 우리 자신의 4차원에 가장 효과적인 프로그램을 짜는 것이다. 목사들이 강단에서 하나님의 말씀을 증거하는 것은 성도들의 4차원을 뒤흔드는 강력한 힘이 된다. 그렇기 때문에 하나님의 말씀에 순종하며 사는 사람은 삶 전체가 송두리째 변하는 기적의 역사를 체험하게 되는 것이다.[85]

인간의 삶을 변화시키는 4차원의 영성은 근본적으로 하나님의 역사하심과 그의 백성인 우리가 만나는 통로다. 이 영성을 통해 3차원의 세계가 달라지는 기적을 경험하게 된다. 우리는 기도와 하나님의 말씀을 통해 생각, 믿음, 꿈, 말을 변화시킬 수 있으며, 성령님은 그런 우리를 그리스도인의 사명을 다할 수 있도록 도와주신다.

4차원의 영성을 통해 우리가 상상하는 현실의 모든 것을 초월하시는 하나님을 의지할 수도 있다. 하나님은 삶의 변화, 고민의 해결, 병 고침 등 일상적인 모든 문제를 해결할 능력이 있으시기 때문이다.

우리의 삶 속에 절망적인 순간이 찾아오더라도 승리의 꿈을 꾸며 긍정적인 선포를 계속해야 한다. 하나님의 기적을 바라보는 것은 예수님의 십자가의 은혜로 새로운 피조물이 된 우리 인간의 특권이다. 사망 대신 생명을, 패배 대신 승리를, 질병 대신 건강을, 실패 대신 성공을 꿈꿀 자격이 있는 것이다.

어려운 문제가 다가올 때 영적 승리를 선포하기 위해서는 이전과는 달리 생각, 믿음, 꿈, 말의 모든 영역을 4차원의 영성으로 무장해야 한다. 또한 이 영적 전쟁의 승리를 위해 계속해서 훈련을 사모해야 한다. 기도 훈련, 말씀 훈련, 성령충만의 과정을 통해 4차원의 영성이 일회성이 아닌 거룩한 습관으로 정착될 수 있는 것이다. 그 결과로 지속적인 변화가 나타나게 될 것이다.

이렇게 생각, 믿음, 꿈, 말이 변화된 4차원의 영성을 소유한 사람은 성령충만을 입게 된다. 성령님은 영으로서, 그 영으로 충만할 때 비로소 영적 세계의 능력을 체험하며 살아갈 수 있다. 또한 끊임없는 훈련과 성령충만으로 4차원의 영성을 소유하게 되면 세상의 잣대로는 짐작도 할 수 없는 풍성한 하나님의 복을 누릴 수 있게 된다.

십자가, 순복음 신앙의 뿌리
Part1. 십자가 신학에 기초한 순복음 신앙

Chapter 1 삼중축복 : 십자가에서 이루신 완전한 구원
요한3서 1장 2절로 대표되는 삼중축복은 예수님께서 우리에게 전한 희망의 메시지로서 십자가 대속을 통해 얻어지는 영적, 육적, 생활적인 면에서 받게 되는 축복을 의미한다. 이것은 삼중형벌로 인한 죽음에서 인간을 구원하신 예수님의 완전한 십자가 구속 사건을 대표적으로 잘 나타내 주고 있다.

Chapter 2 오중복음 : 복음을 이해하는 5가지 주제
복음은 예수 그리스도를 통해 이뤄지는 하나님의 구원에 대한 기쁜 소식을 뜻한다. 순복음 신앙은 중생, 성령충만, 신유, 축복, 천국과 재림의 복음이라는 5가지 주제, 곧 오중복음을 바탕으로 복음을 이해하고 그 중심이신 예수 그리스도를 믿는 신앙이다.

Chapter 3 7대 신앙 : 순복음 성도의 7대 신앙 고백
갈보리 십자가의 신앙에 의해 거듭나고 오순절 성령충만의 신앙으로 권능을 받은 성도라면 누구나 땅끝까지 복음을 전하는 데 힘쓰게 된다. 구원과 복을 주시는 좋으신 하나님과 질병을 대속하사 치유하시는 예수님을 확신하며, 그의 재림을 믿는 믿음으로 하나님의 복을 받아 이웃에게 나누어 주는 것이다. 7대 신앙은 순복음 성도의 신앙생활 핵심이라고 볼 수 있다.

Chapter 4 4차원의 영성 : 십자가의 능력으로 삶을 변화시키는 영적 원리
4차원의 영성은 십자가의 구속으로 인해 하나님의 자녀 된 우리가 하나님의 창조 능력을 다운로드 받는 통로이다. 기도와 하나님의 말씀을 통해 생각, 믿음, 꿈, 말이 변화되면 이전에 경험하지 못한 새로운 삶을 누리게 된다. 그러므로 4차원의 영성은 사단이 권세 잡은 이 땅에서 하나님의 능력으로 살아가는 성도의 영적 성장 비결이라고 할 수 있다.

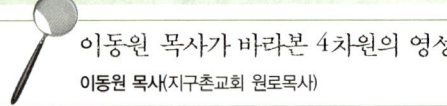

이동원 목사가 바라본 4차원의 영성
이동원 목사(지구촌교회 원로목사)

우리가 살고 있는 시대를 포스트모던의 시대라 일컫습니다. 포스트모던 시대의 다른 별명은 영성의 시대입니다. 과거 계몽주의 시대의 닫힌 세계관에서 우리는 열린 세계관으로 세계관의 변혁을 경험하게 되었습니다. 이성을 넘어선 영성의 목마름과 탐구가 시작되었습니다. 이제 개혁주의자들과 복음주의자들도 개혁주의 영성과 복음주의 영성을 말하게 되었습니다.

로잔 마닐라 대회를 기점으로 복음주의는 오순절 운동을 끌어안는 지평의 확산을 경험하게 되었습니다. 모든 복음주의자들이 삼중축복이나 오중복음, 그리고 4차원의 영성이라는 설명어들을 수용할지는 미지수이지만 그 내용을 들여다보면 결코 낯설거나 새로운 교리는 아닙니다. 더 많은 복음주의자들은 전인구원, 전인영성을 말하고 있습니다.

예수 그리스도를 구주와 주님으로 영접한 이들의 변화가 생각과 믿음, 꿈과 말의 영역의 변화까지 포함되어야 함을 누가 부인할 수 있겠습니까? 개혁주의자들은 이것을 '영역 주권'이라고 부르기도 했습니다. 예수 그리스도는 실로 우리의 생각과 믿음, 꿈과 말의 주인이십니다. 4차원의 영성이 이런 영역 주권과 본질적으로 다르지 않다면 오히려 이 용어는 포스트모던인들에게 다가서는 새 언어가 될 것입니다.

다만 성령충만이 4차원의 영성을 획득하는 결정적 전기가 될 수 있지만 동시에 우리 시대의 영성 운동이 강조하는 영성 훈련과 영성 형성을 함께 동반하게 될 때 4차원의 영성이 뿌리 깊은 열매를 맺게 될 것입니다. 조용기 목사님이 우리 시대의 새 언어로 4차원의 영성을 펼쳐 보인 것은 놀라운 기여이면서 이것은 이 땅의 후학들이 이 영성이 의미하는 바를 성경적으로 심화시킬 과제를 남긴 것이라고 믿습니다.

우리의 생각을 넘어선 성경으로 보여주신 하나님의 절대적인 계시, 심리학적 신념을 넘어서는 성경적이고 복음적인 믿음, 고난의 의미를 끌어안고 나아가는 축복의 영성, 그리고 긍정의 언어를 넘어서서 부정의 언어까지 승화시키는 창조의 언어로 표출될 한국적인 4차원의 영성 신학이 더 깊이 더 넓게 펼쳐지기를 기다려 봅니다. 진실로 4차원의 주인이 예수이심을 선포하게 되기를!

Part 2

충만한 복음,
오중복음의 성경적 근거는 무엇인가?

앞에서 살펴보았듯이 순복음이란 새로운 복음이 아니다. 새로운 이론도 아니다. 그것은 사람의 언어를 통해 우리에게 들려주시는 하나님의 은혜의 말씀 그 자체다. 그리스도의 오심과 사심과 죽으심과 부활하심으로 나타난 충만한 복음, 만세 전부터 이미 계획하시고 섭리하시고 이루신 하나님의 영원한 복음, 지금도 우리 가운데 예수 그리스도의 일을 동일하게 행하신 성령 사역의 복음, 이것이 바로 순복음인 것이다.

이사야 선지자는 말하기를 "너희는 여호와의 책에서 찾아 읽어 보라 이것들 가운데서 빠진 것이 하나도 없고 제 짝이 없는 것이 없으리니 이는 여호와의 입이 이를 명령하셨고 그의 영이 이것들을 모으셨음이라(이사야 34:16)."라고 했다. 순복음 신앙의 기반이 되는 오중복음은 이러한 정확 무오한 성경에 근거를 두고 있다. 그러므로 이번 장에서는 오중복음을 성경적 측면에서 살펴봄으로써 하나님의 말씀에 굳게 서 있는 복음임을 밝히고자 한다.

Chapter 1.
중생의 복음 : 죄로 죽었던 영이 다시 살아남

Chapter 2.
성령충만의 복음 : 그리스도로 충만한 삶

Chapter 3.
신유의 복음 : 육체의 연약함과 질병으로부터의 구원

Chapter 4.
축복의 복음 : 주님의 부요하심을 누리며 나누는 축복

Chapter 5.
천국과 재림의 복음 : 천국과 재림을 사모하는 삶

Chapter 1

중생의 복음
죄로 죽었던 영이 다시 살아남

오중복음의 기초는 '구원의 복음'(the Gospel of Salvation)이다. 구원이란 다른 말로 중생(重生, regeneration)이다. 그러므로 구원의 복음은 곧 중생의 복음이라고 할 수 있다.[86] 오중복음의 기초가 되는 중생의 복음을 올바로 이해하기 위해 먼저 구원이 필요하지 않았던 인간의 본래 창조된 모습을 살펴본 후 타락한 인간의 모습에 대해, 구원의 길인 예수 그리스도에 대해, 그리고 중생의 방법과 결과에 대해 성경 구절을 중심으로 알아보기로 한다.

1 하나님이 지으신 인간

(1) 하나님의 형상대로 창조된 인간

하나님은 인간을 창조하실 때 흙으로 짓고 그 코에 생기(生氣)를 불어넣어 생령이 되게 하셨다(창세기 2:7). 이렇게 인간은 하나님의 피조물로서 하나님의 형상과 모양대로 지은 바 되었다(창세기 1:26). 그러므로 인간은 우선 영적인 존재, 즉 하나님과 똑같이 지음 받은 영체(靈體, Spiritual Being)인 것이다.[87]

영적 존재인 인간은 또한 "평강의 하나님이 친히 너희를 온전히 거룩하게 하시고 또 너희의 온 영과 혼과 몸이 우리 주 예수 그리스도께서 강림하실 때에 흠 없게 보전되기를 원하노라(데살로니가전서 5:23)."라는 말씀대로 영과 함께 혼과 육으로 이루어져 있다. 영과 혼과 육의 관계를 보면 처음 창조된 상태에서는 영이 하나님과 교제해서 받은 하나님의 말씀으로 혼을, 즉 자아의식을 다스리고, 혼은 그 말씀에 따라 육을, 즉 감각적인 세상을 다스리며, 육은 처음부터 끝까지 혼과 영에 속해 있었다.[88]

이러한 창조 질서는 인간의 영이 하나님의 뜻을 따라 혼을 지배하고 혼은 육을 지배하며 육은 모든 정욕을 버리고 영과 혼의 지시대로 순종하는 모습을 가리키고 있다. 그러나 인간이 타락하자 영은 죽었고 그 결과 창조의 질서가 뒤바뀌어 육이 혼을, 혼은 영을 지배하게 되었다.[89]

(2) 인간 창조의 목적

"내 이름으로 불려지는 모든 자 곧 내가 내 영광을 위하여 창조한 자를 오게 하라 그를 내가 지었고 그를 내가 만들었느니라(이사야 43:7)."

이 말씀에서 알 수 있듯이 하나님이 인간을 창조하신 목적은 분명하다. 아담을 지으실 때부터 그를 통해 영광을 받길 원하셨던 것이다. 하나님은 아담에게 미완성이라고는 찾아볼 수 없는 완전한 세상을 선물로 주셨다. 그러므로 인간이 해야 할 유일한 일은 기쁨으로 하나님을 신뢰하고 감사하고 찬양하는 것뿐이다. 그래서 사도 바울은 "항상 기뻐하라 쉬지 말고 기도하라 범사에 감사하라 이것이 그리스도 예수 안에서 너희를 향하신 하나님의 뜻이니라(데살로니가전서 5:16~18)."라고 증거한 것이다.[90]

2 중생의 필요성

(1) 사탄의 유혹과 인간의 타락

하나님은 그의 영광과 인간의 행복을 위한 법, 즉 선악을 알게 하는 나무의 실과를 먹지 말라는 법을 세우셨다(창세기 2:17). 하나님이 세우신 이 정법(正法)은 절대 신앙, 절대 순종, 절대 헌신이었다.[91] 이러한 하나님의 정법과 뜻대로 살아갈 때 인간은 참다운 삶을 누릴 수 있다.

그러나 뱀을 통해 아담과 하와에게 접근한 사탄으로 말미암아 인간은 하나님의 말씀보다 인간적 생각을 중심에 두게 되었다. 사탄과 하와의 다음 대화에서 인간이 타락하게 된 동기를 엿볼 수 있다.[92] "하나님이 참으로 너희에게 동산 모든 나무의 열매를 먹지 말라 하시더냐(창세기 3:1)."라면서 "……너희가 결코 죽지 아니하리라 너희가 그것을 먹는 날에는 너희 눈이 밝아져 하나님과 같이 되어 선악을 알 줄 하나님이 아심이니라(창세기 3:4, 5)."라고 유혹하고 있다.

이렇게 사탄은 하와에게 하나님은 언제나 선하시고(시편 119:68), 정직하시며(시편 33:4), 공의로우시다는(신명기 32:4) 도덕적 속성을 의심하게 만들었다. 의심이 들어온 하와의 마음속에는 하나님에 대한 순종이 사라지고 불신앙과 불순종만 남게 된다. 그리하여 하와가 선악과를 탐욕의 눈으로 바라보게 되자 그때까지 하나님의 말씀을 전달하고 혼과 육을 쳐서 복종케 하던 영이 물러나고 그 대신 육이 주인 노릇을 하게 된 것이다. 영이 죽고 죄가 들어오자 하나님과 인간, 인간과 인간, 인간과 자연의 관계가 파괴되는 처참한 결과를 낳고 말았다. 그래서 바울은 이러한 결과에 대해 "그러므로 한 사람으로 말미암아 죄가 세상에 들어오고 죄로 말미암아 사망이 들어왔나니 이와 같이 모든 사람이 죄를 지었으므로 사망이 모

든 사람에게 이르렀느니라(로마서 5:12)."라고 말한 것이다.[93]

이와 같이 아담과 하와의 타락은 인간의 모든 면에 영향을 주는 완전한 타락이다. 이 타락과 죄는 모든 인류에게 미치는 것이므로 (로마서 3:9) 이 세상 어느 누구도 죄와 사탄의 세력에서 벗어나 온전해질 수 없다. 인간의 입장에서 볼 때 아담의 타락은 철저한 절망일 뿐이다.

(2) 하나님의 심판

하나님은 뱀에 대해 "네가 이렇게 하였으니 네가 모든 가축과 들의 모든 짐승보다 더욱 저주를 받아 배로 다니고 살아 있는 동안 흙을 먹을지니라 내가 너로 여자와 원수가 되게 하고 네 후손도 여자의 후손과 원수가 되게 하리니 여자의 후손은 네 머리를 상하게 할 것이요 너는 그의 발꿈치를 상하게 할 것이니라(창세기 3:14, 15)."라는 심판의 말씀을 하셨다. 뱀이 사탄의 도구에 불과했음에도 불구하고 이처럼 중한 형벌을 받은 까닭은 사탄과 모든 악한 세력의 모본이 되기 때문이었다.[94]

여자에 대해서는 "내가 네게 임신하는 고통을 크게 더하리니 네가 수고하고 자식을 낳을 것이며 너는 남편을 원하고 남편은 너를 다스릴 것이니라(창세기 3:16)."라는 말씀을, 남자에 대해서는 "네가 네 아내의 말을 듣고 내가 네게 먹지 말라 한 나무의 열매를 먹었은즉 땅은 너로 말미암아 저주를 받고 너는 네 평생에 수고하여야 그 소산을 먹으리라 땅이 네게 가시덤불과 엉겅퀴를 낼 것이라 네가 먹을 것은 밭의 채소인즉 네가 흙으로 돌아갈 때까지 얼굴에 땀을 흘려야 먹을 것을 먹으리니 네가 그것에서 취함을 입었음이라 너는 흙이니 흙으로 돌아갈 것이니라(창세기 3:17~19)."라는 말씀을 통해 심판을 선포하셨다.[95]

또한 환경의 관리자 아담과 하와의 타락으로 인해 자연도 "가시덤불과 엉겅퀴를 낼 것이라(창세기 3:18)."라는 저주를 받았다. 그래서 피조물들도 하나님의 아들들, 즉 구원 받은 자들이 재림의 영광에 참여할 때 다시 회복되기를 바라는 것이다(로마서 8:18~23).[96] 범죄하여 형벌을 받은 아담과 하와의 후손인 인류도 자연히 죄 아래 있고 형벌 아래 있게 된 것이다. 모든 인류의 영도 아담의 영처럼 죽었고 모든 인간의 육도 아담의 육처럼 땀을 흘려야만 하는 처지가 되었다. 인류에게 질병과 고난이 다가왔고 자연은 가시와 엉겅퀴를 뿜어냈다. 아담과 하와와 뱀과 자연에 대한 하나님의 심판이 이러한 형벌로써 나타난 것이다.

3   중생의 길

죄와 형벌과 사탄의 권세로부터 자유함을 얻고 해방되기 위해 인간은 구원을 필요로 한다. 인간은 한 사람, 아담으로 인해 정죄를 받아(로마서 5:16) 모두 죄인이 되었으므로 스스로의 힘으로는 하나님의 영광에 이르지 못하게 되었다(로마서 3:23). 구원이 절대적으로 필요하지만 스스로는 이룰 수 없는 상태에서 하나님은 말씀을 통해 구원에 관한 계시를 주시고 그 계시를 성취하셨다.

(1) 구원의 예시

성경은 아담과 하와가 불법을 행하고 타락한 직후에 하나님이 구원을 예시하셨음을 기록하고 있다.

"내가 너로 여자와 원수가 되게 하고 네 후손도 여자의 후손과 원수가 되게 하리니 여자의 후손은 네 머리를 상하게 할 것이요 너는 그의 발꿈치를 상하게 할 것이니라(창세기 3:15)."

이 말씀에서 여자의 후손이란 예수 그리스도를 가리키는 말로서 하나님은 오직 예수님을 통해서만 구원이 있음을 밝히고 계신 것이다.[97]

하나님은 아브라함에게 주신 복을 통해서도 구원을 예시하셨다(창세기 12:1~3). 아브라함을 통해 이 땅의 모든 족속이 얻는 복은 무엇보다도 믿음으로 말미암아 의롭게 되는 구원의 복이다(로마서 4:18~22). 아브라함은 모든 믿는 자의 조상으로서(로마서 4:11) 복의 근원이 된 것이다.[98] 이렇게 아담과 하와를 통해, 또 아브라함을 통해 예시하신 구원의 약속을 하나님은 선지자의 입술을 통해서도 계속해서 보여 주셨다.

"그러므로 주께서 친히 징조를 너희에게 주실 것이라 보라 처녀가 잉태하여 아들을 낳을 것이요 그의 이름을 임마누엘이라 하리라(이사야 7:14)."

"이새의 줄기에서 한 싹이 나며 그 뿌리에서 한 가지가 나서 결실할 것이요 그의 위에 여호와의 영 곧 지혜와 총명의 영이요 모략과 재능의 영이요 지식과 여호와를 경외하는 영이 강림하시리니(이사야 11:1, 2)"

"그가 찔림은 우리의 허물 때문이요 그가 상함은 우리의 죄악 때문이라 그가 징계를 받으므로 우리는 평화를 누리고 그가 채찍에 맞으므로 우리는 나음을 받았도다(이사야 53:5)."

(2) 예수 그리스도의 십자가

예수 그리스도는 예언된 말씀 그대로 자신을 만민 구원을 위한 제물로 삼으셨다. 그는 살이 찢기시어 영생을 주시는 산 떡이 되셨고(요한복음 6:51), 언약의 피를 흘리시어 타락한 인간에게 죄 사함을 주셨다(마태복음 26:28). 그는 모든 구속 사업을 십자가 위에서 이루셨고(요한복음 3:13~15), 죽은 자 가운데서 부활하시어 하나님의 아들로 인정받았으며(로마서 1:4), 부활로써 모든 믿는 자를 거듭나게 하셨다(베드로전서 1:3).[99]

"그러므로 형제들아 우리가 예수의 피를 힘입어 성소에 들어갈 담력을 얻었나니 그 길은 우리를 위하여 휘장 가운데로 열어 놓으신 새로운 살 길이요 휘장은 곧 그의 육체니라(히브리서 10:19, 20)."

예수 그리스도는 이렇게 자신이 흘린 피를 가지고 하나님 앞에 나아가셨다. 그가 운명하실 때 죄로 말미암아 하나님과 사람 사이에 가려져 있던 휘장이 찢어지면서 하나님 앞으로 나아갈 수 있는 새 길이 우리에게 열린 것이다.

이러한 십자가의 고난과 죽음을 통한 구원은 네 가지 측면에서 중요한 의미를 일깨워 주고 있다.[100] 첫째로, 인간의 죄의 결과가 무엇인지를 보여 준다. -"그가 찔림은 우리의 허물 때문이요 그가 상함은 우리의 죄악 때문이라(이사야 53:5)" 둘째로, 인간을 향한 하나님의 사랑이 얼마나 큰지를 보여 준다. - "우리가 아직 죄인 되었을 때에 그리스도께서 우리를 위하여 죽으심으로 하나님께서 우리에 대한 자기의 사랑을 확증하셨느니라(로마서 5:8)." 셋째로, 한 인간의 가치가 어떠한지를 보여 준다. -"사람이 만일 온 천하를 얻고도 제 목숨을 잃으면 무엇이 유익하리요 사람이 무엇을 주고 제 목숨과 바꾸겠느냐(마태복음 16:26)." 넷째로, 용서의 대가가 무엇인지를 보여 준다. -"우리는 다 양 같아서 그릇 행하여 각기 제 길로 갔거늘 여호와께서는 우리 모두의 죄악을 그에게 담당시키셨도다(이사야 53:6)."

그리하여 예수 그리스도는 십자가의 고난을 통해 자신에게 순종하는 모든 자에게 영원한 구원의 근원이 되셨다(히브리서 5:8, 9). 이 구원은 하나님의 은혜로써 모든 사람에게 나타났으므로(디도서 2:11) 누구든지 그를 믿기만 하면 구원을 받게 되었다(요한복음 3:16). 이것이 바로 중생의 복음으로서 그 복음을 믿는 자마다 약속의 성령으로 인치심을 받게 되는 것이다(에베소서 1:13).[101]

4 중생의 방법

지금까지 우리는 첫째로 인간이 원래 하나님의 형상과 모양을 따라 온전하게 창조되었으나, 둘째로 하나님을 반역하고 타락함으로써 죽음에 이르게 되었고, 셋째로 그 해결책으로써 예수 그리스도의 십자가의 대속의 길을 허락 받았다는 사실을 살펴보았다. 그러면 이제 하나님의 은혜를 받는 방법에 대해 구체적으로 살펴보기로 하자.

(1) 중생의 조건

복음의 초청에 응한다는 것은 무엇을 말하는가? 그것은 바로 회개와 믿음이다. 회개와 믿음은 동시에 일어나는 한 사건의 양면성이다. 회개하는 자에게 하나님은 회개의 능력을 주시고(사도행전 11:18) 믿고자 하는 자에게는 믿음을 주신다(마가복음 9:24).[102]

구원에 이르기 위한 조건은 첫째로 완전한 회개다. 세례 요한의 첫마디가 "회개하라 천국이 가까이 왔느니라(마태복음 3:2)."라는 말이었고, 이스라엘 백성들을 향한 예수 그리스도의 첫 말씀도 "회개하고 복음을 믿으라(마가복음 1:15)."라는 것이었다. 오순절 성령의 강림 후 사도 베드로도 "회개하고 돌이켜 너희 죄 없이 함을 받으라(사도행전 3:19)."라고 외쳤다. 그 외의 많은 성경 구절에서도 진실한 마음으로 회개하고 돌이킬 때 하나님이 용서해 주심을 증거하고 있다.

"하나님께 영광을 돌려 이르되 그러면 하나님께서 이방인에게도 생명 얻는 회개를 주셨도다 하니라(사도행전 11:18)."

"하나님의 뜻대로 하는 근심은 후회할 것이 없는 구원에 이르게 하는 회개를 이루는 것이요 세상 근심은 사망을 이루는 것이니라(고린도후서 7:10)."

"만일 우리가 우리 죄를 자백하면 그는 미쁘시고 의로우사 우리 죄를 사하시며 우리를 모든 불의에서 깨끗하게 하실 것이요(요한1서 1:9)"

그러나 우리의 등 뒤에서 마음을 감동시켜 회개로 이끄는 이는 하나님이시다. 그것은 또한 성령을 통해 우리에게 주시는 은사이

기도 하다.[103)]

"하나님이여 내 속에 정한 마음을 창조하시고 내 안에 정직한 영을 새롭게 하소서(시편 51:10)."

"혹 네가 하나님의 인자하심이 너를 인도하여 회개하게 하심을 알지 못하여 그의 인자하심과 용납하심과 길이 참으심이 풍성함을 멸시하느냐(로마서 2:4)."

"거역하는 자를 온유함으로 훈계할지니 혹 하나님이 그들에게 회개함을 주사 진리를 알게 하실까 하며(디모데후서 2:25)"

구원에 이르는 둘째 조건은 믿음이다. 그래서 사도 바울은 자신이 갇혀 있는 빌립보 감옥의 간수에게 "주 예수를 믿으라 그리하면 너와 네 집이 구원을 받으리라(사도행전 16:31)."라고 증거했으며, 로마에 있는 성도들에게는 "네가 만일 네 입으로 예수를 주로 시인하며 또 하나님께서 그를 죽은 자 가운데서 살리신 것을 네 마음에 믿으면 구원을 받으리라(로마서 10:9)."라고 권면했다.
이 구원의 믿음은 하나님의 신실한 약속의 말씀에 대한 우리의 깨달음 위에 하나님의 믿음이 은혜로 주어질 때 생겨난다. 그러므로 구원에 이르기 위해서는 하나님이 은혜로 주시는 믿음을 받아야 한다. 예수님은 이러한 믿음을 소유한 자를 가리켜 "하나님께서 이끈 자(요한복음 6:44)"라고 하셨다. 그리고 히브리서 12장 2절에는 "믿음의 주요 또 온전하게 하시는 이인 예수를 바라보자 그는 그 앞에 있는 기쁨을 위하여······."라고 기록되어 있다. 이는 믿음의 주인이시고 또 우리의 믿음을 완전하게 만들어 주시는 예수님을 바라본다는 뜻이다.[104] 이러한 구원의 믿음은 예수님이 그 말씀으로 우리의 마음속에 주시는 은혜요 선물인 것이다.

(2) 중생의 수단

지금까지 살펴본 바와 같이 우리가 구원을 받기 위해서는 만백성을 향한 하나님의 부르심에 회개와 믿음으로 먼저 응답해야 하는 것이다. 그러나 예수 그리스도가 나의 구주임을 확실히 믿는 믿음은 성령으로 말미암지 않고는 얻을 수 없다.

"······성령으로 아니하고는 누구든지 예수를 주시라 할 수 없느니라(고린도전서 12:3)."

그러므로 구원을 받아 우리의 영이 새롭게 태어나기 위해서는 반드시 성령님이 오셔서 우리를 감화시키고 거듭나게 해주셔야 하는 것이다(요한복음 3:5~7).[105]

성령님은 우리의 죄를 책망하셔서 우리가 죄를 깨달아 회개하게 하시며, 그로 인해 구원을 얻도록 이끌어 주신다. 의에 대해 책망하심으로써 우리의 행위가 아닌 예수 그리스도의 피가 인간을 새롭게 하셨음을 깨닫게 하신다. 심판에 대해 책망하심으로써 예수 그리스도의 십자가를 통해 이미 이 세상 마귀가 심판을 받았다는 사실을 깨닫게 하신다. 그리하여 우리로 하여금 회개하고 예수 그리스도를 구주로 영접하게 하신다(요한복음 3:17). 그러므로 우리 속에 들어오셔서 일하시는 성령의 사역 없이는 구원을 받을 수도 없고 구원의 역사도 이해할 수 없는 것이다.

성령으로 거듭난다는 것은 성령이 우리 속에 들어와 주인이 되심을 말한다. 죄를 지어 사탄의 권세 아래 속했던 인간이 예수 그리스도의 죽으심과 부활하심을 믿음으로써 그 종 된 상태에서 벗어나는 사건을 '거듭난다'고 하는 것이다. 즉 사탄의 자식에서 하나님의 자녀로 다시 태어난다는 뜻이다. 이와 같이 성령님이 우리의 영을 거듭나게 하시므로 우리는 하나님의 자녀가 되어 하나님을 아버지라고 부를 수 있게 된 것이다(갈라디아서 4:6; 로마서 8:9, 15, 16).[106]

5 중생의 결과[107]

죄를 깨달아 회개하고 예수 그리스도를 구주로 영접하면 어떤 결과가 나타나는가?

첫째로, 보혜사 성령님이 우리의 마음속에 들어와 거하신다.

"예수를 죽은 자 가운데서 살리신 이의 영이 너희 안에 거하시면 …… 그의 영으로 말미암아 너희 죽을 몸도 살리시리라(로마서 8:11)."

그러므로 성령의 내주하심으로 우리 마음이 그리스도의 평강과 기쁨으로 가득 차게 되어 미움 대신 사랑이, 절망 대신 소망이, 죽음 대신 생명이 풍성하게 나타나는 것이다. 삶 또한 그리스도가 중심이 되어 "이제는 내가 사는 것이 아니요 오직 내 안에 그리스도께서 사시는 것이라(갈라디아서 2:20)."라는 고백을 하게 된다.

둘째로, 죄의 세력에 대해 "사망아 너의 승리가 어디 있느냐(고린도전서 15:55)."라는 담대한 선언을 하게 된다. 이렇게 담대한 선언을 하게 된 이유는 그리스도 안에 있는 생명의 성령의 법이 죄와 사망의 법에서 우리를 해방시켰기 때문이다(로마서 8:1, 2). 이제 더 이상 그리스도인은 죄의 세력에 눌려 사탄의 노예 생활을 할 이유가 없다.

셋째로, 하나님의 자녀가 되는 권세를 갖게 된다. 주를 믿기 전에는 "육체의 욕심을 따라 지내며 육체와 마음의 원하는 것을 하여 다른 이들과 같이 본질상 진노의 자녀(에베소서 2:3)"였으나, 사랑과 은혜가 풍성하신 하나님이 "우리를 사랑하신 그 큰 사랑을 인하여 허물로 죽은 우리를 그리스도와 함께 살리셨고(에베소서 2:4, 5)" 뿐만 아니라 "그 이름을 믿는 자들에게는 하나님의 자녀가 되는 권세(요한복음 1:12)"를 주셨기 때문이다.

넷째로, 하나님이 예비하신 놀라운 복을 누리는 삶이 된다. 바울은 고린도후서 5장 17절에서 "그런즉 누구든지 그리스도 안에 있으면 새로운 피조물이라 이전 것은 지나갔으니 보라 새것이 되었도다."라고 말하고 있다. 이러한 새로운 피조물의 복은 무엇보다도 영혼이 잘되는 복이다. 그러므로 새로운 피조물인 우리는 '영혼이 잘됨 같이 범사에 잘되고 강건해지는(요한3서 1:2)' 복을 누리게 되며, 예수님이 오셔서 "생명을 얻게 하고 더 풍성히 얻게 하려는(요한복음 10:10)" 복을 누리게 되는 것이다.

이와 같이 예수 그리스도를 구주로 모셔 들이는 모든 새로운 피조물은 영과 육과 범사가 잘되는 삼중축복을 누릴 수 있다.

Chapter 2

성령충만의 복음

그리스도로 충만한 삶

중생한 그리스도인은 누구든지 성령세례를 받고 성령충만함을 입어야 한다. 그래야 권능을 얻고 복음을 능력 있게 증거하게 되며, 또한 성령의 거룩게 하시는 역사에 힘입어 죄를 이기고 말씀을 좇아 성결한 삶을 살아가게 된다. 그러므로 메마르고 소극적인 신앙에서 벗어나 감격과 감동이 넘치고 적극적으로 복음을 증거하며 거룩한 삶을 살아가게 하는 성령충만의 복음에 대해 살펴보기로 한다.

1 성령은 어떤 분인가?

(1) 성령은 하나님이시다[108]

베드로는 아나니아를 향해 "어찌하여 사탄이 네 마음에 가득하여 네가 성령을 속이고 땅값 얼마를 감추었느냐 …… 사람에게 거짓말한 것이 아니요 하나님께로다(사도행전 5:3, 4)."라고 말했다.

바울은 로마서에서 이사야 6장 9, 10절의 하나님 말씀을 성령님이 하신 말씀으로 기록하고 있으며(사도행전 28:26, 27), 히브리서에서는 예레미야 31장 33절의 말씀을 인용하면서 "성령이 우리에게 증언하시되 주께서 이르시되……"라고 함으로써(히브리서 10:15, 16) 하나님과 성령은 한 분이심을 증거하고 있다.

(2) 성령은 하나님의 일을 하신다[109]

성령은 하나님의 뜻을 좇아 천지를 창조하셨으며(창세기 1:2; 욥기 38:4), 죽은 자를 살리시고(로마서 8:11), 사람을 중생시키며(요한복음 3:5~7), 죄와 의와 심판에 대해 세상을 책망하시고(요한복음 16:8), 귀신을 내쫓으신다(마태복음 12:28).

(3) 성령은 하나님의 속성을 지니고 계시다[110]

① 성령은 영원(永遠)하시다

히브리서 9장 14절을 보면 "영원하신 성령"으로 표현되어 있다.

성부 하나님이 영원하듯이 성령 또한 영원하신 분이다.

② 성령은 전지(全知)하시다
"성령은 모든 것 곧 하나님의 깊은 것까지도 통달(고린도전서 2:9~11)"하시는 분이다.

③ 성령은 전능(全能)하시다
마리아가 수태할 때 천사가 나타나서 "성령이 네게 임하시고 지극히 높으신 이의 능력이 너를 덮으시리니(누가복음 1:35)"라고 증거하고 있다.

④ 성령은 무소부재(無所不在)하시다
다윗은 "내가 주의 영을 떠나 어디로 가며 주의 앞에서 어디로 피하리이까 내가 하늘에 올라갈지라도 거기 계시며 스올에 내 자리를 펼지라도 거기 계시니이다(시편 139:7, 8)."라고 고백하고 있다.

이처럼 성령은 영원하시고 전지전능, 무소부재하신 분으로서 하나님의 속성을 모두 가지고 계신 하나님이시다.

(4) 성령은 삼위일체 하나님 중 한 분이시다[111]
구약을 보면 삼위일체 하나님은 천지를 지으셨고(창세기 1:1, 2), 자신의 형상을 따라 인간을 지으셨다(창세기 1:26). 이사야 63장 7절에서 10절에는 창조주 하나님, 구원자 성자 하나님, 보혜사 성령 하나님이 계시되어 있다.

신약에서는 예수님이 세례를 받으실 때 삼위일체 하나님이 함께 하셨고(마태복음 3:16, 17), 예수님은 "아버지와 아들과 성령의 이름"으로 세례를 주라고 명령하셨는데, 여기서 '이름'은 복수가 아닌 단수(name)로 나오고 있다(마태복음 28:19). 요한복음 14장 16절에서도 예수님은 "내가 아버지께 구하겠으니 그가 또 다른 보혜사를 너희에게 주사"라고 하시며 삼위일체 하나님을 말씀하셨다. 이처럼 성령은 삼위일체 하나님의 한 위(位)로서, 본질적으로 동일하신 하나님이시다.

(5) 성령은 인격적인 속성을 지니고 계시다[112]

하나님은 인격자이지만 영이시므로 아무도 볼 수 없다(요한복음 4:24). 우리가 어떤 존재에 대한 가치를 판단할 때의 기준은 형체의 유무가 아니라 인격적 특성의 유무가 되어야 한다. 성령은 우리의 눈으로 볼 수 있는 형체는 없지만 인간의 모든 특성을 다 지니고 계시므로 인격적인 존재이시다.

① 성령은 지성을 가지고 계시다

"오직 하나님이 성령으로 이것을 우리에게 보이셨으니 성령은 모든 것 곧 하나님의 깊은 것까지도 통달하시느니라(고린도전서 2:10)."

"마음을 살피시는 이가 성령의 생각을 아시나니 이는 성령이 하나님의 뜻대로 성도를 위하여 간구하심이니라(로마서 8:27)."

② 성령은 감성을 가지고 계시다
"성령으로 말미암아 하나님의 사랑이 우리 마음에 부은 바 됨이니(로마서 5:5)"

"하나님의 성령을 근심하게 하지 말라(에베소서 4:30)."

"오직 성령이 말할 수 없는 탄식으로 우리를 위하여 친히 간구하시느니라(로마서 8:26)."

③ 성령은 의지를 가지고 계시다
"이 모든 일은 같은 한 성령이 행하사 그의 뜻대로 각 사람에게 나누어 주시는 것이니라(고린도전서 12:11)."

"성령이 아시아에서 말씀을 전하지 못하게 하시거늘……(사도행전 16:6)."

④ 성경이 성령을 인칭 대명사로 지칭하고 있다
"곧 아버지께로부터 나오시는 진리의 성령이 오실 때에 그(He)가 나를 증언하실 것이요(요한복음 15:26)"

"내가 떠나가지 아니하면 보혜사가 너희에게로 오시지 아니할 것이요 가면 내가 그(He)를 너희에게로 보내리니(요한복음 16:7)"

"그(He)가 너희를 모든 진리 가운데로 인도하시리니……(요한복음 16:13)"

⑤ 성령은 인격적인 존재만이 행할 수 있는 활동을 하신다

말씀하시고(요한계시록 2:7), 인간의 연약함을 도우시고(로마서 8:26), 우리를 위해 기도하시고(로마서 8:26), 가르치시고(요한복음 14:26), 주님에 관해 증언하시고(요한복음 15:26), 성도를 인도하시고(요한복음 16:13), 주의 사업을 위해 일꾼을 선택하시며(사도행전 13:2), 성도를 위로하신다(사도행전 9:31).

2 성령의 명칭과 상징

(1) 명칭[113]

① 보혜사

"내가 아버지께로부터 너희에게 보낼 보혜사 곧 아버지께로부터 나오시는 진리의 성령이 오실 때에 그가 나를 증언하실 것이요(요한복음 15:26)"

② 하나님의 성령

"하나님의 성령을 근심하게 하지 말라 그 안에서 너희가 구원의 날까지 인치심을 받았느니라(에베소서 4:30)."

③ 그리스도의 영

"만일 너희 속에 하나님의 영이 거하시면 너희가 육신에 있지 아니하고 영에 있나니 누구든지 그리스도의 영이 없으면 그리스도의 사람이 아니라(로마서 8:9)."

④ 진리의 영

"그는 진리의 영이라 세상은 능히 그를 받지 못하나니 이는 그를 보지도 못하고 알지도 못함이라 그러나 너희는 그를 아나니 그는 너희와 함께 거하심이요 또 너희 속에 계시겠음이라(요한복음 14:17)."

(2) 상징[114]

① 생수

"누구든지 목마르거든 내게로 와서 마시라 나를 믿는 자는 성경에 이름과 같이 그 배에서 생수의 강이 흘러나오리라 하시니 이는 …… 성령을 가리켜 말씀하신 것이라(요한복음 7:37~39)."

② 불

"그는 성령과 불로 너희에게 세례를 베푸실 것이요(마태복음 3:11)"

③ 바람

"바람이 임의로 불매 네가 그 소리는 들어도 어디서 와서 어디로 가는지 알지 못하나니 성령으로 난 사람도 다 그러하니라(요한복음 3:8)."

④ 기름

"너희는 주께 받은 바 기름 부음이 너희 안에 거하나니(요한1서 2:27)"

⑤ 비

"땅을 적시는 늦은 비와 같이 우리에게 임하시리라(호세아 6:3)."

⑥ 비둘기

"성령이 비둘기같이 하늘로부터 내려와서……(요한복음 1:32)"

⑦ 술

"그들이 새 술에 취하였다 하더라(사도행전 2:13)."

⑧ 인

"약속의 성령으로 인치심을 받았으니(에베소서 1:13)"

⑨ 보증

"그가 …… 보증으로 우리 마음에 성령을 주셨느니라(고린도후서 1:22)."

3. 성령의 사역[115]

① 창조와 관련된 사역

"땅이 혼돈하고 공허하며 흑암이 깊음 위에 있고 하나님의 영은 수면 위에 운행하시니라(창세기 1:2)."

"여호와의 말씀으로 하늘이 지음이 되었으며 그 만상을 그의 입 기운으로 이루었도다(시편 33:6)."

② 섭리와 관련된 사역

"풀은 마르고 꽃이 시듦은 여호와의 기운이 그 위에 붊이라 이 백성은 실로 풀이로다(이사야 40:7)."

"주의 영을 보내어 그들을 창조하사 지면을 새롭게 하시나이다 (시편 104:30)."

③ 불신자와 관련된 사역

"그가 와서 죄에 대하여, 의에 대하여, 심판에 대하여 세상을 책망하시리라 죄에 대하여라 함은 그들이 나를 믿지 아니함이요 의에 대하여라 함은 내가 아버지께로 가니 너희가 다시 나를 보지 못함이요 심판에 대하여라 함은 이 세상 임금이 심판을 받았음이라(요한복음 16:8~11)."

④ 성경과 관련된 사역

"보혜사 곧 아버지께서 내 이름으로 보내실 성령 그가 너희에게 모든 것을 가르치고 내가 너희에게 말한 모든 것을 생각나게 하리라(요한복음 14:26)."

"모든 성경은 하나님의 감동으로 된 것으로 교훈과 책망과 바르게 함과 의로 교육하기에 유익하니(디모데후서 3:16)"

"먼저 알 것은 성경의 모든 예언은 사사로이 풀 것이 아니니 예언은 언제든지 사람의 뜻으로 낸 것이 아니요 오직 성령의 감동하심을 받은 사람들이 하나님께 받아 말한 것임이라(베드로후서 1:20, 21)."

⑤ 예수 그리스도와 관련된 사역

"천사가 대답하여 이르되 성령이 네게 임하시고 지극히 높으신

이의 능력이 너를 덮으시리니 이러므로 나실 바 거룩한 이는 하나님의 아들이라 일컬어지리라(누가복음 1:35)."

"예수께서 세례를 받으시고 곧 물에서 올라오실 새 하늘이 열리고 하나님의 성령이 비둘기같이 내려 자기 위에 임하심을 보시더니(마태복음 3:16)"

"그때에 예수께서 성령에게 이끌리어 마귀에게 시험을 받으러 광야로 가사(마태복음 4:1)"

"그가 택하신 사도들에게 성령으로 명하시고 승천하신 날까지의 일을 기록하였노라(사도행전 1:2)."

"하나님이 오른손으로 예수를 높이시매 그가 약속하신 성령을 아버지께 받아서 너희가 보고 듣는 이것을 부어 주셨느니라(사도행전 2:33)."

"하나님이 나사렛 예수에게 성령과 능력을 기름 붓듯 하셨으매 그가 두루 다니시며 선한 일을 행하시고 마귀에게 눌린 모든 사람을 고치셨으니 이는 하나님이 함께 하셨음이라(사도행전 10:38)."

"하물며 영원하신 성령으로 말미암아 흠 없는 자기를 하나님께 드린 그리스도의 피가 어찌 너희 양심을 죽은 행실에서 깨끗하게 하고 살아 계신 하나님을 섬기게 하지 못하겠느냐(히브리서 9:14)."

⑥ 신자와 관련된 사역
 • 죄인을 거듭나게 하신다

"진실로 진실로 네게 이르노니 사람이 물과 성령으로 나지 아니하면 하나님의 나라에 들어갈 수 없느니라(요한복음 3:5)."

 • 새 생명을 주신다

"이는 그리스도 예수 안에 있는 생명의 성령의 법이 죄와 사망의 법에서 너를 해방하였음이라(로마서 8:2)."

 • 신자 안에 내주하신다

"내가 아버지께 구하겠으니 그가 또 다른 보혜사를 너희에게 주사 영원토록 너희와 함께 있게 하리니(요한복음 14:16)"

 • 신자를 가르치신다(고린도전서 2:13 참조)

"보혜사 곧 아버지께서 내 이름으로 보내실 성령 그가 너희에게 모든 것을 가르치고 내가 너희에게 말한 모든 것을 생각나게 하리라(요한복음 14:26)."

- 신자를 인도하신다(갈라디아서 5:18 참조)

"무릇 하나님의 영으로 인도함을 받는 사람은 곧 하나님의 아들이라(로마서 8:14)."

- 신자를 위해 대신 기도하신다(에베소서 6:18; 유다서 1:20 참조)

"이와 같이 성령도 우리의 연약함을 도우시나니 우리는 마땅히 기도할 바를 알지 못하나 오직 성령이 말할 수 없는 탄식으로 우리를 위하여 친히 간구하시느니라(로마서 8:26)."

그 외에도 신자를 인치시며(에베소서 1:13, 14; 디모데후서 2:19), 신자에게 일을 시키시며(사도행전 13:24, 16:6, 7; 고린도전서 12:11), 신자의 보증이 되시며(고린도후서 1:22; 에베소서 1:14), 신자에게 능력과 기름 부음을 주시며(누가복음 24:49; 사도행전 2:1~4; 고린도후서 1:21; 요한1서 2:20~27), 신자의 몸을 부활시키시며(로마서 8:11; 고린도후서 4:14; 베드로전서 3:18), 신자가 하나님의 아들 됨을 증거하는 사역을 행하신다(로마서 8:16; 갈라디아서 4:6).

4   중생과 성령세례

(1) 중생

중생이라는 말은 예수님이 니고데모에게 하신 말씀으로(요한복음 3:3) '물', 즉 말씀과 회개를 통해 그리고 성령의 감동과 도우심을 통해 죄인에게 임하는 구원의 체험이다(요한복음 3:5).

중생에 있어 성령의 역할은 첫째로 죄인을 주님께로 이끌어 주시며(요한복음 6:44), 둘째로 죄인으로 하여금 자신의 죄를 깨닫게 하며(디도서 3:5), 셋째로 마음 문을 열게 하사 그리스도를 영접하게 하는 것이다(사도행전 16:14, 15).[116] 이와 같이 물과 성령으로 거듭나게 되면 예수 그리스도를 구주로 시인하고 하나님의 자녀로서 권세 있는 삶을 살게 된다(요한복음 1:12).

(2) 성령세례

중생과 성령세례는 분명히 다른 별개의 체험이다. 물론 두 가지가 동시에 일어날 수도 있고 어느 정도의 기간을 두고 일어날 수도 있으나, 서로 다른 체험인 것만은 확실하다.

성경에는 중생의 체험을 가진 성도들이 성령세례를 받지 못한 예가 기록되어 있다.[117] 예수님의 제자들은 예수님이 친히 불러 택하셨으며, 그들은 예수님이 하나님의 아들이심을 믿고 순종했으므로 이미 중생을 체험하고 영생을 얻은 사람들이었다.

예수님은 유다 외에는 모두 깨끗하다고 하심으로써 그들의 중생을 보증하셨다(요한복음 13:10). 그럼에도 불구하고 예수님은 다음과 같이 말씀하셨다.

"예루살렘을 떠나지 말고 내게서 들은 바 아버지께서 약속하신 것을 기다리라 요한은 물로 세례를 베풀었으나 너희는 몇 날이 못되어 성령으로 세례를 받으리라(사도행전 1:4, 5)."

또한 사도행전 8장 5절에서 13절을 보면 빌립 집사가 사마리아에 내려가 복음을 증거하고 더러운 귀신을 내쫓았다. 이때 수많은 사람들이 복음을 믿고 세례를 받았다. 그러나 그다음 14절에서 17절을 보면 세례는 받았으나 동시에 성령세례를 받은 것은 아니라는 사실이 확실히 기록되어 있다.

바울도 에베소 교회에 가서 가장 먼저 "너희가 믿을 때에 성령을 받았느냐(사도행전 19:2)."라고 묻고 있다. 이는 믿는다고 해서 자동적으로 성령세례를 받는 것이 아니므로 누구나 믿는 자는 성령세례를 받기 위해 기도해야 함을 말하고 있다. 이와 같은 성경의 증거를 볼 때 중생과 성령세례는 확연히 다른 각각의 체험임을 알 수 있다.

① 성령세례의 증거[118)]

첫째, 성령세례의 증거는 다양하나 그 대표적인 외적 표현으로 방언을 들 수 있다. 사도행전에는 성령세례의 체험을 기록한 기사가 네 군데에 나와 있는데(2:1~4, 8:4~24, 10장, 19:1~7), 8장의 사마리아 부흥회 때만 제외하고 모두 방언을 말했다고 기록하고 있다. 이로써 성령세례의 표적 중의 하나가 방언임을 알 수 있다.

둘째, 무엇보다도 확실한 성령세례의 증거는 강력한 복음 전파에 있다. 즉 성령세례를 받은 사람은 그 즉시 복음을 적극적으로 전하지 않고는 견딜 수 없게 된다(사도행전 2:14~41).

셋째, 성령세례는 그 증거가 방언의 외적 표현이든 혹은 복음을 강력하게 증거하는 전도의 생활화이든 관계없이 결과적으로는 성령세례를 받은 신자의 마음에 큰 확신으로 경험될 수 있는 사건임이 틀림없다.

② 성령세례의 결과

성령의 세례를 받은 자는 그 결과로 자신에게 허락된 성령의 은사를 발견하고 그리스도의 복음과 교회를 위해 활용해야 한다. 성령의 은사는 성령을 떠나 독립적으로 존재할 수 없다. 성령의 은사는 인간이 임의로 소유할 수 없고 성령님이 주권적으로 각 성도들에게 나누어 주셔서 나타나는 것이다(고린도전서 12:7).

그러므로 성령의 은사를 받은 신자들은 그것을 자신의 소유물로 여기거나 마음대로 사용해서는 안 된다. 겸손하게 성령의 뜻을 따라 교회의 유익을 위해 사용해야 한다.[119]

대표적인 성령의 은사로는 고린도전서 12장에 기록된 아홉 가지가 있다.

계시적 은사	발성적 은사	권능적 은사
지혜의 말씀 은사	방언의 은사	믿음의 은사
지식의 말씀 은사	방언 통역의 은사	병 고치는 은사
영 분별의 은사	예언의 은사	능력 행함의 은사

이러한 하나님의 능력이요 선물인 성령의 은사를 활용함과 더불어 내적 성품이 그리스도의 형상을 닮아 가게 하는 성령의 열매를 맺어야 한다. 성령의 열매는 우리 속에 내주하시는 예수 그리스도의 인격의 표현이다. 하나님은 우리로 하여금 성령을 통해 그의 아들의 형상을 본받아 그대로 변화하여 영광으로 영광에 이르게 하신다(로마서 8:29; 고린도후서 3:18). 예수님은 과실을 맺게 할 목적으로 제자들을 택하여 세웠다고 말씀하셨다(요한복음 15:16). 성령의 열매는 그리스도와 하나가 된 사람을 통해 나타나는 성령의 은혜의 선물이기 때문이다.[120] 바울은 이러한 성령의 거룩한 열매를 아홉 가지로 제시하고 있다.

"오직 성령의 열매는 사랑과 희락과 화평과 오래 참음과 자비와 양선과 충성과 온유와 절제니 이 같은 것을 금지할 법이 없느니라(갈라디아서 5:22, 23)."

바울이 성령의 열매로서 성결된 삶을 설명했다면, 베드로는 신의 성품으로서 성결한 삶을 설명하고 있다.[121]

"……신성한 성품에 참여하는 자가 되게 하려 하셨느니라 그러므로 너희가 더욱 힘써 너희 믿음에 덕을, 덕에 지식을, 지식에 절제를, 절제에 인내를, 인내에 경건을, 경건에 형제 우애를, 형제 우애에 사랑을 더하라(베드로후서 1:4~7)."

성령충만

① 성령충만이란?

중생은 죄로 말미암아 죽었던 영이 다시 살아나는 영적 변화로서 성령의 기본 사역이다. 성령세례는 중생한 자가 주의 사역을 감당하고 승리하는 삶을 살기 위해 성령께 사로잡히는 영적 체험의 출발이다. 성령의 은사는 주의 일을 부족함 없이 해내기 위해 하나님이 그 뜻대로 성도들에게 나누어 주시는 선물이요 능력이다. 성령의 열매는 신앙이 성숙해지면서 내적 성품이 그리스도의 형상으로 닮아 가는 과정이다. 그리고 성령의 은사(외적)와 열매(내적)가 계속적으로 충만할 때 그것을 성령충만이라 부르는 것이다.[122]

② 성령충만의 생활[123]

성령이 충만한 삶은 곧 그리스도로 충만한 삶이다(로마서 6:11). 이제는 내가 사는 것이 아니라 그리스도가 내 안에 사시는 것이다(갈라디아서 2:20). 나의 몸은 이제 그리스도의 뜻을 성취하기 위해 쓰이는 그리스도의 몸이 되고, 나의 마음은 그리스도의 생각을 품은 주의 마음이 되며, 나의 의지는 주의 의지의 지배를 받고, 나의 전인격과 재능은 남김없이 주의 것이 되는 삶인 것이다.

이러한 성령충만의 삶은 첫째로 기쁨이 넘치는 삶(데살로니가전서 1:6, 7), 둘째로 담대한 믿음이 넘치는 삶(히브리서 11:1, 2), 셋째로 하나님의 사랑이 충만한 삶(로마서 5:5), 넷째로 생명력이 넘치는 삶(요한복음 6:63), 다섯째로 병 고침의 능력이 넘치는 삶(마가복음 16:17, 18), 여섯째로 감사와 평화가 넘치는 삶(에베소서 5:20; 빌립보서 4:17), 일곱째로 방언 기도가 넘치는 삶(사도행전 2:4), 여덟째로 기적이 충만한 삶(마태복음 28:18), 아홉째로 성령의 열매가 충만한 삶(갈라디아서 5:22, 23), 열째로 전도하는 삶(사도행전 1:8)으로 나타난다.

Chapter 3

신유의 복음

육체의 연약함과 질병으로부터의 구원

　복음서에 나타난 예수 그리스도는 영혼을 돌보시는 위대한 목사요(preacher), 제자를 가르치시는 위대한 교사(teacher)일 뿐만 아니라 육신의 질병을 치료하시는 위대한 의사(healer)이시기도 하다(마태복음 4:23). 즉 병 고침은 예수 그리스도의 주된 사역이었으며 하나님이 인간에게 베푸시는 크나큰 은혜다. 성경은 이러한 하나님의 치료에 대해 증거하고 있다.

1 신유의 의미

신유란 일반적으로 '병 고침'이라 하며, 신학적으로는 '신적 치유'(divine healing), '영적 치유'(spiritual healing), 또는 '신앙 치유'(faith healing)라고 한다.[124] 성경에 이 신유의 용어가 많이 나타나는데, 여기서는 구약 성경의 대표적 용어인 '라파'(rapha), 그리고 신약 성경에서 많이 쓰이는 '데라퓨오'(θεραπεύω)와 '이아오마이'(ἰάομαι)를 통해 신유의 의미를 살펴보기로 한다.

(1) 구약에서의 신유의 의미[125]

구약 성경에서 신유에 대한 대표적인 구절은 "너희를 치료하는 여호와(출애굽기 15:26)"라는 말씀이다. 여기서 '치료하는'이라는 단어를 '라파'라고 하는데, 구약의 다른 구절에서 사용한 예를 찾아보면 다음과 같다.

① 마음의 치료

'라파'는 하나님을 배반하고 죄악에 빠진 사람이 회개하여 그 마음을 하나님께로 돌리는 것을 의미한다. 즉 잘못된 마음이 치료를 받아 하나님 앞에서 올바른 마음을 갖게 되는 것을 뜻한다(이사야 6:10; 예레미야 3:22). 또한 하나님이 그 마음에 평강을 주시는 것과(이사야 57:19) 우상 숭배에서 마음을 돌이키는 것 등 마음을 고친다는 표현에 '라파'를 사용하고 있다.

② 육신의 질병의 치료

하나님은 질병으로 심판하시기도 하고 질병을 고치시기도 한다(신명기 32:39). 각종 열병, 종기, 치질, 괴혈병, 피부병 등 모든 질병을 고치시며 온전해지게 하신다(신명기 28:27; 열왕기하 20:5). 어떤 경우에는 '라파'가 실제로 병을 고치는 의사의 의미로 사용되고 있다(창세기 50:2; 욥기 13:4).

③ 재앙 후의 회복

질병뿐만 아니라 하나님의 징벌로 다가온 재앙으로부터 구원하는 것도 하나님의 치료라고 말하고 있다(이사야 19:22).

④ 집단적 치료

라파는 심신의 질병과 연약함을 치료하는 데 그치지 않고 이스라엘 공동체나 성(城) 전체를 치료하는 데에도 사용된다(예레미야 33:6; 호세아 7:1).

이와 같이 이스라엘 백성들은 병의 원인을 어떤 물리적인 현상으로 생각하기보다는 하나님과 인간 사이의 잘못된 관계에 기인한 것으로 보았다. 그 때문에 병이 들거나 국가적 재앙을 만났을 때 이를 치료할 수 있는 분은 하나님뿐이라 믿었고, 따라서 하나님 앞에 나아가 회개함으로써 잘못된 관계를 다시 올바르게 정립하려고 했다.

(2) 신약에서의 신유의 의미[126]

① '데라퓨오'의 사용

구약 성경에서 치료의 용어인 '라파'가 영적, 심적, 육신적 치료와 아울러 재앙과 집단적 범죄를 치료하는 데 사용된 반면, 신약에서는 '데라퓨오'가 오히려 신체적 치료에 집중적으로 사용되었다. 예수 그리스도의 3대 사역 중 하나가 모든 병과 약한 것들의 치료인 만큼(마태복음 4:23) 신약에 나타난 그리스도의 사역을 통해 하나님이 치료하시는 분임을 알 수 있다.

예수님이 치료하신 질병의 종류도 매우 다양하고 구체적으로 제시되어 있다. 각종 병으로 고통당하는 자, 귀신 들린 자, 간질하는 자, 중풍병자들(마태복음 4:24), 그리고 다리 저는 사람, 장애인, 맹인, 말 못하는 사람 등이(마태복음 15:30) 언급되고 있다. 병에 대한 대부분의 치료는 즉각적으로 임했으며, 예수님은 대적자들 앞에서 그들의 비난을 무릅쓰고 치료를 베푸셨다(마태복음 12:10). 그리고 악령의 눌림에서 해방시켜 마음의 평안을 주신 치료도 여러 번 나타나고 있다(누가복음 8:2; 사도행전 8:7 등).

② '이아오마이'의 사용

'이아오마이'는 '데라퓨오'보다 구약적인 치료의 의미가 강하게 나타나고 있다. 그래서 신체적인 치료뿐만 아니라 회개하여 마음을 치료하는 것이나(마태복음 13:15) 마귀에 눌린 자들을 치료하고(마태복음 15:28; 사도행전 10:38) 마음이 상한 것을 치료하는 경우(누가복음 4:18) 등에 다양하게 사용되고 있다.

지금까지 살펴본 바에 의하면 신약에서는 질병이 하나님의 징계라는 구약적 배경보다는 사탄의 속박의 결과라고 보았다(누가복음 13:16). 그래서 예수님은 가는 곳마다 병마의 속박에서 사람들을 해방시켜 주셨던 것이다. 이 치유의 사역은 대부분 육체적 구원인 병 고침으로 나타나고 있지만 영적, 정신적인 측면 또한 배제된 것은 아니다. 그러므로 신약에서의 신유도 영적, 정신적, 육체적 치료를 모두 포함하고 있다고 볼 수 있다.

2 질병의 근원[127]

질병의 주요한 3대 근원은 마귀와 범죄와 저주다. 마귀는 인간을 유혹하여 하나님 앞에 범죄하게 만들었고, 이러한 범죄에 따르는 심판으로 우리에게 질병이 온 것이다.

① 마귀

마귀가 있는 곳에는 죄가 있고 죄가 있는 곳에는 마귀가 있다. 마귀는 인간을 유혹하여 하나님을 반역하고 죄를 짓게 만든 후, 그 삯으로 질병을 불러들였다. 이렇게 질병의 배후에는 마귀가 있어서 우리를 도적질하고 죽이고 멸망시키는 일을 끊임없이 하고 있다(요한복음 10:10).

② 범죄

질병도 없고 죽음도 없던 인간에게 갑자기 사망 선고가 내려진 것은 바로 아담과 하와의 범죄 때문이었다. 그때부터 사망의 권세가 인간의 영혼을 부패시키고 육체를 죽이기 시작했다.

"그러므로 한 사람으로 말미암아 죄가 세상에 들어오고 죄로 말미암아 사망이 들어왔나니 이와 같이 모든 사람이 죄를 지었으므로 사망이 모든 사람에게 이르렀느니라(로마서 5:12)."

③ 저주

질병은 마귀나 인간의 범죄뿐만 아니라 그 죄로 말미암은 저주로서도 다가온다. 범죄한 사람은 하나님의 법을 어겼기 때문에 죄의 결과로 임하는 저주가 질병의 고통을 가져다주는 것이다(스가랴 5:3; 신명기 28:58~62).

3. 질병을 대속하신 예수 그리스도

(1) 구약의 모형[128]

질병을 대속하신 예수 그리스도에 대한 구약의 모형에는 여러 가지가 있다. 그 가운데 중요한 것이 유월절 어린양과 마라의 쓴 물을 달게 한 나무, 그리고 모세의 놋뱀 사건이다.

① 유월절 어린양

출애굽기 12장과 민수기 9장에는 유월절 어린양에 대한 기사가 기록되어 있다. 유월절 어린양의 희생은 예수 그리스도의 대속적 죽음을 예시해 준 사건이다. 그리고 이스라엘 백성들이 이 어린양의 고기를 먹고 힘을 얻어 광야로 나간 것은, 십자가에 못 박혀 죽으신 예수님이 우리의 치료의 능력과 힘의 근원이 되어 주실 것을 상징한 것이다.

② 쓴 물을 달게 한 나무

이스라엘 백성들이 애굽에서 나와 마라에 이르렀을 때 그곳의 물이 너무 써서 먹을 수가 없었다. 그때 하나님이 모세에게 한 나무를 가리키셨고, 모세가 그 나무를 쓴 물에 던지자 단물로 바뀌는 사건이 출애굽기 15장 23절에서 25절에 기록되어 있다. 마라의 쓴 물은 우리의 영과 혼과 육에 다가오는 고통과 질병을 뜻한다. 그리고 그 물 가운데 던진 나무는 곧 예수 그리스도의 십자가를 상징하고 있다. 바로 이곳에서 하나님은 이스라엘과 신유의 언약을 세우시고(출애굽기 15:25, 26) 자신을 '치료하는 여호와'(여호와 라파)로 계시하셨다.

③ 모세와 놋뱀

민수기 21장 4절에서 9절을 보면 하나님께 범죄한 이스라엘 백성들이 불뱀에 물려 죽게 되었을 때 모세가 만든 놋뱀을 쳐다보자 고침을 받은 사실이 기록되어 있다. 여기서 불뱀은 마귀를, 장대에 높이 달린 놋뱀은 십자가에서 죽으신 예수 그리스도를 상징하는 것으로서 원수 마귀가 처절하게 패배할 것을 예언적으로 보여 주고 있다.

(2) 이사야의 예언[129]

이사야 53장에 나타난 질병과 죄의 구속 용어를 살펴보면 질병의 구속에 대해 보다 잘 이해할 수 있다. 히브리 어로 질병은 '홀리'라 하는데, 이 낱말은 항상 질병을 뜻하며 이사야 53장 3절과 4절에는 '질고'로 번역되어 있다. '마코오브'라는 단어도 있는데 이것은 고통 또는 아픔이라는 뜻으로, 53장 3절에는 '간고'로 번역되어 있다. 여기서 간고란 병 때문에 겪는 고통이요, 그 고통에서 오는 슬픔을 말한다.

그런데 이사야는 고난의 종이 이러한 질고와 간고를 모두 대속했다고 말한다. 여기서 대속이라는 용어는 '싸발'과 '나사'로 나타 나는데, 이 두 낱말은 이사야 53장에서 죄의 대속과 질병의 대속으로 혼용되고 있다. 11절에서는 "죄악을 친히 담당하리로다(싸발)."라고 표현한 반면 4절에서는 "우리의 슬픔을 당하였거늘(싸발)"이라고 기록하고 있다. 또 12절에서는 "많은 사람의 죄를 담당하며(나사)", 4절에서는 "우리의 질고를 지고(나사)"라고 기록되어 있는데, 이는 예수님이 죄를 대속하심으로써 그 결과까지 청산하셨다는 의미다. 질병은 죄에 근원을 두고 있으므로 예수 그리스도의 죄의 대속은 질병의 대속을 포함하는 것이다.

(3) 예수 그리스도의 질병의 대속[130]

① 공생애 사역

죄의 용서와 병 고침, 이 두 가지 일은 예수님이 가시는 곳마다 베푸셨던 중대한 사역이다. 특히 주님은 공생애 3분의 2를 병을 고치는 사역에 사용하셨다. 예수님은 병자를 고치실 때마다 죄의 용서와 질병의 치료를 불가분리의 관계로 결부시키며 그 증거를 보여 주기까지 하셨다(마가복음 2:9, 10).

또한 성경을 보면 예수님이 죄를 사하실 때 마귀가 쫓겨 나가게 된다(사도행전 10:38). 그것은 곧 죄에서 구원되는 것은 질병뿐만 아니라 마귀의 종살이에서도 해방된다는 사실을 증거하는 것이다. 뿐만 아니라 예수님이 우리의 죄를 사하시고 병 고침을 행하실 때, 그것은 곧 우리를 율법의 저주로부터 해방시킨 증거도 되었다. 왜냐하면 우리의 병의 근원은 죄로 말미암은 저주에서 왔기 때문이다(갈라디아서 3:13).

② 채찍에 맞으심

예수님은 온몸에 직접 채찍을 맞으시며 우리의 병을 담당하셨다. 질병은 형벌일 뿐 복이 아니다. 그렇기 때문에 예수님이 우리의 연약함을 대신하여 그 형벌을 받으신 것이다(이사야 53:4; 베드로전서 2:24).

③ 부활의 생명력

주님은 부활의 생명력으로 우리를 치료해 주신다. 질병의 치료가 건강이라면 죽음의 치료는 부활이다. 그러므로 그리스도의 부활은 치료의 원동력이요 완성이다. 부활의 영이신 성령 안에서 그리스도와 연합한 사람은 주 안에서 주님의 능력으로 병을 고침 받고 계속 새로운 힘을 얻게 된다.

이러한 예수 그리스도의 사역은 마귀의 일을 멸하셨고(요한1서 3:8), 인간이 범한 죄를 사하셨으며(히브리서 9:15), 하나님의 저주에서 우리를 속량해 주셨다(갈라디아서 3:13). 그로 인해 인간이 질병의 근원인 마귀, 범죄, 저주로부터 해방된 것이다. 이와 같은 죄 사함과 병을 고치는 주님의 사역은 제자들에게 위임되었으며(마태복음 10:1) 오늘날 우리에게도 변치 않는 지상 명령이 되고 있다.

4. 신유의 조건

① 기도함으로

"아브라함이 하나님께 기도하매 하나님이 아비멜렉과 그의 아내와 여종을 치료하사 출산하게 하셨으니(창세기 20:17)"

"여호와께 부르짖어 이르되 내 하나님 여호와여 원하건대 이 아이의 혼으로 그의 몸에 돌아오게 하옵소서 하니 여호와께서 엘리야의 소리를 들으시므로 그 아이의 혼이 몸으로 돌아오고 살아난지라(열왕기상 17:21, 22)."

"믿음의 기도는 병든 자를 구원하리니 주께서 그를 일으키시리라(야고보서 5:15)."

"너희 죄를 서로 고백하며 병이 낫기를 위하여 서로 기도하라 의인의 간구는 역사하는 힘이 큼이니라(야고보서 5:16)."

② 믿음으로

"나아만이 이에 내려가서 하나님의 사람의 말대로 요단 강에 일곱 번 몸을 잠그니 그의 살이 어린아이의 살같이 회복되어 깨끗하게 되었더라(열왕기하 5:14)."

"예수께서 백부장에게 이르시되 가라 네 믿은 대로 될지어다 하시니 그 즉시 하인이 나으니라(마태복음 8:13)."

"예수께서 그들의 믿음을 보시고 중풍병자에게 이르시되 작은 자야 안심하라 네 죄 사함을 받았느니라(마태복음 9:2)."

"열두 해 동안이나 혈루증으로 앓는 여자가 예수의 뒤로 와서 그 겉옷 가를 만지니 이는 제 마음에 그 겉옷만 만져도 구원을 받겠다 함이라 예수께서 …… 이르시되 딸아 안심하라 네 믿음이 너를 구원하였다 하시니……(마태복음 9:20~22)."

"맹인들이 그에게 나아오거늘 예수께서 이르시되 내가 능히 이 일 할 줄을 믿느냐 대답하되 주여 그러하오이다 하니 …… 그 눈들이 밝아진지라(마태복음 9:28~30)."

"예수께서 이르시되 가라 네 아들이 살아 있다 하시니 그 사람이 예수께서 하신 말씀을 믿고 가더니 내려가는 길에서 그 종들이 오다가 만나서 아이가 살아 있다 하거늘 …… 온 집안이 다 믿으니라(요한복음 4:50~53)."

③ 말씀을 준행함으로
"너희가 너희 하나님 나 여호와의 말을 들어 순종하고 내가 보

기에 의를 행하며 내 계명에 귀를 기울이며 내 모든 규례를 지키면 내가 애굽 사람에게 내린 모든 질병 중 하나도 너희에게 내리지 아니하리니 나는 너희를 치료하는 여호와임이라(출애굽기 15:26)."

"네 하나님 여호와를 섬기라 그리하면 여호와가 너희의 양식과 물에 복을 내리고 너희 중에서 병을 제하리니(출애굽기 23:25)"

"여호와를 경외하며 악을 떠날지어다 이것이 네 몸에 양약이 되어 네 골수를 윤택하게 하리라(잠언 3:7, 8)."

"내 아들아 내 말에 주의하며 내가 말하는 것에 네 귀를 기울이라 …… 그것은 얻는 자에게 생명이 되며 그의 온 육체의 건강이 됨이니라(잠언 4:20~22)."

"내 이름을 경외하는 너희에게는 공의로운 해가 떠올라서 치료하는 광선을 비추리니 너희가 나가서 외양간에서 나온 송아지같이 뛰리라(말라기 4:2)."

질병은 죄의 결과이며 예수 그리스도는 죄와 그 모든 결과로부터 인간을 구하기 위해 십자가에서 고난의 죽음을 당하셨다. 승천하신 예수님은 오늘도 보혜사 성령을 통해 이 땅에 오셔서 죄와 신체적인 연약과 질병으로부터 우리를 구원하고 계시다.

Chapter 4

축복의 복음
주님의 부요하심을 누리며 나누는 축복

인간은 누구나 복을 받아 행복하게 살기를 바란다. 그런데 언제부터인가 성도들이 가난하고 고통 받는 삶이 곧 신령한 신앙생활이라는 잘못된 생각을 하게 되었으며, 일부 목회자와 신학자들은 복을 사모하는 기독교 신앙을 샤머니즘적인 기복 신앙이라며 비판하고 있다. 과연 가난하고 고통 가운데 사는 것이 하나님의 뜻인가? 부요하게 사는 것은 하나님의 뜻을 거스르는 것인가? 이 문제를 통해 축복의 개념에 대한 순복음의 성경적 근거를 살펴보고자 한다.

Chapter 4. 축복의 복음 : 주님의 부요하심을 누리며 나누는 축복

1 성경의 축복관

(1) 구약의 축복(복)관
① 구약에 나타난 복의 성격

구약의 복은 다양한 형태로 나타나고 있다. 첫째로 생산의 능력, 곧 자손의 번창(창세기 1:22, 28), 둘째로 자손의 번창과 함께하는 물질적 번창(창세기 13:2, 24:35), 셋째로 원수를 무찌르는 능력(창세기 24:60, 27:29; 민수기 24:17~19), 넷째로 삶을 성공시키는 능력으로서의 지혜(출애굽기 35:35; 열왕기상 4:29; 다니엘 9:22) 등이 그것이다. 이와 같이 구약에 나타난 복은 이스라엘을 향한 하나님의 구원, 즉 영적인 복뿐만 아니라 육적인 축복도 포함하고 있다.[131]

② 하나님이 주신 복[132]
(ㄱ) 첫 아담에게 주신 복

창세기 1장 27절과 28절을 보면 하나님이 자신의 형상과 모양대로 지으신 남자와 여자에게 "복을 주시며" 이르시되 "땅에 충만하라, 땅을 정복하라, 바다의 물고기와 하늘의 새와 땅에 움직이는 모든 생물을 다스리라."라고 말씀하셨다.

(ㄴ) 노아와 그 자손에게 주신 복

홍수 심판을 끝내신 후 하나님은 노아와 그 아들들에게 "복을 주

시며" 역시 땅에 충만하라고 말씀하셨다(창세기 9:1~3). 노아에게 주신 말씀에서 물질을 풍성하게 주시는 것이 하나님의 뜻임을 알 수 있다.

(ㄷ) 아브라함에게 주신 복

아브라함의 일생은 하나님을 향해 출발할 때부터 죽을 때까지 하나님의 복이 따라다닌 '복의 근원'으로서의 생애였다(창세기 12:1~3). 하나님은 아브라함을 축복하는 자에게 복을 내리되 아브라함을 저주하는 자에게는 저주가 임할 것을 선언하셨다. 여기서 하나님은 서로 축복하고 복을 바라는 것이 자신의 뜻임을 보여 주고 계시다.

(ㄹ) 이삭과 야곱에게 주신 복

하나님은 아브라함뿐만 아니라 그의 자녀들에게도 계속 복을 허락하셨다. 늦게 태어난 이삭에게 아브라함의 소유가 돌아갔고(창세기 24:36), 이삭이 농사하매 그해에 백배나 얻었으며 여호와께서 복을 주심으로 큰 거부가 되었다고 성경은 기록하고 있다(창세기 26:12~14). 또한 야곱도 지팡이 하나로 출발했지만 하나님의 복을 받아 엄청난 부귀를 누리게 되었음을 감사하며 고백하는 기도를 드리고 있다(창세기 32:10).

(ㅁ) 이스라엘 백성들에게 약속하신 복

430년 동안 애굽에서 종살이하던 이스라엘 백성을 불러내실 때도 하나님은 젖과 꿀이 흐르는 가나안 땅을 약속하셨다. 그런 다음 그들이 가나안 땅에 도착했을 때 복의 언약과 조건을 제시하셨다(신명기 28:1~6). 그러나 반대로 하나님의 말씀에 불순종하고 배반하면 저주를 받게 될 것도 경고하셨다(신명기 28:15~19).

이 내용들만 보더라도 신앙생활 가운데 하나님께 복을 구하고 또 하나님의 복을 받아 누리는 삶은 지극히 성경적이요, 복음적인 것임을 알 수 있다.

(2) 신약의 축복관

① 신약의 복의 성격과 개념

신약의 복은 구약의 그것과 근본적으로 다르지 않다. 차이가 있다면 이스라엘의 하나님이신 여호와의 복이 온 세상의 구주이신 예수 그리스도 안의 복으로 바뀐 것이요, 신령한 영적 복이 보다 강조되고 있다는 점이 다르다.

신약에 나타난 복의 성격을 보면 다음과 같다.[133] 첫째로, 구약에 나오는 것을 인용하거나 설명한 부분이 많다(히브리서 6:14, 7:1~7, 11:20, 21, 12:17). 둘째로, 구약의 복의 개념이 예수 그리스도를 통해 새롭게 변형되었다. 결정적인 복이란 예수 그리스도의 은총으로 죄인이 죄 사함을 받는 것을 의미한다(로마서 4:6~8). 셋째로, 구원의 장래의 성취를 포함하고 있다(마태복음 25:34; 히브리서 6:12, 12:17). 넷째로, 예수의 축복이 구약의 유대교의 전통적인 축복에서 크게 벗어나지 않는 경우도 있다. 어린아이를 축복하시고(마가복음 10:13~16), 떡을 축복하시고(누가복음 9:16, 22:19, 24:30), 작별 시 축복하셨다(누가복음 2:50, 51). 다섯째로, 신약에 나타난 구체적인 복은 예수의 팔복 설교에 나타나 있다(마태복음 5:3~12). 여섯째로, 복은 예수 그리스도를 만나는 것뿐만 아니라 성령의 지배를 받는 삶까지를 포함한다(갈라디아서 3:14).

② 예수님이 말씀하신 팔복(마태복음 5:3~12)[134]

(ㄱ) 심령이 가난한 자가 받는 '천국'의 복

마음이 세상적인 것으로 가득 차 있는 사람은 천국의 것을 부어 넣을 틈이 없다. 즉 인본주의와(요한계시록 3:17) 교만과(이사야 14:12~15) 세속적 마음(요한1서 2:16, 17)을 가진 자에게는 천국이 임할 수 없다.

(ㄴ) 애통하는 자가 받는 '위로'의 복

죄를 애통해 하고 회개할 때 용서와 구원과 성령의 큰 위로가 임하게 된다. 자신의 부족, 곧 무지와 인격적 부족과 삶의 궁핍을 슬퍼하고 미워하고 애통해 할 때 큰 발전과 부요의 복이 가능해지는 것이다.

(ㄷ) 온유한 자가 받는 '땅'의 복

따뜻하고 부드러운 마음을 가진 사람이 온유한 사람이다(마태복음 5:39~41). 그런 사람은 이 땅에서 큰 물질적 부요의 복을 받아 풍성한 화평의 삶을 즐길 수 있게 된다(시편 37:7~11).

(ㄹ) 의에 주리고 목마른 자가 받는 '배부름'의 복

의가 동반되지 않은 인간 생활은 결코 행복해질 수 없다. 의는 생활의 소금이다. 음식에 소금이 빠지면 맛이 나지 않듯 인생에서 의가 사라지고 부정과 불법이 성행하면 참행복 또한 있을 수 없다. 예수 안에서 얻은 의가 함께해야만 평안과 행복을 누릴 수 있는 것이다.

(ㅁ) 긍휼히 여기는 자가 받는 '긍휼히 여김'의 복

하나님이 율법의 눈으로 우리를 보셨다면 영원히 멸망을 피할 수 없었을 것이다. 그러나 긍휼의 눈으로 보셨기 때문에 구원 받을 수 있게 되었다. 긍휼히 여기는 것은 자기도 치료하고 남도 치료하는 길이다.

(ㅂ) 마음이 청결한 자가 받는 '하나님 만남'의 복

하나님은 과학적 연구의 대상이 아니라 경외의 대상이다. 탐욕과 교만이라는 죄의 때를 벗고 나면 예배의 대상으로서 하나님이 우리의 마음에 그대로 보이게 된다.

(ㅅ) 화평하게 하는 자가 받는 '하나님의 아들'이라는 복

마귀는 하나님과 인간, 인간과 인간, 인간과 자연의 관계에 파괴를 가져왔고 또 현재도 늘 그러하다. 그러나 예수님은 화목하게 하는 하나님의 아들로서 오셨다. 예수의 영을 받은 자가 해야 할 일은 화목과 평화를 가져오는 것이다.

(ㅇ) 의를 위하여 박해를 받은 자가 받는 '천국'의 복

우리에게는 영적으로 두 세계가 놓여 있어 그 둘이 끊임없이 갈등하며 충돌하고 있다(고린도후서 6:14~18). 신자의 세계는 불신자의 세계에 의해 끊임없이 방해와 핍박을 받기 마련이다. 그러나 의를 위해 욕을 당하고 거짓과 악한 말로 핍박을 받을 때 신자는 기뻐하고 즐거워해야 한다. 하늘의 큰 상이 예비되어 있기 때문이다.

③ 아브라함의 복[135]

성경을 보면 아브라함은 애굽에서 나올 때 가축과 은과 금이 풍부했다고 기록되어 있다(창세기 13:1, 2). 이러한 물질적 복과 아울러 아브라함은 하나님의 벗이요(야고보서 2:23), 믿음의 조상(로마서 4:11)이라는 영적인 복을 받았다. 즉 아브라함은 물질적이고 영적이며, 현세적이고 미래적인 복을 모두 충만하게 받았던 것이다.

성경은 믿음으로 말미암은 자는 바로 이 아브라함의 아들이라 했으며(갈라디아서 3:7) 믿음이 있는 아브라함과 함께 복을 받는다고 말하고 있다(갈라디아서 3:9). 또한 그리스도 예수 안에서 아브라함의 복이 이방인에게 미치게 한다고 약속하고 있다(갈라디아서 3:14). 여기서 아브라함의 복이라는 말에 사용된 '복'은 현세적이고 물질적인 복과 미래적이고 영적인 복을 모두 포함하고 있다. 다시 말하면 아브라함이 받았던 모든 영적인 복과 물질적인 복이 그리스도 예수로 말미암아 모든 이방인에게 파급되었다는 것이다.

2 물질세계에 대한 바른 이해[136]

(1) 물질세계를 먼저 지으신 하나님

하나님의 복 주심은 천지 창조 때부터 시작된다(창세기 1, 2장). 하나님은 인간을 지으시기 전에 이 세상의 물질세계를 먼저 창조하셨다. 모든 물질세계를 만드시고 마지막에 하나님의 모양과 형상을 따라 인간을 지으신 것이다. 그리고 그들에게 복을 주셔서 "생육하고 번성하여 땅에 충만하라, 땅을 정복하라, …… 모든 생물을 다스리라(창세기 1:28)."라고 말씀하셨다. 아울러 온 지면의 씨 맺는 모든 채소와 열매 맺는 모든 나무를 그들의 식물로 풍성히 주셨다(창세기 1:29). 더욱이 인간이 태어난 그 이튿날은 바로 여호와 하나님의 안식일이었다(창세기 2:2). 인간은 인생의 첫날을 하나님의 안식에 들어가 하나님과 함께 풍성한 물질세계를 즐기며 쉬기만 하면 되었다. 이것이 인간을 향하신 하나님의 근본 의도였다.

(2) 물질적 축복의 상실

범사에 부족함이 없던 세계가 파괴된 것은 아담과 하와가 하나님을 반역했기 때문이다. 하나님은 물질세계의 모든 것을 그들에게 허락하셨지만 동산 중앙에 있는 선악을 알게 하는 나무의 열매만은 먹지 말라고 하셨다(창세기 2:17).

선악을 알게 하는 나무의 열매는 하나님의 주권을 의미한다. 하나님은 창조주이시고 인간은 피조물이기 때문에 어떤 경우에도 인간은 하나님의 권세 아래 복종해야 한다는 사실을 가르치기 위해 세우신 나무인 것이다. 또한 하나님은 그 나무의 열매로써 물질세계도 당신의 주권 아래 있음을 분명히 선포하셨다.

그런데 어느 날 사탄이 아담과 하와에게 다가와 그럴듯한 이론으로 하나님의 권위에 도전하도록 꾀어 부추긴다(창세기 3:1~5). 그들은 사탄의 유혹에 넘어가 선악과를 따먹은 결과 하나님의 주권에 도전하고 죄를 지어 타락하고 말았던 것이다(창세기 3:6, 7).

이리하여 우주의 질서가 파괴되었고, 인간에게는 하나님의 심판의 형벌과 저주가 임하기 시작했으며, 결국 그들은 에덴에서 쫓겨나고 말았다. 인간에게 임한 저주는 잉태의 고통, 땅의 소산을 먹기 위한 평생의 수고, 그리고 마지막에는 흙으로 돌아가게 되는 죽음이었다(창세기 3:16~19). 그러나 이러한 저주와 고통의 삶은 결코 인간을 창조하신 하나님의 본래의 뜻이 아니었다.

3. 십자가의 대속으로 우리에게 주신 축복[137]

(1) 예수의 가난과 우리의 부요

"우리 주 예수 그리스도의 은혜를 너희가 알거니와 부요하신 이로서 너희를 위하여 가난하게 되심은 그의 가난함으로 말미암아 너희를 부요하게 하려 하심이라(고린도후서 8:9)."

이 말씀을 보면 예수님이 왜 가난하게 사셨는지 정확히 알 수 있다. 예수의 가난은 바로 우리에게 부요를 주시기 위함이다. 우리는 그리스도를 통해 죄에서뿐만 아니라 가난에서도 이미 대속 받았다. 만약 우리가 이 말씀의 축복을 누리지 못한다면 예수님이 가난하게 사신 것을 헛되게 하는 것이다. 그러므로 우리는 예수님이 이미 다 이루어 주신 부요를 누리면서 살아야 하며, 받은 바 축복을 나누어 주며 사는 신앙인이 되어야 한다. 이것이 성경적인 하나님의 뜻이요, 그리스도를 영화롭게 하는 길이다.

(2) 예수님의 저주의 속량과 우리의 축복

"그리스도께서 우리를 위하여 저주를 받은 바 되사 율법의 저주에서 우리를 속량하셨으니 기록된 바 나무에 달린 자마다 저주 아래에 있는 자라 하였음이라(갈라디아서 3:13)."

예수님은 우리의 가난만 대속하신 것이 아니라 우리의 저주도 속량하셨다. 예수 그리스도의 십자가 사건은 아담의 타락으로 인해 인간에게 다가온 모든 저주가 예수의 몸 위로 옮겨졌음을 보여주고 있다. 이렇게 저주를 받으신 목적은 예수 안에서 아브라함의 복이 이방인에게 미치게 하려는 것임을 성경은 가르치고 있다(갈라디아서 3:14).

예수를 믿는 자들은 이미 저주에서 속량된 자들이요, 아브라함의 복을 받아야 하는 사람들이다. 그러므로 그리스도를 영화롭게 하기 위해 담대히 복을 누려야 한다. 이것이 성경의 가르침이요, 그리스도의 원하시는 바다.

(3) 대속의 은총

하나님은 성도들에게 무조건 부자로 만들어 주겠다고는 하지 않으셨지만 '부족함이 없는 삶'을 약속하셨다(시편 23:1). 예수님도 주기도문을 통해 하루하루 살아가는 데 필요한 것을 공급받는 것이 마땅하다고 말씀하셨다(마태복음 6:11). 바울도 "나의 하나님이 그리스도 예수 안에서 영광 가운데 그 풍성한 대로 너희 모든 쓸 것을 채우시리라(빌립보서 4:19)."라고 증거하고 있다.

이와 같이 하나님은 풍성한 대로 모든 쓸 것을 채워 주심으로써 우리가 선한 일을 넘치게 할 것을 원하고 계신다(고린도후서 9:8, 9).

"주는 것이 받는 것보다 복이 있다(사도행전 20:35)."라고 하셨다. 즉 기독교의 근본적인 생활 이념은 '주는 것'이다. 사랑을, 소망을, 기도를, 물질을 나누어 줄 때 진정한 축복을 누리는 신앙인이 되는 것이다.

4. 성경적인 물질관[138]

(1) 구약 성경의 물질관

구약 성경에서 말하는 물질적 풍요는 '의인이 받는 복'이다. 그래서 성경은 "여호와께서 의인의 영혼은 주리지 않게 하시나 악인의 소욕은 물리치시느니라(잠언 10:3)."라고 기록하고 있다. 재물과 부요를 얻고 그것을 누리게 되는 것도 '하나님의 선물'이라고 전하고 있다(전도서 5:19).

그러나 물질적 풍요로 인한 타락을 경계하는 말씀도 있다. 성경은 "재물이 늘어도 거기에 마음을 두지 말지어다(시편 62:10)."라고 했으며 "재물을 의지하는 자는 패망하려니와……(잠언 11:28)."라고 말씀하고 있다. 나아가 불의로 치부하는 자는 그의 중년에 재물이 떠나고 필경은 어리석은 자가 될 것이라고 경고하고 있다(예레미야 17:11).

이와 같이 구약 성경은 재물을 하나님의 선물로 보았지만 그 재물을 의지하지 말 것과 불의로 치부하지 말 것을 함께 당부하고 있다.

(2) 신약 성경의 물질관

예수님은 무엇을 먹을까, 무엇을 마실까, 무엇을 입을까를 염려하지 말라고(마태복음 6:25) 하셨으며, 대신 일용할 양식을 구하라고(마태복음 6:11) 하셨다. 또한 하나님이 영광 가운데 그 풍성한 대로 우리의 모든 쓸 것을 채우겠다고 하셨으며(빌립보서 4:19), 모든 은혜를 우리에게 넘치게 하사 우리로 모든 일에 항상 모든 것이 넉넉하여 모든 착한 일을 넘치게 하려 하심이라고(고린도후서 9:8) 말씀하셨다. 이 말씀들을 살펴보면 신약 성경은 의식주의 해결과 더불어 우리의 쓸 것을 채움 받고 항상 모든 일에 모든 것이 넉넉한 삶을 약속하고 있음을 알 수 있다.

반면에 신약 성경에서도 재물과 부귀의 위험성을 아울러 경고하고 있다. 예수님은 부자가 천국에 들어가는 것이 낙타가 바늘귀를 지나가는 것보다 어렵다고 말씀하셨고(마가복음 10:25), 하나님과 재물을 겸하여 섬기지 못한다고 하셨으며(마태복음 6:24), 돈을 사랑함이 일만 악의 뿌리가 된다고 하셨다(디모데전서 6:10).

이렇듯 성경은 물질과 부요 자체보다는 그것을 어떻게 사용하는지가 중요하다는 것을 가르치고 있다. 돈 그 자체는 결코 악이 아니다. 다만 돈을 사랑하는 마음이 악의 뿌리가 되는 것이다. 우리가 하나님 중심으로 살면서 돈보다 하나님을 더 사랑한다면 물질 또한 충분히 다스릴 수 있다. 그리고 그 물질을 구제나 선교에 드릴 수 있게 된다. 물질은 하나님의 복음 사업을 위해서도 당연히 필요한 것이다.

　지금까지 살펴본 바에 의해 성경적인 복이 영의 구원뿐만 아니라 육신의 제반사와도 관계가 있음을 알게 되었을 것이다. 성경은 (영적이거나 정신적이거나 물질적인 모든 면에서) 복을 결코 무시하지 않는다. 복의 원천은 하나님이시며, 오늘날 인간은 전 생애를 통해 하나님의 복을 필요로 하고 있다. 하나님의 은혜와 복, 이것은 떼려야 뗄 수 없는 관계에 있다. 그러므로 교회는 복에 대한 분명한 이해와 아울러 축복(복)에 대한 개념을 바르게 가르쳐야 할 것이다.

Chapter 5

천국과 재림의 복음
천국과 재림을 사모하는 삶

예수 그리스도의 재림은 막연한 종교적 환상이 아니다. 그것은 하나님의 자비로운 계획이요, 예수 그리스도의 신실한 약속이며, 성경이 보여 주는 뚜렷한 미래사다. 구약 성경은 장차 메시아가 오시리라는 예언으로 일관되어 있고, 그 예언대로 때가 차면서 예수님이 오셨다(갈라디아서 4:4). 또한 예수님이 오시어 지상에서 이루신 구속 사업을 증거하는 신약 성경은 그 예수님이 다시 오신다는 장엄하고도 명백한 사실을 거듭 강조하고 있다.

Chapter 5. 천국과 재림의 복음 : 천국과 재림을 사모하는 삶

예수의 재림의 날에 대해서는 신약 성경에 여러 가지 명칭으로 기록되어 있다. "주의 날(데살로니가전서 5:2)", "주 예수의 날(고린도전서 5:5)", "하나님의 날(베드로후서 3:12)", "그날(데살로니가후서 1:10)", "마지막 날(요한복음 12:48)" 등이 그것인데, 이 모든 날은 예수님이 지상에 강림하실 바로 '그날'을 가리키고 있다(마태복음 24:36).[139] 이러한 내용들을 토대로 성경을 통해 천국과 재림의 복음을 자세히 살펴보기로 한다.

1 재림의 목적[140]

(1) 예수님은 그의 언약의 말씀을 이루기 위해 오신다

"가서 너희를 위하여 거처를 예비하면 내가 다시 와서 너희를 내게로 영접하여 나 있는 곳에 너희도 있게 하리라(요한복음 14:3)."

(2) 죽은 자를 일으키기 위해 오신다

"주께서 호령과 천사장의 소리와 하나님의 나팔 소리로 친히 하늘로부터 강림하시리니 그리스도 안에서 죽은 자들이 먼저 일어나고 그 후에 우리 살아남은 자들도 그들과 함께 구름 속으로 끌어

올려 공중에서 주를 영접하게 하시리니 그리하여 우리가 항상 주와 함께 있으리라(데살로니가전서 4:16, 17)."

(3) 사망을 멸망시키기 위해 오신다

"그가 모든 원수를 그 발아래에 둘 때까지 반드시 왕 노릇 하시리니 맨 나중에 멸망 받을 원수는 사망이니라(고린도전서 15:25, 26)."

(4) 구속 받은 성도를 모으기 위해 오신다

"그때에 인자의 징조가 하늘에서 보이겠고 그때에 땅의 모든 족속들이 통곡하며 그들이 인자가 구름을 타고 능력과 큰 영광으로 오는 것을 보리라 그가 큰 나팔 소리와 함께 천사들을 보내리니 그들이 그의 택하신 자들을 하늘 이 끝에서 저 끝까지 사방에서 모으리라(마태복음 24:30, 31)."

(5) 세상을 심판하기 위해 오신다

"인자가 아버지의 영광으로 그 천사들과 함께 오리니 그때에 각 사람이 행한 대로 갚으리라(마태복음 16:27)."

"인자가 자기 영광으로 모든 천사와 함께 올 때에 …… 목자가

양과 염소를 구분하는 것같이 하여 양은 그 오른편에 염소는 왼편에 두리라(마태복음 25:31~33)."

(6) 성도를 영광스럽게 변화시키기 위해 오신다

"우리의 시민권은 하늘에 있는지라 거기로부터 구원하는 자 곧 주 예수 그리스도를 기다리노니 그는 만물을 자기에게 복종하게 하실 수 있는 자의 역사로 우리의 낮은 몸을 자기 영광의 몸의 형체와 같이 변하게 하시리라(빌립보서 3:20, 21)."

2 재림의 시기[141]

(1) 정확한 재림의 때는 알려져 있지 않다

"그날과 그때는 아무도 모르나니 하늘의 천사들도, 아들도 모르고 오직 아버지만 아시느니라(마태복음 24:36)."

(2) 복음이 온 인류에 증거된 후에 오신다

"이 천국 복음이 모든 민족에게 증언되기 위하여 온 세상에 전파되리니 그제야 끝이 오리라(마태복음 24:14)."

(3) 적그리스도가 일어난 후에 오신다

"영으로나 또는 말로나 또는 우리에게서 받았다 하는 편지로나 주의 날이 이르렀다고 해서 쉽게 마음이 흔들리거나 두려워하거나 하지 말아야 한다는 것이라 누가 어떻게 하여도 너희가 미혹되지 말라 먼저 배교하는 일이 있고 저 불법의 사람 곧 멸망의 아들이 나타나기 전에는 그날이 이르지 아니하리니(데살로니가후서 2:2, 3)"

(4) 나팔 소리와 함께 오신다

"보라 내가 너희에게 비밀을 말하노니 우리가 다 잠잘 것이 아니요 마지막 나팔에 순식간에 홀연히 다 변화되리니 나팔 소리가 나매 죽은 자들이 썩지 아니할 것으로 다시 살아나고 우리도 변화되리라(고린도전서 15:51, 52)."

(5) 노아의 때와 같이 다가오신다

"노아의 때와 같이 인자의 임함도 그러하리라 홍수 전에 노아가 방주에 들어가던 날까지 사람들이 먹고 마시고 장가들고 시집가고 있으면서 홍수가 나서 그들을 다 멸하기까지 깨닫지 못하였으니 인자의 임함도 이와 같으리라(마태복음 24:37~39)."

3 재림의 형태[142]

(1) 공중 구름 가운데 재림하신다

"그때에 인자의 징조가 하늘에서 보이겠고 그때에 땅의 모든 족속들이 통곡하며 그들이 인자가 구름을 타고 능력과 큰 영광으로 오는 것을 보리라(마태복음 24:30)."

(2) 불꽃 가운데 강림하신다

"환난을 받는 너희에게는 우리와 함께 안식으로 갚으시는 것이 하나님의 공의시니 주 예수께서 자기의 능력의 천사들과 함께 하늘로부터 불꽃 가운데에 나타나실 때에 하나님을 모르는 자들과 우리 주 예수의 복음에 복종하지 않는 자들에게 형벌을 내리시리니(데살로니가후서 1:7, 8)"

(3) 영광 중에 천군 천사들과 함께 강림하신다

"인자가 자기 영광으로 모든 천사와 함께 올 때에 자기 영광의 보좌에 앉으리니(마태복음 25:31)"

(4) 도둑같이 오신다

"주의 날이 밤에 도둑같이 이를 줄을 너희 자신이 자세히 알기 때문이라 …… 형제들아 너희는 어둠에 있지 아니하매 그날이 도둑같이 너희에게 임하지 못하리니(데살로니가전서 5:2~4)"

4. 그리스도 재림 전후의 사건들

재림이라는 말은 헬라 어로 '파루시아'라고 한다. 이 말은 일반적으로 임재 혹은 도착을 말하는데, 특별히 성경에서는 그리스도의 임재, 곧 재림이라는 뜻으로 사용되고 있다. 아포칼립스(데살로니가후서 1:7, 8)와 에피파네이아(데살로니가후서 2:8; 디모데전서 6:14; 디모데후서 1:10; 디도서 2:13) 등도 그리스도의 재림을 의미하는 용어로 사용되었다.[143]

(1) 공중 재림

예수님의 재림은 두 번으로, 첫째가 공중에서 만나는 '공중 재림'이요, 둘째는 7년 환난 후 지상에 오시는 '지상 재림'이다.

'공중 재림'은 데살로니가전서 4장 16절과 17절에 기록된 것같이 주께서 호령과 천사장의 소리와 하나님의 나팔 소리로 친히 하늘로부터 강림하시는 것이다. 그때 기름이 준비된 성도들은 공중으로 들림을 받아 썩을 몸이 썩지 아니할 몸으로, 욕된 몸이 영광스러운 몸으로, 약한 몸이 강한 몸으로, 육의 몸이 그리스도의 형상으로 화하여 영광에서 영광에 이르게 된다(고린도후서 3:18). 주님은 기름이 준비된 성도와 교회를 이렇게 공중으로 부르시어 그곳에서 혼인 잔치를 베풀어 주실 것이다. 이것이 이른바 교회의 '휴거'(Rapture)이다.[144]

환난 전에 교회가 휴거된다는 성경적인 근거는[145] 이렇다. 첫째, 교회는 그리스도의 몸이기 때문에 두 번 심판 받지 않는다. 둘째, 예수님이 노아의 때와 소돔과 고모라의 때를 비유로 들어 교회가 7년 환난을 통과하지 않을 것을 계시해 주셨다(마태복음 24:37~44). 셋째, 요한계시록 4장에서 19장까지의 환난에 관한 기록에 교회라는 낱말이 한 번도 나오지 않고 있다. 넷째, 누가복음 21장 34절에서 36절을 보면 예수님은 장차 올 모든 일을 통과할 수 있도록 준비하라 하시지 않고, 그 일을 능히 피하고 인자 앞에 설 수 있도록 기도하며 깨어 있으라고 하셨다.

(2) 7년 환난

휴거된 성도들이 어린양 예수 그리스도와 함께 공중에서 7년 혼인 잔치를 하는 동안 지상에서는 '7년 환난'이 계속된다. '7년 환난'이라는 말이 성경에 정확한 문자로 나타나지는 않지만 다니엘서를 보면 "한 이레"에 대한 기록이 나온다(다니엘 9:27). 여기서 한 이레, 즉 7일은 성경에서 7년을 뜻한다.[146]

"그가 장차 많은 사람들과 더불어 한 이레 동안의 언약을 굳게 맺고 그가 그 이레의 절반에 제사와 예물을 금지할 것이며 또 포악하여 가증한 것이 날개를 의지하여 설 것이며 또 이미 정한 종말까지 진노가 황폐하게 하는 자에게 쏟아지리라 하였느니라(다니엘 9:27)."

여기서 '그'란 옛 로마 판도에서 나올 왕을 가리킨다. 그가 장차 유대 민족과 더불어 7년 동안의 언약을 정한 후 그 이레의 절반인 3년 반은 언약을 지키나, 나머지 3년 반은 언약을 어겨 유대 민족에게 제사와 예물을 금지시키고 미운 물건, 즉 가증한 우상을 세우며 극심한 핍박을 가할 것이다. 7년 환난 동안 역사 이래 없었던 천재지변이 일어날 것을 가리키고 있다.[147]

그러나 기름이 준비된 교회나 성도들은 이 환난을 통과하지 않고 그 전에 휴거되어 하늘로 올라갈 것이다. 앞서 말한 대로 주님은 그날을 통과할 수 있도록 준비하라고 말씀하시지 않고 그날을 피할 수 있도록 깨어 있으라고 말씀하신다(누가복음 21:34~36).

(3) 지상 재림[148]

공중에서 어린양의 혼인 잔치가 끝날 때, 즉 지상에서 7년 환난이 지나간 후 예수님은 들림 받은 성도들과 함께 지상에 강림하시게 된다. 이를 지상 재림이라 한다. 그때 인류의 최후 전쟁인 아마겟돈이 일어나는데, 이 전쟁에서는 짐승의 표를 이마나 손에 받은 사람들이 예수 그리스도의 입에서 나오는 예리한 검으로 모두 죽음을 당하게 된다(요한계시록 19:20, 21). 또한 적그리스도와 거짓 선지자가 붙잡혀 산 채로 유황불 연못에 던져지고, 사탄도 무저갱에 감금된다(요한계시록 19:20~20:3).

(4) 천년왕국

사탄이 결박되어 무저갱에 갇힌 후(요한계시록 20:1~3) 이 지상에는 천년왕국이 이루어진다. 이 왕국의 왕은 물론 예수 그리스도이시다. 예수님은 이 왕국에 들어올 자들을 양과 염소의 무리를 구별하듯(마태복음 25:31~46) 분별하실 것이다. 그 후에 예수를 증거하기 위해 순교한 자들과 적그리스도에게 표를 받지 아니한 자들이 그리스도와 더불어 천년 동안 왕 노릇을 할 것이다(요한계시록 20:4).[149]

천 년 동안 지구는 사람들이 번성하여 가득 차게 된다. 그들은 사탄의 유혹을 받지도 않고 사탄의 권세 아래 있지도 않으므로 죄도 짓지 않고 병도 없이 일천 년을 누리게 된다. 천 년 후 여전히 그들이 진실로 하나님을 사랑하는지를 시험하기 위해 사탄을 잠시 풀어 놓아 주시는데, 이때 많은 사람들이 사탄의 미혹을 받을 것이다(요한계시록 20:7, 8). 그러나 이는 영적 전쟁이기에 결국 사탄은 하나님의 권세를 이기지 못하고 완전히 멸망하게 된다(요한계시록 20:10).[150]

(5) 백보좌 심판[151]

"또 내가 크고 흰 보좌와 그 위에 앉으신 이를 보니 땅과 하늘이 그 앞에서 피하여 간 데 없더라(요한계시록 20:11)."

갑자기 땅과 하늘이 없어질 것이다(이사야 51:6). 그날에는 하늘이 큰 소리로 떠나가고 물질이 뜨거운 불에 풀어지고 땅과 그중에 있는 모든 일이 드러날 것이다(베드로후서 3:10). 그리고 하나님이 우주의 심판대를 만들어 놓으시는데, 그 심판대가 바로 백보좌다. 이윽고 심판이 시작되면 그 앞에 모든 죽은 자들이 부활하며 그들의 행실이 낱낱이 기록되어 있어서 결코 속일 수가 없게 된다.

한편에는 또 다른 책, 즉 생명책이 펼쳐져 있다. 하나님은 의로우신 하나님이시기 때문에 그들의 이름이 생명책에 없음을 확인시켜 주신다. 생명책에 이름이 없는 사람은 아무 변명도 하지 못하고 불못으로 던져진다. 이것이 둘째 사망이요, 곧 영원한 사망이다(요한계시록 20:14). 예수님은 이 불못에 대해 다음과 같이 말씀하신다.[152]

"거기에서는 구더기도 죽지 않고 불도 꺼지지 아니하느니라 사람마다 불로써 소금 치듯 함을 받으리라(마가복음 9:48, 49)."

(6) 신천신지[153]

성도가 들어갈 하늘나라는 영원히 새것이다(요한계시록 21:1). 이 세상에서는 모든 것이 낡고 더럽고 쇠하여 가지만 하나님이 주신 새 하늘과 새 땅은 영원히 새로운 것이다. 이러한 곳에 거룩한 성인 새 예루살렘이 하늘로부터 내려온다(요한계시록 21:2). 이 새 예루살렘은 새 하늘과 새 땅의 수도다. 그런데 이 새로운 예루살렘이 얼마나 아름다운지, 그 준비한 것이 신부가 남편을 위해 단장한 것 같다고 기록하고 있다(요한계시록 21:2). 우리 성도들은 멀지 않은 장래에 바로 그곳에 들어가 살게 된다. 그곳은 사망이나 고통이 없는 최고로 좋은 곳이며, 영원히 새로운 세계인 것이다.

5 천국과 지옥[154]

(1) 낙원과 천국

낙원은 헬라 어로 '파라데이소스'라고 하며, 이는 천국이라는 뜻을 가지고 있다. 이 단어는 70인역에서 자주 사용되고 있는데, 에덴은 기쁨의 낙원으로(창세기 2:8~10; 요엘 2:3 등), 요단 계곡은 하나님의 낙원으로(창세기 13:10) 불린다. 천국은 헬라 어로 '바실레

이야'라고 하며, '하나님의 지배'라는 의미가 있다. 따라서 천국이란 살아 계신 하나님의 지배와 능력 있는 통치가 충만히 임재한 곳이다. 낙원과 천국은 신약에서는 같은 의미로 사용된다. 누가복음 23장 43절에서는 예수님이 회개한 강도에게 "오늘 네가 나와 함께 낙원에 있으리라."라고 하셨고, 고린도후서 12장 2절부터 4절에서 바울은 낙원과 셋째 하늘을 동일시하고 있다.

사실 낙원과 천국은 어떤 구체적인 용어로 구분할 수가 없다. 천국은 신자의 영원한 지복의 상태를 말하는데, 현세적인 것과 종말적인 것으로 나뉜다. 현세적인 천국은 신자들로 구성된 교회를 뜻하며, 종말적인 천국은 그리스도의 재림으로 실현될 영원한 나라를 의미한다.

(2) 음부와 지옥

음부란 구약에서 '스올'이라고 하며, 이는 단순히 죽은 후에 가는 세계로서 의인과 악인의 차이가 없다. 음부는 슬픔(창세기 37:34, 35)의 세계이며, 놀라움(민수기 16:30), 침묵(시편 31:17; 전도서 9:10), 무지(전도서 9:5), 암흑(예레미야애가 3:6) 및 형벌(민수기 16:30)의 장소다. 따라서 스올은 그저 무덤, 또는 죽음의 세계다.

스올에 해당하는 신약의 단어는 '하데스'인데, 이것도 선악의 구분이 없다. 그러나 유대인들이 스올을 자신들이 가는 세계와 이방인들이 가는 세계로 나누었듯이 초대 교회 이후에 하데스는 낙원 또는 아브라함의 품(누가복음 16:19~31)과 형벌 받는 장소로 나누어

졌다. 이후 낙원은 천국에 포함되었고, 하데스는 일반적인 음부(죽음의 세계)의 뜻보다는 고통과 형벌의 장소로 여겨지게 되었다.

하데스가 대기 상태의 형벌의 장소라면, 지옥은 영원한 형벌의 장소다. 지옥은 '게엔나'라는 헬라 어를 번역한 것인데, 히브리 어의 '힌놈의 골짜기'(여호수아 18:16)에서 유래되었다. 이곳은 암몬의 우상 몰록에게 아이를 태워 바치던 곳이었으며(열왕기하 23:10; 역대하 28:3), 연기와 불이 꺼지지 않던 곳이었다. 게엔나는 신약에서 한층 발전된 의미를 갖게 되는데, 그곳은 꺼지지 않는 불이 타고 있으며(마가복음 9:48), 구더기도 죽지 않으며(마가복음 9:48), 그리고 영원한 장소인 불못으로(요한계시록 19:20) 그 뜻이 좀 더 깊어졌다.

이와 같이 스올이나 하데스는 사람이 죽은 후에 가는 세계였는데 점차 후대로 가면서 악인의 처소로 이해되었고, 게엔나는 악인이 가는 최종적인 형벌의 장소로 심화되었다.

6. 재림의 결과들[155]

(1) 하나님과 관련된 결과

"여호와의 영광이 나타나고 모든 육체가 그것을 함께 보리라(이사야 40:5)."

(2) 교회와 관련된 결과

그리스도 안에서 죽은 자들이 일어나고(데살로니가전서 4:13~18), 살아 있는 자의 몸이 그리스도의 몸과 같이 변할 것이며(빌립보서 3:20, 21; 요한1서 3:2), 모든 것이 끝날 때 교회는 그리스도와 더불어 살게 되며 그리스도와 함께 통치하게 될 것이다(요한계시록 20:4).

(3) 이스라엘과 관련된 결과

그리스도의 재림이 있은 후 이스라엘은 다시 모일 것이다(이사야 11:11, 12; 에스겔 36:24, 37:19~24; 스바냐 3:19, 20). 이때 이스라엘은 크게 번영할 것이며(예레미야 31:31~34; 에스겔 36:33~38), 모든 열방에 천국의 메시지를 전하게 될 것이다(이사야 66:19).

(4) 열방이나 불신자와 관련된 결과

이들에게는 불행한 사건이요 슬픈 날이 될 것이며(마태복음 24:30; 요한계시록 1:7) 심판이 있을 것이다(마태복음 25:31, 32; 데살로니가후서 1:7~9).

(5) 적그리스도와 마귀와 관련된 결과

불법한 자에 의하여 환난과 공포의 통치가 있을 것이며(데살로니가후서 2:8), 지상 재림 후 그들은 심판을 받을 것이다(요한계시록 19:20, 20:1~3).

(6) 우주 만물과 관련된 결과

창조물은 부패의 굴레에서 해방되며(이사야 55:13; 로마서 8:19~21), 평화(이사야 65:25)와 황무지의 열매(이사야 32:15)와 사막의 백합화(이사야 35:1)가 있는 천년왕국과 신천신지가 도래하게 될 것이다.

7. 종말적 삶의 자세[156]

(1) 깨어 있어야 한다

언제 주님이 부르실지 아무도 알지 못하기 때문에 항상 깨어 있고 준비되어 있어야 한다(마태복음 24:42). 기름을 준비하지 못한 다섯 처녀는 천국에 못 들어갔지만 깨어서 기름 준비를 잘한 다섯 처녀는 천국에 들어갔다(마태복음 25:2~13). 그러기 위해 우리는 하나님의 전신 갑주로 무장해야 하고(에베소서 6:13~17), 기름을 충분히 준비해야 한다. 이 기름이란 성령충만을 말하며, 늘 기도와 말씀 가운데 깨어 있어 기도하는 생활을 말한다.

(2) 열심히 전도해야 한다

전도는 예수 그리스도의 마지막 부탁이요(마태복음 28:18~20; 마가복음 16:15~18; 사도행전 1:8) 예수님의 최대 관심사다. 예수 그리스도는 영원히 멸망할 수밖에 없었던 인류를 구원하시기 위해 십자가 위에서 엄청난 대가를 지불하셨다. 주님은 피와 물을 다 쏟으시고 몸이 찢기면서도 온 인류가 구원 받기를 원하셨다. 그러므로 우리는 영혼 구원을 위해 힘써야 한다. 때를 얻든지 못 얻든지 간에 항상 힘써야 한다(디모데후서 4:2). 영혼 구원, 이것이 우리 인생의 가장 큰 사명이요 목표인 것이다.

(3) 재림을 기다려야 한다

그리스도의 궁극적인 소망은 이 세상에 있지 않고 그리스도의 재림과 영원한 천국에 있다. 그러므로 우리는 천국을 사모하고 기다리는 자세로 하루하루 이 말세의 마지막을 보내야 한다. 믿음이 약해지고 식어 갈 때마다 기도로써 성령의 도우심을 받아 그리스도의 재림과 천국에 대한 확신과 기대를 가지고 살아야 한다. 감사함으로 눈을 뜨고 주님을 만날 기대와 감격 속에 눈을 감아야 한다. 그리고 꿈속에서도 우리의 영혼은 외쳐야 한다.

"아멘! 주 예수여, 오시옵소서."

십 자 가 , 순 복 음 신 앙 의 뿌 리
Part2. 충만한 복음, 오중복음의 성경적 근거는 무엇인가?

Chapter 1 중생의 복음 : 죄로 죽었던 영이 다시 살아남

인간이 죄와 형벌과 사탄의 권세로부터 자유함을 얻고 해방되기 위해서는 구원이 필요하다. 구원의 복음은 곧 중생의 복음이라고 할 수 있다. 죄를 깨달아 회개하고 예수 그리스도를 구주로 영접하여 구원을 얻는 것, 이것이 바로 죄로 죽었던 영이 다시 살아나는 유일한 길이다.

Chapter 2 성령충만의 복음 : 그리스도로 충만한 삶

중생한 그리스도인은 누구든지 성령세례를 받고 성령충만함을 입어야 한다. 성령의 은사와 열매가 계속적으로 충만할 때 그것을 성령충만이라 부르며, 성령의 세례를 받은 신자들이 겸손하게 성령의 뜻을 따라 그 은사를 사용할 때 진정 그리스도로 충만한 삶을 살 수 있다.

Chapter 3 신유의 복음 : 육체의 연약함과 질병으로부터의 구원

우리는 예수님께서 채찍에 맞으심으로 인해 영적 질병에서 해방되었다. 그러므로 병고침은 하나님이 인간에게 베푸시는 큰 은혜이며 공생애 기간 동안 예수 그리스도의 주된 사역이기도 했다. 이 치유의 사역은 육체적 구원뿐만 아니라 영적, 정신적인 측면 또한 포함한다.

Chapter 4 축복의 복음 : 주님의 부요하심을 누리며 나누는 축복

예수 그리스도를 믿는 자들은 이미 저주에서 속량된 자들이요, 아브라함의 복을 받아야 하는 사람들이다. 그러므로 그리스도를 영화롭게 하기 위해 담대히 복을 누려야 한다. 하나님의 은혜와 복, 이것은 떼려야 뗄 수 없는 관계에 있다. 주님은 십자가의 대속으로 우리에게 주신 축복을 누리며 나누는 삶을 살기를 원하신다.

Chapter 5 천국과 재림의 복음 : 천국과 재림을 사모하는 삶

예수 그리스도의 궁극적인 소망은 이 세상에 있지 않고 그리스도의 재림과 영원한 천국에 있다. 그러므로 우리는 그리스도의 재림과 천국에 대한 확신과 기대를 가지고 살아야 한다. 늘 깨어 기도로써 성령의 도우심을 받으며, 영혼 구원을 위해 힘쓰는 종말론적 삶의 자세를 가져야 한다.

김은호 목사가 바라본 성령충만의 복음
김은호 목사(오륜교회 담임목사)

교단과 교파를 초월하여 한국의 모든 교회는 성령충만을 말합니다. 그 중에서도 성령충만하면 가장 먼저 떠오르는 교회와 교단은 바로 여의도순복음교회와 순복음 교단이라 할 수 있습니다. 여의도순복음교회는 왜 이렇게 다른 교단에 비해 놀라운 성장을 이루었을까요? 그것은 바로 성령충만과 조용기 목사님의 4차원의 영성(생각, 믿음, 꿈, 말)을 힘입었기 때문입니다.

한때는 순복음의 성령충만이 은사와 능력만으로 이해되어 타 교단으로부터 공격을 받기까지 했습니다. 순복음의 성령충만은 너무 은사와 능력만을 강조하여 현상에 집착하게 한다는 편협된 생각을 가지고 있었던 것입니다. 그러나 이제는 순복음의 성령의 충만이 은사와 능력만이 아니라 주님의 사랑을 실천하는 거룩한 삶으로 나타나고 있음을 보게 됩니다. '사랑과행복나눔재단'을 통하여 수많은 사람들에게 주님의 사랑을 베풀고 나누고 있는 것입니다. 이것을 보면 성령의 충만이 은사와 능력만이 아니라 주님의 사랑을 실천하는 거룩한 삶으로 나타나고 있는 것을 확인할 수 있습니다.

가끔 "나는 성령의 은사와 능력이 아닌 말씀 위주의 목회를 하고 있다."는 목회자들을 만나는 경우가 있습니다. 그런데 그 말은 맞는 말 같지만 틀린 말입니다. 말씀이 "성령의 충만을 받으라!" 하고 명령하고 있고 말씀이 성령의 은사와 능력을 말하고 있기 때문입니다. 말씀과 성령은 동전의 양면처럼 분리될 수 없습니다. 신앙생활은 균형이 중요합니다. 그런 의미에서 한국의 모든 교회는 성령의 충만을 강조해야 하고 성령의 은사와 능력이 나타나야 합니다. 더불어 모든 은사와 능력들이 덕을 세우며 지도자의 권위 아래서 바르게 사용될 수 있도록 훈련해야 합니다. 그래야 그 성령의 충만이 복음에 합당한 열매를 맺을 수 있고 아름답게 유지될 수 있는 것입니다.

한국 교회가 왜 이렇게 약해졌습니까? 왜 한국 교회의 부흥이 멈추었습니까? 왜 한국 교회가 이 세상에 빛과 소금이 되지 못하고 있습니까? 바로 성령의 충만을 받지 못해서입니다. 성령의 충만은 순복음만의 전유물이 아닙니다. 한국 교회 모두가 사모하며 기도해야 할 제목입니다. 오 주여, 이 땅의 모든 교회들 가운데 성령의 충만을 허락하소서!

Part 3

전인구원에 대한 신학적 근거는 무엇인가?

순복음 신앙에서 가장 중요한 구원론은 영혼, 육, 범사를 포함하는 전인구원이다. 이렇게 복음이 가져다 주는 구원의 능력을 전인구원으로 강조한 것은 당시 한국 교회의 문화적 배경과 전통에 맞게 복음의 토착화를 이룬 부분이기도 하다. 이를 뒷받침하는 성서적 근거가 무엇인지를 살펴보고자 한다.

Chapter 1.
전인구원의 신학에 대한 이해

Chapter 2.
오중복음과 삼중축복의 실천 신학적 적용

Chapter 1

전인구원의
신학에 대한 이해

1. 통합적 신학으로서의 오중복음의 신학

(1) 오중복음의 신학적 배경

오중복음이 정립된 첫 번째 배경은 존 웨슬리(John Wesley)와 알미니안 계통의 신학이 그 근저를 이루는 오순절 신학이라 할 수 있으며, 두 번째로는 어거스틴(St. Augustinus) 및 청교도적인 칼뱅주의의 사상을 바탕으로 하는 복음주의 신학이라고 할 수 있다. 즉 조용기 목사의 전인구원의 신학의 이론적 틀을 형성하는 오중복음의 신학은 위의 두 흐름을 종합 발전시킨 통합적 신학으로서 복음적 은사주의의 신학(Evangelical Charismatic Theology)이다.

① 오순절 신학의 태동
(ㄱ) 웨슬리에서 성결 운동까지

예수 그리스도의 은혜의 사역은 중생에만 해당되는 것인지 아니면 중생 이후의 또 다른 복을 우리에게 가져다주는 것인지를 먼저 생각해 보아야 한다. 루터(Martin Luther)는 의인화의 은총만 강조했고 칼뱅(Jean Calvin)은 그리스도의 십자가 사건이 주는 의인화와 성화의 두 가지 차원의 은총을 말했으나, 웨슬리는 의인화의 은총을 제1의 축복으로 보았고 성화는 또 하나의 축복과 은총임을 강조했다.157) 즉 웨슬리는 예수 그리스도의 은혜의 사역이 결코 중생에만 머무르지 않고 죄의 잔재를 청산해 버리는 또 다른 제2의 복을 가져다준다고 생각했다. 중생 이후에 일어나는 순간적이고도 체험적인 성화의 단계에 특별한 가치를 두었던 것이다.158)

우리의 신앙생활이 중생의 단계에서 끝나지 않고 죄로 인한 모든 흔적을 벗어 버리는 '영화'의 단계에 이르기까지 계속 향상되어야 하는 것이라면 웨슬리의 이와 같

존 웨슬리
(John Wesley 1703~1791)

은 생각은 타당한 것이다. 웨슬리에게 있어 이러한 제2의 축복은 정화와 정결의 순간을 시사하는 '성화'를 의미하는 것이었다.

웨슬리 이후 미국에서 성결 운동을 주도한 팔머(P. Palmer)는 성결과 교회를 역동적이게끔 하는 능력을 동등한 것으로 제시함으로써 성결과 교회를 위한 봉사 능력을 다 같이 추구하고자 하는 오순절주의자들에게 큰 시사점을 던져 주었다.[159] 따라서 웨슬리에게 궁극적인 목표로 제시되던 성화는 교회를 위한 현재의 능력과 함께 상정됨으로써 '현재적인 성화'로 발전하게 되었다.

아사 마한
(Asa Mahan 1799~1899)

미국의 성결 운동에 앞장섰던 아사 마한(Asa Mahan)은 때때로 성화와 능력을 받게 하는 성령세례를 별개의 원리 내지는 경험으로 이해했으나, '능력이란 먼저 성화를 추구하지 않고서는 구하기가 불가능한 것'이라는 견해를 피력함으로써 웨슬리적인 성화의 입장을 고수했다.[160] 결국 마한은 이와 같은 입장에서 사도행전과 요엘서를 근거로 하여 '성화'를 '성령세례'라는 용어로 바꾸어 사용할 수 있는 근거를 마련했다.

찰스 피니
(Charles Finney 1792~1875)

역시 미국에서 성결 운동에 앞장섰던 찰스 피니(Charles Finney)는 마한과는 달리 칼뱅주의적 시각을 가졌다. 그는 개혁주의적인 입장에서 성화를 점진적인 것으로 이해한 까닭에 성령세례에 있어 위로부터 임하는 능력에 중점을 두었고 성화라는 개념을 따로 언급하지 않았다.161) 무디(D. L. Moody), 토레이(R. A. Torrey), 채프먼(J. W. Chapman) 등이 피니의 이와 같은 입장을 이어받았다.

제2의 축복주의와는 달리 '성화'와 '권능'을 별개로 보는 제3의 축복주의도 나타나게 되었다. 심슨(A. B. Simpson)이나 어윈(B. H. Irwin) 등이 이러한 입장에 서게 된다. 토페카 부흥 운동 당시 최초로 성령세례를 체험한 오즈만(A. N. Ozman)도 어윈의 '불세례' 모임에 속해 있었다.

(ㄴ) 캐직 대회에서 아주사 부흥 운동까지

아사 마한, 찰스 피니 등이 주도한 미국에서의 성결 운동은 영국에 영향을 미쳐 1875년부터 영국의 캐직에서 연례적으로 시작된 캐직 부흥 운동을 낳았다. 캐직 부흥 운동은 토레이나 무디의 견해와는 달리 제2의 축복을 성화적인 입장에서 중점적으로 이해했다. 그러나 미국에서의 성결 운동처럼 죄에 대한 근원적인 청산을 요구하는 것이 아니라 죄를 억제하는 입장에서

캐직 부흥 운동

성결을 추구했다.162)

그런데 이 운동이 무디를 통해 다시 미국으로 들어오게 되면서부터는 점차 복음주의자들인 토레이, 심슨 등의 신학적인 입장이 부상되었다. 즉 이제 미국의 성결 운동은 캐직 운동의 내적인 성결보다 복음 증거를 위한 봉사의 능력과 관계되는 것으로 발전하게 된 것이다.163)

이와 같은 두 가지 흐름이 오순절주의자들에게 신학적으로 적용된 예를 언급해 본다면 첫째, 은혜의 사역에 대한 웨슬리의 이중적인 이해가 일군의 오순절주의자들에 의해 삼중적인 이해로 발전한 경우를 들 수 있다. 즉 중생, 완전한 성화, 봉사의 능력을 위한 성령세례가 바로 그것이다. 이러한 삼중적인 이해는 북아메리카오순절연합(Pentecostal Fellowship of North America : PFNA)에 의해 계승 발전되었는데, PFNA는 이 삼중적인 이해에 신유와 재림의 두 가지를 덧붙여 다섯 개의 주제로 복음의 내용을 요약했다. PFNA는 이것을 'Full Gospel'(순복음)164)이라고 불렀다.165) 이는 찰스 팔함의 베델 성서 대학에서의 가르침과도 유사하다.

또 다른 오순절적인 운동은 성화를 점진적인 것으로 보면서 중생과 성화를 하나로 묶어 은혜의 사역을 중생과 봉사의 능력을 위한 성령세례의 이중적 이해로 발전시켰다. 이와 같은 견해는 웨슬리와는 다른 전통, 즉 기독론 중심의 개혁주의에 의해 영향을 받은 것으로서 더함(W. H. Durham)이 팔함과는 달리 이러한 입장을 견지했다. 이는 결국 Full Gospel을 중생, 성령세례, 신유, 재림의 네 가지 주

제로 복음의 내용을 요약하는 'Foursquare Gospel'로 이해하게 만들었다.[166)]

앞서 언급했듯이 미국에서의 성결 운동이 점차 토레이와 심슨의 신학적인 입장을 띠게 됨에 따라 후자의 견해가 오순절적인 운동의 입장에서도 대세를 이루게 되었다.[167)] 토레이에게 있어 성령세례는 성화를 위한 것이 아니라 봉사 및 증거의 능력을 위한 것으로 나타난다.[168)] 결과적으로 복음주의자인 토레이는 처음으로 성령세례를 본격적으로 신학화하면서 성령세례가 성화가 아닌, 사역과 섬김을 위한 권능이라는 오순절적인 개념을 확립하게 되었다.

토레이
(R. A. Torrey 1856~1928)

또한 토레이와는 달리 제3의 축복주의의 입장을 지닌 또 다른 복음주의자인 심슨은 자신의 입장을 중생, 성화, 신유, 재림의 사중복음으로 발전시켜 복음을 증거하게 되었다. 결국 신학적으로 볼 때 미국에서의 성결 운동은 토레이나 심슨 같은 복음주의 신학자들에 의해 능력을 위한 오순절적인 성령 운동의 양상으로 발전되었음을 알 수 있다.

미국에서의 이러한 부흥 운동은 토페카, 아주사, 시카고 등지에서 일어나게 된다. 토페카와 아주사 부흥 운동은 성령세례의 증거로 방언을 내세운 전통적인 오순절 성령 운동이었으며, 전자가 미국에 국한된 것이었다면 후자, 즉 아주사 거리의 부흥은 유럽과 전세계로 오순절 성령 운동을 전파한 거대한 물결이었다.[169)]

㈐ 정통적 오순절 운동 이후 오늘날의 성령 운동에 이르기까지

반 듀젠(H. P. Van Dusen) 박사는 1958년 오순절 은사 운동을 전통적 개신교와 가톨릭에 버금가는 '제3의 세력'이라 지칭했다.[170] 1960년대에 이르러 오순절 성령 운동은 각 교파로 파고들면서 '신오순절주의' 내지는 '은사 운동'이라는 개념을 낳았다. 이들은 정통 오순절주의와는 달리 성령세례의 증거로 방언의 절대성을 주장하지 않으며, 성령의 각종 은사를 강조하면서 자기가 속한 교단 내에서 성령 운동을 고수하는 자들이었다.

그 후 제2차 바티칸 공의회(1962~1965)에 힘입어 가톨릭에서도 성령 쇄신 운동이 일어나게 되었고, 최근에는 성령의 역동적인 역사를 강조하며 특히 신유와 축사를 중심으로 하는 제3의 물결이 대두되면서 오순절 성령 운동이 마지막 시대를 위한 전 세계적인 운동으로 발전하고 있다.[171]

'제3의 물결'은 초기의 정통적 오순절주의(제1의 물결)와는 달리 성령세례보다는 성령충만을 강조하는 한편 정통 오순절주의자들이 주장한 성령세례의 대표적 증거로서의 방언을 주장하지도 않는다. 또한 복음주의자들과 다른 기독교인들로 하여금 오순절 교인이나 은사주의자들이 되지 않고서도 그들이 체험한 성령의 초자연적 은사를 똑같이 체험할 수 있다는 점을 피력하고 있다.

② 오순절 운동을 형성한 신학적 뿌리

현대의 오순절 운동을 형성한 신학적 뿌리는 첫째로 위에서 논

한 바처럼 웨슬리의 성화에 대한 개념이며, 둘째로 피니를 중심으로 한 부흥 및 성령 운동이요, 셋째로 임박한 종말 신앙을 강조하는 세대주의적 전천년설이며, 넷째로 신유 운동이라고 볼 수 있다. 나아가 신약 시대 교회의 기적과 권능을 갈망하는 복고주의, 그리고 성화와 능력을 구별하는 제3의 축복주의 등을 들 수 있다.

③ 오순절 신학의 특성
(ㄱ) 경험론적인 신학

오순절 운동은 철저한 말씀 중심의 운동으로서 신앙에 대한 사변적인 지식뿐만 아니라 체험도 강조하고 있다. 그러나 이는 어디까지나 기존의 다른 신학들이 지나치게 체험을 도외시한 데 대한 반향이라는 차원에서 이해되어야 하며, 말씀을 등한시한 채 체험만을 강조하는 입장에서 조명되어서는 안 된다. 신학 자체를 위한 신학이 아니라 하나님의 말씀이 실제 생활에서 체험되고 적용되는 과정과 그 결과를 검증하는 경험론적인 신학이다. 기독교 신앙의 본질은 단순히 기록된 계시로서의 말씀에 지적으로 동의하는 것만이 아니다. 그것은 하나님에 대한 사랑과 신뢰로 말미암아 말씀이 우리의 생활 속에서 실천되고 살아 움직이는 경험 또한 필요로 한다. 오순절 신학은 말씀과 체험이 불가분의 관계에 있음을 주장하는 것이지 체험을 말씀에 앞세우지는 않는다.

(ㄴ) 성령론에 대한 강조

오순절 운동이 내포하는 능력의 개념은 교회의 봉사를 위한 능력이거나 교회의 성장을 위한 능력이거나 개인의 성결과 신앙생활의 성숙을 위한 능력이거나에 관계없이 '능력'이 중요한 주제가 되어 있는 한 이러한 '능력'은 위로부터 임하는 것이며, 따라서 성령세례라는 개념과 밀접히 연관되어 있음을 알 수 있다. 결국 성령론에 대한 강조가 두드러지게 된다.

하나님의 활동이 성령의 내적, 외적 사역을 통해 오늘날에도 지속되고 있다는 믿음을 바탕으로 형성되는 성령론 중심의 신학은 제3세계의 비기독교 정령주의자들을 복음화하는 데 중요한 역할을 담당한다.[172)]

그러나 성령론에 대한 강조 역시 기존의 신학이 신론이나 기독론 중심의 신학으로서 성령론에 대한 관심이 결여된 것에 대해 삼위일체적 균형을 이루고자 하는 차원에서 주어지는 관심임을 주시해야 한다. 즉 오순절 신학은 성령의 사역을 주 예수 그리스도의 사역과 동떨어진 새로운 사역으로 이해하기보다는 그 두 가지를 같은 것으로 이해하고자 한다. 다시 말하면 예수 그리스도의 사역 가운데 드러나지 않은 역동적인 측면들을 다시 부각시켜 주는 것이 바로 성령의 사역인 것이다.

결국 예수 그리스도는 구세주 되신 예수 그리스도이며(요한복음 3:16), 치유자이신 예수 그리스도요(야고보서 5:14, 15), 성령으로 세례를 베푸시는 예수 그리스도이며(사도행전 2:4), 다시 오실 왕 되신 예수 그리스도인 것이다(데살로니가전서 4:16, 17).[173] 이렇게 예수 그리스도는 수많은 형태로 우리에게 체험되며 결국 순복음(Full Gospel)은 이러한 체험에 대한 다양성을 증거하려는 것이다.

(ㄷ) 전인구원의 신학에 나타난 신유

오순절주의를 탄생시킨 오순절 운동의 초기부터 신적 치유에 관한 교리는 순복음의 중요한 요소를 구성했으며, 순복음의 기본적 진리 중의 하나로 그 위치를 굳혀 왔다. 오순절주의자들은 육체적 질병으로부터의 해방이 예수 그리스도의 구속 사역 가운데 일부분으로 포함되어 있으며, 이러한 구속 사역을 총체적으로 받아들이는 것이 믿는 자들의 특권이라는 인식하에서 신유를 선포하고 행해 왔다.

한편 이러한 신유 이적은 사도 시대를 끝으로 막을 내렸다는 주장에 대해 오순절주의자들은 현시점에서의 사도적 신앙으로의 회복 가능성의 근거에 대해 '늦은 비 약속'을 언급한다. 이 약속은 팔레스타인 땅에 내리는 물리적 비에 대한 영적인 해석을 통해 그 의미가 드러난다. 즉 팔레스타인 지역은 식물을 심는 시기에 '이른 비'가 내리고 추수기에 '늦은 비'가 내리는데, 이러한 사실이 교회 역사를 영적으로 해석하는 데 적용되고 있다.

사도행전에 기록된 오순절의 사건은 '이른 비'의 사건으로서 성령이 강림하신 최초의 사건이라 한다면, 오순절 성령 운동은 그리스도가 다시 오실 때 마지막 추수를 위해 하나님이 백성을 준비시

기시는 '늦은 비' 사건의 실현이라는 것이다.[174]

(ㄹ) 헌신의 신학

오순절주의의 특성은 하나님 나라를 이 땅에 현재화하기 위해 성도들에게 헌신적 삶을 요구하는 데서도 드러난다. 오늘날 성도는 하나님의 일하심 가운데 직접 참여해야 하며, 하나님께 나아온 이들은 하나님과의 교제가 이루어져야만 하는 것이다. 그리고 이 시점에서 바로 헌신이 일어나게 된다. 결국 오순절주의의 체험에서 비롯된 헌신의 삶은 오순절 신학에서의 선교와 성장의 신학을 가능하게 하는 모태가 되고 있다.

④ 오순절 신학과 제 교파 신학의 비교[175]

(ㄱ) 개신교 전통과의 공동 기반
- 구원은 인간의 행위나 노력 혹은 교회의 승인과는 상관없이 하나님의 은혜로 말미암아 값없이 주어진다.
- 모든 그리스도인은 그리스도의 몸이신 교회와의 관련으로 인해 제사장으로 부름을 받았다. 그러므로 믿음의 문제에 관해 신자는 사제에 의해서만 봉사를 받는 것이 아니라 서로에 의해 봉사를 받을 수 있다.
- 하나님의 말씀은 믿음과 실행에 있어 규범이어야 한다. 그리고 각 그리스도인은 자신의 책임과 권리를 하나님의 말씀을 통해 스스로 해석할 수 있다.

(ㄴ) 급진적 개혁주의, 즉 재침례교파와의 공동 기반
- 각 그리스도인뿐만 아니라 그리스도 공동체 또한 성령의 인도 하심을 구하고 이에 순복해야 한다.
- 예배에 있어 사도 시대로의 회복이 있어야 한다.
- 믿는 자는 세상과 구별되어야 한다.
- 세례는 자신의 의지적 결단에 의해 행해져야 한다.
- 믿는 자는 천년왕국을 세우실 그리스도의 임박한 재림을 고대해야 한다.

(ㄷ) 근본주의적 복음주의와의 공동 기반
- 성서의 무오성
- 동정녀의 탄생
- 그리스도의 죽음의 대속적 희생
- 문자적 의미의 부활
- 그리스도의 재림

(ㄹ) 성결 운동과의 공동 기반
- 중생 이후에 일어나는, 중생과는 명백히 구별되는 복이 있으니 이를 구하고 받아야 한다.
- 그리스도인은 삶의 모든 부분에 있어 성령의 인도하심을 받도록 구해야 한다.
- 그리스도인의 집회 및 모임은 믿는 자들을 만들고, 또 이미 믿

는 자들의 영적 생활의 고양을 위해 열려 있어야 한다.
- 믿는 자들은 그리스도의 다시 오심에 대한 강렬한 소망을 유지해야 한다.
- 믿는 자들은 세상으로부터 돌이켜 세상적인 것의 유혹을 물리쳐야 한다.

⑤ 복음주의 신학

오중복음과 삼중축복의 신학적 배경에는 위에서 언급한 오순절 신학 외에도 어거스틴적이며 청교도적인 복음주의 신학의 요소가 내재되어 있다.

(ㄱ) 어거스틴
- 하나님의 예정과 인간의 자유 의지에 대해

어거스틴의 심오하고도 광대한 사상은 신구 교인 모두에게 지대한 영향을 미쳤다. 종교 개혁가들의 사상도 결국 어거스틴을 원조로 하고 있다. 어거스틴의 사상은 양면적이고 통합적이다. 그는 마니교도와의 논쟁에서 인간의 자유 의지를 주장했으나 펠라기우스와의 논쟁에서는 하나님의 예정을 강조했다. 그는 타락 전의 인간의 의지는 '죄를 지을 가능성'(posse

어거스틴(Augustin 354~430)

peccare)과 '죄짓지 않을 가능성'(posse non peccare)을 모두 지니고 있는 '중도적 선'(善)에 속한다고 보았다. 이 '중도적 선'이라는 개념은 인간의 자유 의지를 인정하는 개념이다. 즉 인간의 의지 그 자체가 지니는 선과 악 사이의 선택의 권한을 인정한다. 에덴동산의 아담은 바로 이 두 가능성을 모두 가진 자유 의지의 존재였다.[176] 그런데 자유 의지의 잘못된 선택으로 타락하게 되었고, 따라서 죄를 지을 가능성밖에는 남지 않게 되었다. 결국 자유가 있다면 그것은 죄짓는 자유이며, '갇힌 자유 의지'(liberum arbitrium captivatum)인 것이다. 그러므로 타락 후의 인간은 자신의 힘으로는 결코 구원에 이를 수 없다. 오직 하나님의 예정과 선택에 의해서만 구원 받을 수 있으며, 예정된 자는 하나님의 보호하심을 끝까지 받게 되는 것이다. 또한 이때 하나님의 은총으로 말미암아 죄를 짓지 않을 가능성이 회복되고, 인간의 갇혀 있던 '자유 의지가 해방'되어(liberum arbirtrium liberatum) 자유를 누리게 된다. 여기서 어거스틴의 사상은, 하나님의 은총이란 우리 속에 들어와 인간적인 것으로 화(化)한다거나 완전히 우리를 변화시키는 역할을 한다는 개념이 아니었다. 따라서 우리의 이성과 의지를 촉발시켜 우리로 하여금 하나님의 뜻을 알게 하고 그의 뜻을 행하게 하는 것이라는 중세의 스콜라적인 견해, 즉 은총이 우리 속에 내재해 있다는(in nos) 은총의 내재설을 주장하지 않았다. 그는 하나님의 은총이란 전적으로 우리 인간의 밖에서(extra nos) 우리에게 전가되는(imputation) 하나님의 의(義)라고 강조함으로써 '오직 은총'(sola fide)이라는 개신교주의의 기틀을 굳게 확립했다.

그러나 하나님의 전적인 은총으로 구원에 이르게 된 이후에도 인간의 욕망은 남아 있으므로 회복된 자유 의지를 통해 스스로 성화에의 자발적인 노력을(impartation) 계속해야 한다고 주장했다. 그런데 완전한 성화를 위한 전혀 죄를 짓지 않을 가능성은 이 세상에서는 불가능하며 천국에 들어간 후에야 주어진다.[177] 지금까지 살펴본 바와 같이 인간의 자유 의지를 고려하지 않은 마니교의 운명론적 이원론을 반박하는 어거스틴에게는 당연히 자유 의지를 무시한 하나님의 예정이란 결코 있을 수 없음을 알 수 있다.

그렇다면 어떻게 이 모순되어 보이는 두 가지, 즉 하나님의 은총 및 예정과 인간의 자유 의지가 동시에 성립할 수 있는가? 여기서 우리는 어거스틴이 인간의 자유 의지를 선택의 자유가 아닌 참된 자유의 관점에서 논하려 하고 있음을 주목해야 한다. 그는 사람이 지닌 자유 의지는 도덕적인 책임이 주가 된 자발적인 선택의 자유를 그 본성으로 하고 있다고 보았다. 그러나 그에게 있어 참된 자유는 선악에 대한 선택이 죄에 봉사하지 않을 때에만 누릴 수 있는 것이다.[178] 즉 선택의 자유와 참된 자유가 분명히 구분되거니와, 선택의 자유를 절대화한 것이 펠라기우스의 입장이었다면 참된 자유를 절대화하여 타락과 구원의 과정에서 하나님의 예정과 인간의 의지를 함께 논한 것이 어거스틴의 사상이다. 어거스틴이 말하는 참된 자유란 선택의 자유를 초월하는, 보다 근원적이고 원초적이며 전체적인 의지의 현상임을 잊어서는 안 된다. 따라서 하나님의 예정과 은혜가 선택의 자유와 대립되어 보이나 실은 선택의 자유를 넘어선, 즉 선에 대한 적극적인 자유요 참된 자유다. 이 자유는 하나님이 선하신 한 모순되지 않는다. 이러한 입장에서 어거스틴은 예정설을 말하되 구원 받을 자에 대해서만 논했을 뿐 구원 받지 못할 자에 대해서는 언급하지 않았다. 따라서 구원 받을 자와 그렇지 못한 자에 대한 예정을 모두 말한 칼뱅의 이중예정설과는 근본적으로 다른 것이다. 어거스틴은 이렇게 하나님의 은혜 및 예정과 인간의 자유 의지를 병립시킬 수 있었고 "우리 없이 우리를 만드신 하나님은 우리 없이 우리를 구원하지 않으실 것이다."(Qui fecit nos sine nobis, non salvabit nos sine nobis)라는 유명한 명제를 남기게 되었다. 결국 어거스틴은 예정의 은총 안에서 인간의 자유 의지의 참여와 선행적 역할을 말하고 있는 것이다. 이러한 어거스틴의 통합적인 사상은 루터나 칼뱅보다 웨슬리에 의해 보다 더 잘 계승되었다고 볼 수 있다. 그 이유는 루터나 칼뱅은 인간의 노예 의지적인 측면만을 강조함으로써 그 두 가지의 올바른 통합을 이루어 내지 못한 반면 웨슬리는 중생과 성화를 모두 적절히 강조했기 때문이다.

• 신인식론에 대해

어거스틴의 신인식론은 신플라톤주의의 영향을 받은 것으로서 중세의 자연 신학적인 것이 아니라 계시에 의한 신인식론을 주장한다. 즉 인간의 이성으로 하나님을 이해하려는 시도를 거부하고 하나님을 인격적인 존재로 파악하여 인격적인 관계에서 우리에게 임하는 계시를 강조한다. 어거스틴은 플라톤(Platon)의 신관, 즉 신을 가장 완전한 상태의 본질(essentia)로서 보는 것과 토마스 아퀴나스(St. Thomas Aquinas)의 신관, 즉 신을 순수현실유(純粹現實有, actus purus)로 봄으로써 존재론적으로만 파악하는 입장179) 사이의 중도에 있다. 즉 어거스틴은 출애굽기 3장 14절을 인용하여 하나님을 최고로서 존재하며(summe esse) 또한 불변하는 자로 보고 있으므로 자신의 신관 속에 토마스의 존재론적인 요소와 플라톤의 본질론적인 요소를 동시에 포함하고 있다.180) 어거스틴이 플라톤의 입장을 고수하면서도 존재론적인 자평을 개척한 것은 신이 본질적으로는 초월적이지만 또 한편으로는 인격적이기 때문이다. 하나님이 인격적으로 파악되기에 우리는 하나님의 뜻을 인격적인 만남의 관계를 통해 알 수 있으며, 또한 하나님은 초월적이시므로 그 뜻은 하나님 스스로의 계시에 의해서만 우리에게 전해질 수 있다.

(ㄴ) 칼뱅주의적인 청교도 사상

청교도 운동(Puritanism)은 모든 비성서적 신앙과 생활을 정화하려는 동기에서 시작되었다.181) 청교도들은 하나님의 말씀에 대한 복종을 신앙생활의 유일한 기준으로 삼았다. 이들이 신대륙으로 이주하여 미국의 건국 이념을 창설했음은 주지의 사실이다. 이들은 예정설을 믿는 자들로서 1640년 웨스트민스터에서 회의를 열고 칼뱅주의 유형의 신앙을 고백하게 된다. 이것이 바로 '웨스트민스터 신앙 고백'(Westminster Confession)이다. 그런데 이들이 믿는 예정설은 칼뱅의 이중예정설이 아니라 하나님이 구원을 위해 어떤 사람들을 선택하신다는 단순한 예정설(single predestination)이었다.[182]

(2) 통합적 신학으로서의 오중복음의 신학

① 웨슬리적 성결 신학의 요소와 기독론 중심의 개혁 신학적 요소의 통합

심슨의 제3의 축복주의는 웨슬리적인 성화의 신학에서 진일보한 것이었다. 심슨의 사중복음은 중생, 성화, 신유, 재림의 네 가지로 정의된다. 이러한 심슨의 입장은 성화와 권능을 별개로 보는 제3의 축복주의에서 파생된 것이다. 그러나 어디까지나 성화를 신자들이 추구하고 체험해야 할, 복음에 있어서의 개별적인 하나의 차원으로 파악하고 있다. 이는 웨슬리적인 성화의 신학과 그 맥을 같이하되 새로운 '능력'의 차원을 첨가함으로써 웨슬리의 신학을 발전시킨 것이라고 볼 수 있다.

조용기 목사의 오중복음은 중생, 성령충만, 신유, 축복, 재림의 다섯 가지로 정의되는 바 이 중 '성령충만'의 복음에는 성화와 능력의 요소가 모두 들어 있다.[183] 이 두 요소 중 능력의 요소가 바로 뒤의 '신유'의 복음과 많이 연관되므로 '성령충만'의 복음이란 성화의 요소가 강조되어 있는 복음이라 할 수 있다.[184] 앞에서 언급했듯이 팔함과 더함은 서로 신학적 입장을 달리했다. 전자는 웨슬리적인 성화의 전통에 서서 성화를 복음에 있어 별도의 한 차원으로

로 생각하여 성화와 능력을 위한 성령세례를 모두 인정하고 성화를 능력에 선행되어야 할 단계로 주장했다. 반면 후자는 기독론 중심의 개혁주의적 입장에 영향을 받아 성화를 점진적인 것으로 이해하여 중생의 차원에 포함시켰기 때문에 또 다른 차원으로서 언급하지는 않았다. 심슨의 사중복음의 입장은 중생과 성화를 구별된 체험으로 인정하는 까닭에 팔함의 견해와 연관되지만 성화와 능력을 별개의 차원으로서 모두 다 추구해야 할 대상으로 본다. 또한 웨슬리처럼 성화를 본질적으로는 순간적인 것으로 이해하나 팔함처럼 능력을 위한 전제 조건이라고 주장하지는 않는다. 조용기 목사의 오중복음은 성화를 중생과 분명히 구별되는 체험으로 주장하고 있는 까닭에 심슨과 팔함의 견해를 따른다고 볼 수 있다. 그러나 성화를 능력을 위한 성령세례의 조건으로 보기보다는 성화와 능력을 위한 성령세례를 동시에 추구하되 성화는 순간적일 뿐만 아니라 점진적인 것이어서 우리의 삶 끝까지 지속적으로 추구해야 할 과제로도 보고 있으므로 더함의 입장도 통합하고 있다.[185] 오순절 신학이 '성화'와 '능력'에 대해 웨슬리적 성결 신학의 요소와 더함의 경우에서 보듯 기독론 중심의 개혁주의 신학의 두 흐름 사이에서 아직도 분명한 입장을 확고히 하지 못하고 있는 데 반해 조용기 목사의 오중복음은 이 두 가지를 모두 아우르고 있는 것이다.

② 오순절 신학과 복음주의 신학의 통합으로서의 오중복음의 신학

오중복음의 신학은 오순절 신학의 요소뿐만 아니라 복음주의적

인 신학의 입장도 가지고 있다. 즉 오순절 신학, 특히 미국 하나님의 성회의 신조에서 드러나는 알미니안적인 요소가 전부는 아니다. 하나님의 주권을 강조하고 복된 하나님 말씀을 땅끝까지 전파하는 것을 목적으로 삼는 복음주의의 요소가 오중복음의 기저에 깔려 있는 것이다. 오중복음에서의 복음주의적 요소는 '순복음의 7대 신앙'이라는 모토 속에 잘 드러나 있다.[186] 즉 순복음의 7대 신앙 중 두 항목인 '땅끝까지 전하는 신앙'과 '나누어 주는 신앙'에서 우리는 조용기 목사의 오중복음이 복음주의 신학과 오순절 신학의 요소가 어우러진 것임을 알게 된다. 복음주의에 입각하여 조용기 목사는 하나님의 절대 주권적인 역사를 강조한다. 그의 입장은 이 점에 있어 철저히 신본주의적이다. 그는 칼뱅처럼 하나님의 주권적인 섭리를 강조하지만 그의 이중예정설은 지지하지 않는다.[187] 이런 면에서 그는 칼뱅적인 입장을 비판적으로 수용한 청교도적인 입장을 받아들이고 있다고 할 수 있다. 조용기 목사는 인간의 자유 의지와 하나님의 절대 예정에 대해서는 어거스틴적이며 웨슬리적이다. 특히 하나님의 절대 주권과 인간의 참된 자유를 병립시킨 어거스틴의 자유 의지에 대한 적극적인 이해는, 하나님의 주권에 대한 절대 순종에 의해서만 인간이 참된 자유를 얻을 수 있다고 갈파하는 그의 사상과 일맥상통한다. 또한 신인식에 관한 한 바울, 어거스틴, 루터, 칼뱅, 웨슬리의 전통을 이어오고 있다. 그러나 은사의 계속성과[188] 전천년설을 주장하는 입장에서[189] 그는 어거스틴, 칼뱅, 웨슬리 등과 입장을 달리하며 오순절적인 입장을 띠고 있다. 근본주의자들의 5대 강령에 대해서는 복음주의적인 입장에서 수용하지만 성령의 은사에 대한 그들의 세대론적인 주장은 받아들이지 않는다. 결국 조용기 목사의 이러한 견해는 바울, 어거스틴, 그리고 종교 개혁가들의 사상을 이어받아 이를 스콜라적인 방법으로 정형화한 개신교 정통주의 신학에서의 교리적인 명제들을 복음주의적이며 오순절적인 역동성으로 새롭게 해석하고 있는 그의 통합적 신학에 기인하는 것이다. 성령 주도의 사역을 강조하는 오순절적인 기조에 근거하는 오중복음의 신학은 성부 하나님과 성자 예수님에 대한 신학적 입장들을 성령론적으로 통합한다.

실증주의와 철학적 신학의 도전 앞에서 나사렛 예수에 대한 기독론 중심의 사상을 전개했던 1960년대의 개혁주의 신학이나 이를 대체했던 70년대 이후의 일반적으로 범신론적인 형이상학의 형태를 띠게 된 신론 중심의 신학은 이제 성령론 중심의 신학에 의해, 또한 존재론과 인식론의 원리를 통합 발전시킨 해석학적 원리에 의해 재조명되고 상호 통합되며 발전되어야 한다. 오중복음이 기저에 깔린 복음주의적 정통성과 성령론적 역동성은 이 시대와 다가오는 미래를 위해 열린 신학으로서 이러한 통합과 발전에 성공적으로 기능하게 될 것이다.

(3) 복음적 은사주의 신학으로서의 오중복음의 신학

복음이 효과적으로 전파되기 위해서는 하나님의 능력이 뒤따라야 한다. 세계 교회사를 살펴볼 때 위대한 부흥의 역사 뒤에는 항상 하나님의 능력의 임재가 강하게 나타났다. 이는 사람의 심령을 변화시키는 회개와 성화의 능력, 병든 자가 치료받아 새 삶을 찾게 되는 신유의 능력, 기적적인 일을 행하는 능력 모두를 포함한다. 위에서 논한 조용기 목사의 신학 사상은 오순절 정통주의라기보다는 복음주의적 은사주의에 더 가깝다. 따라서 그는 방언을 성령세례의 대표적인 증거 중 하나로 보고 있으나, 이와 더불어 복음 사역을 위한 성령의 다양한 은사를 강조한다.[190]

웨슬리의 부흥 운동에는 회개의 능력이 강하게 나타났다. 신유와 기적을 행하는 능력에 관해 웨슬리는 원칙적으로는 루터와 칼뱅처럼 기적이 중단되었다고 보았으나, 그것을 로마 제국이 기독교를 공인한 때에 일어났던 신앙과 윤리의 전반적인 타락의 결과로 보고 있다. 그는 기적의 중단이 결코 하나님의 주권에 의한 것이 아니므로 그것이 영구적으로 중단된 것이 아님을 강력하게 주장했다. 즉 웨슬리에 따르면 하나님의 기적이란 현대에서도 일어날 수 있는 것이다.[191] 대표적인 복음주의자인 심슨은 성령의 은사를 초대 교회로 한정하는 근본주의자들과는 달리 전인구원을 강조하며 신유의 역사를 증거했다. 조용기 목사의 복음주의는 심슨의 그것과 맥락을 같이한다. 그런데 성령의 은사와 기적과 신유의 실현은 결국 사람들을 유익하게 하고 살아 계신 하나님을 체험하게 하며 하나님을 높이게 하는 데 그 목적이 있는 것이다. 조용기 목사는 이러한 입장에서 '축복의 복음'을 자신의 오중복음을 통해 말하고 있다. 즉 조 목사의 복음주의는 심슨의 그것에서 '축복'의 차원이 하나 더 첨가된 것이다. 이 '축복'은 축복 그 자체가 목적이 아니다. 무속적 기복 신앙의 관점이 아닌 또 다른 목적, 즉 하나님의 영광과 이웃을 향한 사랑을 위해 봉사하는 것으로서 이해되어야 한다.[192] 또한 축복을 통합적이요 근원적인 개념으로 보고 있다. 전통적으로 기독교는 거룩하고 전능하신 하나님이 성육신하셔서 비천하고 연약한 사람을 위해 목숨을 버리셨다는 역설적인 은혜를 전파해 왔다. 이러한 역설이 가져다주는 은혜가 우리로 하여금 하나님을 섬기는 헌신으로 이어지게 한다. 따라서 우리의 신앙생활을 이끄는 것은 율법이 아니라 은혜이며, 하나님은 인간의 불행에 대해 초연하신 것이 아니라 우리를 위해 목숨을 버리신 사랑의 하나님이요 좋으신 하나님이시다. 이러한 은혜와 사랑이 바탕을 이루는 까닭에 기독교는 모순과 역설에 처한 인류의 삶을 구원하고 위로할 수 있었다. 그러므로 하나님을 의지하는 한 고난 그 자체가 목적이 될 수 없으며, 고난은 단지 성도를 성숙시키기 위한 훈련 도구인 셈이다. 결국 일상적인 고난이나 축복은 모두 과정적인 것이며, 종국에는 합력하여 하나님의 선한 목적을 이루게 된다. 조용기 목사가 말하는 복이란 그가 늘 주장하듯 하나님과의 인격적인 관계 속에서 무조건 순종하며 그 주권을 인정하는 가운데 하나님이 부여하신 것이므로 이는 전적으로 하나님께 속한 것이기도 하다.

좋으신 하나님을 땅끝까지 전파하는 조용기 목사의 복음주의는 복음 전파와 교회의 유익을 위해 필요한 은사를 주장한다. 즉 그의 은사주의가 복음주의와 연결된 복음적 은사주의인 한, 그에게 있어 성령의 은사는 은사만을 위한 것이 아니라 복음 전파의 대상을 위한 것이며 서로의 나눔을 위한 것이다. 이는 지극히 성서적이기도 하다(고린도전서 12:6, 7, 25, 26). 우리에게 유익을 주기 위한 은사는 사람을 귀히 여기는 기독교의 휴머니티와 통하고 있다. 이러한 복음적 은사주의와 복에 대한 이해는 사람을 살리고 유익하게 한다는 점에서 서로 연결된다. 조용기 목사가 말하는 은사란 성령이 주권적으로 신자들 각자에게 나누어 주시는 선물이요, 축복이란 사람이 하나님의 주권에 절대 순종함으로써 임하는 것이므로 둘 다 하나님으로부터 부여된다는 점은 같다. 그러나 은사는 교회 공동체의 유익을 위해 개인에게 나타나는 것으로서 개인의 소유가 아니며, 축복이란 개인을 포함한 이웃의 유익을 위함과 동시에 하나님께 영광을 돌리는 것이기도 하다. 따라서 복음적 은사주의를 표방하는 오중복음은 축복 신앙을 함께 주장한다. 그렇다면 오중복음에서의 축복 신앙이란 어떤 것인가?

2 삼중축복의 신학적 원리

(1) 전인구원과 삼중축복

오중복음의 실천적인 장(場)에서 주장되는 삼중축복은 전인구원이라는 차원에서 이해할 수 있다. 따라서 인간에 대한 이해가 선행되어야 삼중축복을 제대로 파악할 수 있다. 구약에서의 인간관은 신약에서의 그것보다 훨씬 더 전인적이다. 헬레니즘의 영향을 받은 신약에서의 인간의 이해가 비록 영과 육에 대한 이원론적인 경향을 보이고 있다 하더라도 이 이원론은 기독교에서는 이단으로 취급되어 왔다. 더욱이 바울은 인간학에 있어 헬레니즘적인 영향보다는 구약적인 이해를 더 선호하고 있다.

신약에서는 이러한 전인적인 인간을 흔히 '몸'으로 번역되는 '소마'(soma)로 지칭하고 있다. 따라서 인간은 소마, 즉 몸을 소유하고 있을 뿐 아니라 소마 그 자체다. 구약에서는 사람을 지칭하는 말로 '바사르'(basar), '루아흐'(ruach), '네페쉬'(nephesh) 등의 히브리 어를 쓰고 있다. '바사르'가 허약하고 죄를 짓기 쉬운 육적인 측면이 강조된 인간 그 자체를 말한다면 '루아흐'는 하나님의 생명력과 힘을 부여받은 인간을 가리킬 때 쓰인다. 그러나 하나님이 '루아흐'이신 고로 인간은 '루아흐'를 어느 정도 소유할 수 있으나 '루아흐' 그 자체는 아니다. '네페쉬'는 정신적인 활동을 이루어 나가는 인간 그 자체를 의미한다. 그러므로 이는 신약에서 인간의 영혼을 가리키는 '프쉬케'(psyche)와 동일하게 사용된다. 중요한 사실은 '바사르'와 '루아흐' 사이의 긴장이 '네페쉬'에서 통일되어 있으며, 이는 곧 전인적인 인간을 의미한다는 것이다. 또한 '바사르'나 '루아흐'로써 인간을 지칭한다 하더라도 이들은 다 전인적인 인간을 의미한다는 것도 기억하기 바란다. 즉 이들 간의 차이

는 강조점에 있을 뿐 전인적인 인간을 뜻한다는 점에서는 모두 다 같은 말이라고 볼 수 있다.[193]

결국 인간의 구원과 복은 바로 영혼, 육, 그리고 이와 관계하는 범사와 환경이 전체적으로 구원 받고 복을 받을 때에만 가능한 것이다. 우리는 영혼만의 인간도 생각할 수 없으며 육체와 환경에만 의지하는 인간도 생각할 수 없다. 구약에서의 인간관이 전인적이고 신약에서의 바울의 인간관도 헬레니즘의 그것보다는 훨씬 더 전인적임을 우리는 주시해야 한다. 또한 기독교가 본래부터 영혼에 대한 구원의 차원보다 전인적 구원을 더 근본적인 가르침으로 삼고 있다는 점도 놓치지 말아야 한다. 왜냐하면 우리는 장차 성경의 말씀대로 육체의 부활을 누리게 될 것이기에 영혼만의 구원이 결코 구원의 최종 완성 단계가 아니기 때문이다. 그래서 이 땅에 사는 동안에도 하나님은 인간의 영혼뿐만 아니라 육체도 돌보시며 우리의 필요를 채워 주시는 것이다. 온전한 구원과 궁극적으로 임할 하나님의 나라, 그리고 거기에 참여할 우리 육체의 부활은 각각 따로 생각하기보다는 다 같이 전체적으로 논함이 더욱 성서적이다. 성서는 장차 임할 하늘나라에서의 피폐함을 언급하지 않고 있으며, 그 나라에 참여할 구원 받고 부활한 성도들의 육체가 영화롭고 신령하며 강한 몸이라고 주장하고 있다(고린도전서 15:45~58). 결국 구원이 온전한 전인구원 그리고 최종적인 구원의 개념으로 이해되기 위해서는 영혼, 육, 범사를 모두 포함하는 삼중구원이라는 말을 사용함이 바람직하다고 본다. 그러나 구원을 삼중적으로 논의하는 것은 또 다른 혼란을 가져올 수도 있기에 삼중구원이라는 단어 대신 '삼중축복'이라는 용어를 쓰는 것이다.

(2) 삼중축복의 신학적 원리
① 구원의 일원성과 삼중축복

'삼중축복'은 어디까지나 구원의 일원성을 상징하고 있다. 즉 구원은 앞서 논한 것처럼 최종적이고 완전한 구원을 의미하기보다는 일반적으로는 중생의 의미와 관계되는 것이므로 삼중축복이라는 용어가 뜻하는 바와는 달리 일원론적인 구원관을 주장한다. 이러한 삼중축복은 오중복음을 실천적으로 적용할 때 언급되는 것이라고 볼 수 있다.[194] 삼중축복은 먼저 '영혼이 잘되는 축복'을 말한다. 이는 영혼이 구원 받는 중생의 단계에서 이루어지는 축복이다. 또한 '범사에 잘되는 축복'이다. 그리고 '육체가 강건해지는 축복'이 있다. 중요한 사실은 영혼이 먼저 잘된 후에야 범사의 형통과 육체의 강건이 다가온다는 점이다. 즉 삼중축복은 범사의 형통과 육체적 강건을 영혼의 문제보다 중시하거나 앞세우지 않는다. 따라서 그것들은 영혼이 잘됨에 이어 부수적으로 나타나는 것으로서 결국 우선순위의 문제인 것이다. 또한 영혼의 문제를 무엇보다도 중요시하는 까닭에 고난이나 육체적 질병이 영혼의 잘됨에 있어 필요하다고 판단되는 경우에는 그러한 역경을 얼마든지 당할 수 있다고 여긴다. 주를 위한 헌신적 희생이나 순교 또는 욥이 당한 시련과 같이 하나님의 선을 이루기 위한 질고 등을 모두 하나님이 허락하신 선의 역사로 인정하고 있다. 그러므로 영혼의 잘됨이 반드시 범사와 육체적 강건으로 귀결된다는 식의 논리는 펴지 않는다. 그렇다면 삼중축복에서의 주장이 기존의 '영혼만의 구원'이나 '영혼만의 잘됨'을 강조하는 입장과 다른 점은 무엇인가?

② 삼중축복에서의 사실과 가치문제

이 물음에 있어 우리는 삼중축복이 하나의 사실문제라기보다는 가치의 문제임을 알아야 한다. 삼중축복의 근거가 되는 가장 주된 성구인 요한3서 1장 2절을 보면 "사랑하는 자여 네 영혼이 잘됨 같이 네가 범사에 잘되고 강건하기를 내가 간구하노라."라고 되어 있다. 즉 '간구하노라'에 나타나 있듯이 삼중축복이란 사랑하는 자에게 느끼는 목회적인 가치 관념이다. 앞에서 말했듯이 범사의 형통과 강건함의 축복은 영혼의 잘됨에 이어 나타나는 부수적인 현상인 것이다. 그러나 가치적인 입장에서 생각할 때는 경우가 달라진다. 사랑하는 자들을 위해서는 반드시 영혼이 잘됨 같이 범사에 잘되고 강건하기를 간구하게 되어 있다. 즉 '간구한다'는 표현에 함축되어 있는 가치론적인 희구가 삼중축복에 있어서 중요한 것이다. 하나님은 구원 받은 성도가 영혼의 복을 받은 것처럼 육체의 건강과 범사의 복을 받기를 원하시며, 이러한 은혜가 예수 그리스도의 고난을 통해 우리에게 임했음을 성경은 증거한다(갈라디아서 3:13, 14). 만약 삼중축복이 성립하지 않는다면 윤리적인 당위는 성립할 수 없을 것이며, 하나님의 선과 공의에 관계되는 신정론을 논하기 위한 형이상학적 근거 자체가 불가능해질 것이다. 인간을 구원하겠다는 하나님의 의지는 바로 성육신의 출발점이다.

또한 예수 그리스도의 사역이나 그 제자들의 사역은 모두 사랑하는 하나님의 자녀들에게 '잘됨'의 역사를 간구하는 사랑의 정신에서 출발하고 있다. 이와 같은 하나님의 의지와 예수 그리스도 및 그 제자들이 지닌 사랑의 정신은 선한 것임에 틀림없다. 구원이란 하나님의 행위로써 하나님의 의지에 관계하는 것이요, 따라서 하나님의 가치가 일차적으로 개입된 것이다. 이러한 입장에서 볼 때 구원의 역사는 하나님의 의지가 선한 것인 한 '잘됨'의 역사, 즉 선의 역사와 상통한다. 구원은 '살리는 것'이다. '살리는 것'의 내용에 '잘됨'이 없다면 그러한 '살림'은 하나님의 선의 의지와는 무관한 것이다. 삼중축복은 또한 앞서 논한 것처럼 최종적인 구원에서 결국 완성되므로 하나의 목적론적인 개념이다. 기독교 역사는 어떠한 형태로든 목적론적인 사관을 지니고 있고, 그러한 목적을 달성하기 위해 모든 것이 합력하는 과정을 거치게 된다. 구원은 삼중축복으로 이해되지 않는 한 그 선한 목적을 상실한 것으로 전락할 수 있다. 우리가 구원의 도상에서 악을 체험한다 하더라도 그것은 합력하여 선을 이루는 과정 중의 하나일 뿐이다.

③ 삼중축복에 대한 성서 신학적 고찰

우선 구약에 있어 이스라엘 역사에 대한 신명기적 사관은 구원과 축복이 서로 분리될 수 없는 것임을 표방하고 있다. 즉 신명기에 와서야 주된 신학 사상으로 등장하는 '계약'은 하나님과 이스라엘 백성들 사이에 맺어진 것으로서 여호와 하나님의 법도에 대한 이스라엘 백성들의 순종과 불순종에 따라 그가 내리시는 상벌의 역사가 반드시 뒤따를 것임을 보여 주고 있다. 이러한 계약의 효력은 이스라엘 역사 전체로 이어진다. 클라우스 베스터만(Claus Westermann)도 구원을 위기에서의 구출과 계속적인 구원 활동으로서의 축복이라는 두 가지 개념으로 성립된 구도로 이해했다.[195] 따라서 구원과 축복은 상호 불가분의 관계에 있다. 신약에 있어 구원이란 자신의 의를 우리에게 전가하시는 하나님의 행위로 이해된다. 우리는 그리스도 안에서 하나님으로부터 의롭다 하심을 얻은 자들이다. 의로움을 받는다는 것은 영적인 축복을 의미하며, 영원한 형벌로부터의 면제를 뜻한다. 형벌을 고난의 악으로 표현한다면 구원의 내용은 형통의 선으로 표현할 수 있다. 또한 구원의 과정에서 볼 때 악과의 싸움이 그리스도의 십자가 구속 사건으로 말미암아 이미 승리한 것임을 믿고 개인적인 차원에서든 구조적인 차원에서든 투쟁을 계속하는 것은 그리스도인의 당연한 사명이다. 이때 약속된 형통의 선을 믿지 못한다면 이러한 과정에서 우리의 신앙은 그 핵심적인 힘을 잃게 될 것이다.

    신약에서의 구원의 내용은 삼중축복의 사실로 정의되고, 구원의 과정은 삼중축복의 가치를 지향해야 할 당위성을 지닌다. 구약에서의 복이 하나님의 말씀에 절대 순종하는 것과 관계된 것이라면 신약에서의 복은 하나님의 전적인 은혜와 연관되는 것이다.

Chapter 2

오중복음과 삼중축복의 실천 신학적 적용

1 한국적 상황에 맞는 순복음 신앙으로의 승화

(1) 토착화와 오중복음

① 토착화의 의미

교회가 복음의 사명을 감당하기 위해 그 지역의 문화에 적응해야 하는 것은 필연적인 일이다. 복음은 그 지역의 문화권에서 그 문화의 수단을 통해서 전해지기 때문이다. 토착화란 역사적으로 각 나라의 문화적 배경과 전통이 다르기에 복음을 전달하는 과정에서 그것이 거부당하지 않고 수용되도록 그 문화와의 동일화를 모색하는 과정을 일컫는 말이다.196)

토착화에 대해 장병일은 기독교가 토양에 깊이 박히려면 그 성분과 기질을 확실히 파악하는 일이 우선되어야 한다고 주장한다. 그는 기독교가 한국 교회에 존재하기 위해서는 한국의 기질과 문화적 조건이 전제되어야 한다고 말했다.197) 박봉배 교수는 토착화란 토착 문화의 긍정적인 요소가 복음의 빛 아래에서 기독교의 적극적인 요소와 상호 작용하여 새로운 복음적 주체성으로 발전되어 나가는 것이라고 했다.198) 1938년 마드라스 선교 대회에서는 토착 교회란 동양이나 서양의 교회가 그 땅에 뿌리를 박고 그리스도에 순종하며, 그 환경에 자연스럽고 친숙한 사상과 행동 양식을 사용하여 신앙 고백의 경험과 교훈을 지니고 새로운 언어로 복음을 전하고자 시도하는 것이라고 정의했다.

② 토착화와 오중복음199)

한국 교회의 성장기를 고찰해 보면, 당시에 기독교가 한국인의 종교 의식이나 심성과 잘 화합되었다는 것을 알 수 있다. 가장 대표적인 예가 오순절 계통의 교회들이며, 그중에 또 대표적인 교회가 '여의도순복음교회'다. 우리 민족은 끊임없이 외침을 당하며 살아왔다. 급기야는 일본의 식민지가 되어 오랜 세월 동안 모진 압박과 설움을 받아야 했다. 그리고 해방의 기쁨도 잠깐, 나라가 남북으로 분단되는 아픔을 맛보아야 했고, 동족 간의 전쟁으로 인해 삶의 소망마저 꺼져 가는 쓰라린 비극을 경험해야 했다. 이러한 역사적 사건들로 인해 한국인의 마음에는 깊은 한이 맺히게 되었다.

여의도순복음교회는 이 깊은 한을 내세에서뿐만 아니라 지금 현실 속에서도 풀어 주시는 하나님을 전파했다. 그리고 그 하나님을 만나게 했다. 그 하나님은 전인구원의 하나님이다. 즉 영생을 주시는 하나님일 뿐만 아니라 현재의 삶에 복을 주시고 건강을 주시는 하나님이다. 이런 복음은 당시 한국 사람들의 옥토와 같은 심성 덕분에 놀라운 결실을 맺게 되었다. 이에 대한 비난의 소리도 높았다. 즉 십자가 없는 샤머니즘의 기복 신앙이라는 것이었다.

그러나 이런 비난은 재검토되어야 한다. 왜냐하면 여의도순복음교회의 메시지나 중점적인 목표가 첫째, 하나님께 영광을 돌리는 것이요 둘째, 영혼을 구원하는 것이며 셋째, 신자들이 삶 가운데서 지금도 살아서 응답하시는 하나님을 만나도록 하는 것이기 때문이다. 그런데 세 번째 것이 가시적인 표적으로 두드러지게 나타났기 때문에 그것만을 추구하는 것으로 오해를 받게 된 것이다. 그것을 기복 신앙으로 몰아서는 안 된다. 오히려 토착화의 시각에서 보는 것이 바람직하다. 순복음교회가 기독교의 진리에 우리나라 사람들의 옷을 입혀 선보였다고 해야 옳을 것이다. 그래서 누구나 친숙하게 교회에 들어올 수 있도록 했고, 그 결과 다른 어떤 교회들보다 더욱 급성장할 수 있었다.

(2) 오중복음적 토착화의 결실

① 영혼 구원과 교회성장

조용기 목사는 한국적 상황에서 독특한 순복음 신앙을 발전시킴으로써 복음의 토착화를 이루었다. 그의 신관은 좋으신 하나님(마태복음 7:11)과 주권적인 하나님(다니엘 4:17), 이 두 가지로 요약되며, 목회 철학은 현재적 하나님의 선하심을 바탕으로 이루어진다. 복음이란 절대 절망의 사람들에게 절대 희망을 제시하는 것이다. 배고픈 자에게 돌이 아닌 빵을 주는 복음, 그것이 바로 순복음이라고 할 수 있다. 여러 가지 질병을 하나님의 능력으로 고침 받은 조용기 목사는 목회 현장에서도 기도와 신유를 강조함으로써 놀라운 교회성장을 이루었다. 성령 체험과 기도 운동, 구역 조직과 평신도의 활용 등 포괄적인 것들이 한국 교회 오순절 운동의 토착화를 이룬 요소라고 할 수 있다.[200] 한국인의 심성, 사회적 여건 등의 요인들은 한국 교회가 성장할 수 있는 좋은 조건이었지만 실제적으로 교회를 역동적으로 움직여 급성장을 가져온 직접적인 원인으로는 볼 수 없다. 왜냐하면 똑같은 상황에서도 급성장한 교회가 있는가 하면 그렇지 못한 교회가 있기 때문이다.[201] 오순절 신학자인 이재범 교수는 그의 박사 학위 논문에서 한

천막 교회 시절 조용기 목사와 성도들

여의도순복음교회 변천사

국 교회의 일반적인 성장 요인을 문화적, 사회적, 방법론적, 경제적, 정치적 이유 때문이라고 말하면서, 특히 한국 교회를 급성장시킨 원동력은 각 교회의 내적 역동성에 있음을 주시해야 한다고 말하고 있다.202)

한국 교회가 세계의 다른 어떤 교회보다도 급성장할 수 있었던 직접적인 요인은 오순절적인 시각으로 설명할 수 있다. 베드로가 3천 명, 5천 명을 회심시켰던 그 내적인 역동성이 오순절 운동의 근간이 됨으로써 오순절 운동이 강한 곳에서 교회도 더욱 빠르게 성장하고 있다. 실제로 오순절 운동을 직접적으로 전개하거나 그와 똑같은 스타일로 성장을 추구하는 교회가 그렇지 않은 교회보다 성장 속도가 현저히 빠른 것을 보면 그러한 사실을 확실히 알 수 있다. 그러므로 오순절 운동은 한국 교회의 성장에 직접적으로 혹은 간접적으로 크게 영향력을 미치고 있다고 보아야 한다.203)

② 봉사 활동

우리나라는 모든 면에서 문자 그대로 눈부신 발전을 이루어 왔다. 그러나 아직도 우리 주변에는 불우하게 살아가고 있는 사람들이 적지 않다. 그러므로 먼저 전 교회적 차원에서 이들에게 사랑을 베풀어야 한다. 예를 들어 연고가 없는 노인들을 위해 양로원을 비롯한 복지 타운을 짓는다거나, 불우한 근로 청소년들을 위해 숙소를 마련해 준다거나, 끼니를 잇지 못하는 이들을 위해 먹을 것을 나누어야 할 것이다.204)

이제 내 교회, 내 교단의 부흥과 확장만을 추구하던 시기는 지났다. 하나님으로부터 받은 놀라운 복에 대한 진정한 감사가 사회 속 열매로 맺어지지 않는다면 하나님은 촛대를 옮기실지도 모른다. 우리 사회는 여전히 죄로 물들어 가고 빈부 격차는 심해지기만 하는데 크리스천은 과연 무엇을 하고 있느냐는 질문에 떳떳이 답할 수 있는 한국 교회가 되어야 한다.205)

여의도순복음교회는 오래전부터 교회가 선교의 사명과 함께 지역 사회의 구제와 봉사에도 적극적으로 참여해야 함을 인식하여 대대적인 구제 활동을 전개하고 있다. 엘림복지타운 운영, 농어촌 진료, 심장병 어린이 수술, 사랑의 헌혈 운동, 사랑의 구호품 전달 등을 그 실례로 들 수 있다.206)

최근에는 '사랑과행복나눔재단'을 설립하여 더욱 활발한 운동을 전개하고 있으며, '평양조용기심장병원' 건축과 NGO 단체인 '굿피플'을 통해 북한 선교 및 탈북자 지원에도 힘을 쏟고 있다.

굿피플 의료 봉사 모습

2 목회적 적용

(1) 목회의 의미

'목사'(Pastor)의 어원을 살펴보면 목회의 의미를 이해하는 데 도움이 된다. Pastor는 헬라 어 '포이멘'을 번역한 것인데, 이는 '먹이다', '보호하다'라는 의미의 어근에서 유래한 것이다.207) Pastor는 근원적으로 이스라엘 민족의 생활 수단이었던 목양술에서 비롯되었다고 보는 견해도 있다.208) 목회는 교회에 봉사하는 일로서 목회자가 실행하는 모든 행위를 가리킨다. 즉 설교, 성례전 집행, 교회의 관리와 운영, 평신도 지도, 교육의 모든 것을 망라한다.

이러한 목회에 의해 개인 영혼의 성장과 발달, 치유, 구원을 중요시하고 이에 대한 특별한 배려를 강조하는 관점이 있다. 그것을 '영혼을 돌보심'이라고 한다.209) '먹이고 보호한다.'라는 말은 폭넓은 개념으로서 양을 먹이고 보살피는 것으로 생각할 수 있을 것이다. 목회는 인간의 영혼을 돌봐 주는 일이다. 그런데 목회가 관심의 대상으로 삼는 영혼은 인간 속에 있는 영적인 것뿐만 아니라 성서가 말하는 대로 하나님의 다스림을 받기 마련인 몸과 영혼과 정신이 하나가 된 인격적인 전인으로서의 영혼인 것이다.210)

예수님의 사역을 보면 예수님은 영혼만이 아니라 몸까지도 포함하는 전인에 관심을 가지고 계셨다. "예수께서 모든 도시와 마을에 두루 다니사 그들의 회당에서 가르치시며 천국 복음을 전파하시며 모든 병과 모든 약한 것을 고치시니라."라고 한 마태복음 9장 35절을 보면 예수 그리스도는 이 지상에서 사역을 할 때 세 가지 주요 활동에 초점을 맞추셨음을 알 수 있다. 즉 가르치셨고(taught), 설교를 하셨고(preached), 병자를 고치셨다(healed). 그러므로 가르침과 설교와 치유를 예수 그리스도의 3대 사역이라고 할 수 있겠다. 예수의 목회는 치유이며, 관심이고 사랑인 것이다.[211]

(2) 목회에서의 오중복음과 삼중축복

"우리가 목회하고 있는 현시대는 무신론, 현대주의 및 신신학적 고등 비평, 잡다한 신비주의와 이단들로 미로의 정글을 이루고 있다. 이 소용돌이 속에서 유일한 길이요 진리요 생명 되신 예수님과 그의 구원에 대한 요동치 않는 확신이 없이는 결코 성공적인 목회와 교회의 성장을 가져올 수 없다."[212]라고 말한 조용기 목사의 목회 철학은 오중복음과 삼중축복으로 목회 현장에서 구체화되었다. 오중복음은 복음 자체에 대한 이해요, 삼중축복은 복음을 받은 결과에 대한 설명이다. 그러므로 오중복음이 순복음 신학의 이론과 교리라면, 삼중축복은 순복음 신학의 실천과 적용 부분이라고 말할 수 있다.[213]

1960년대 전까지만 해도 한국 교회의 성서를 보는 눈은 너무나 어둡고 율법적이며 의무적인 윤리에 제한되어 있었다. 60년대 후반부터 근대화의 합창이 울려 퍼지기 시작하면서 수많은 공장들이 쉴 새 없이 굴뚝의 연기를 토해 내자, 피난처에서 하늘의 위로만 기다리던 성도들은 이 세상이 저주의 도시만은 아니라고 느끼기 시작했다.

  1970년대는 적극적인 사고방식의 시대였다. 이에 발맞추어 성서를 보는 눈도 긍정적인 관점을 갖게 되었다.[214] 이 시기에 조용기 목사가 성서를 긍정적인 방향에서 해석하게 된다. 그의 신관은 과거의 엄위하신 하나님에 대한 견해와는 달리 좋으신 하나님을 설명하고 있으며, 건강의 복을 강조하면서 하나님 안에서 물질의 복을 받는 비결을 실제적으로 교육했다. 조용기 목사의 공헌은 한국 교회로 하여금 성서를 적극적인 면에서 보게 한 점이다. 그 결과로 한국 교회가 큰 성장을 이루게 되었다고 할 수 있다.[215]

십자가, 순복음 신앙의 뿌리
Part 3. 전인구원에 대한 신학적 근거는 무엇인가?

Chapter 1 전인구원의 신학에 대한 이해

하나님은 영생을 주실 뿐만 아니라 현재의 삶에 복을 주시고 건강을 주시는 전인구원의 하나님이다. 전인구원의 신학의 이론적 틀을 형성하는 오중복음의 신학은 오순절 신학과 복음주의 신학의 흐름을 종합 발전시킨 통합적 신학으로서 복음적 은사주의의 신학이다. 하나님의 주권을 강조하고 복된 하나님 말씀을 땅끝까지 전파하는 것을 목적으로 삼는 복음주의의 요소가 오중복음의 기저에 깔려 있다. 또한 성령 주도의 사역을 강조하는 오순절적인 기조에 근거하여 성부 하나님과 성자 예수님에 대한 신학적 입장들을 성령론적으로 통합한다.

Chapter 2 오중복음과 삼중축복의 실천 신학적 적용

여의도순복음교회는 기독교의 진리를 한국적 상황에 맞는 순복음 신앙으로 승화하여 누구나 친숙하게 교회에 들어올 수 있도록 했고, 그 결과 다른 어떤 교회들보다 더욱 급성장할 수 있었다. 이러한 목회 철학은 오중복음과 삼중축복으로 목회 현장에서 구체화되었다. 오중복음은 복음 자체에 대한 이해요, 삼중축복은 복음을 받은 결과에 대한 설명이다. 그러므로 오중복음이 순복음 신학의 이론과 교리라면, 삼중축복은 순복음 신학의 실천과 적용 부분이라고 할 수 있다.

민경배 교수가 바라본 순복음의 삼중축복
민경배 교수(백석대학교 석좌교수)

여의도 순복음교회는 세계 최대 제일의 교회로 자리 잡은 지 오래입니다. 사실 여의도순복음교회가 그 성장과 발전에 이 삼중축복(영적 축복, 환경적 축복, 육체적 축복)의 영향이 얼마나 컸었던가 하는 것은 누구나 다 잘 알고 있습니다. 그리고 그 메시지는 그 교회가 성장한 시대적 배경인 한국 현대사 모든 계층에게 희망과 확신 그리고 감격과 용기를 불러 일으켰던 시대적 메시였습니다. 그렇게 한 것이 한국을 세계적 국가로 부상하게 한 원동력이 되었던 것입니다.

기독교의 신앙은 우리 예수님의 성육신에 집중되어 있습니다. 하나님의 아들이 이 역사 안에, 이 인간의 생활 속에 사람의 모습으로 육신을 입고 오신, 그 성육(成肉)에 핵심을 두고 있습니다. 기독교는 역사의 종교요 이렇게 살아 있는, 이 세상의 종교입니다. 영혼만의 종교, 육신을 무시한 그런 종교는 초대 교회 때에 노스티시즘(Gnosticism)이란 이름으로 나타났다가 우리 기독교 역사 최초의 이단으로 정죄를 받은 바 있습니다.

기독교는 이렇게 희로애락 생로병사의 사람들, 영과 육을 동시에 가진 인간들을 위하는 복음이기 때문에 보편적인 세계의 신앙으로 자리 잡을 수 있었습니다. 여의도 순복음교회는 이런 메시지를 한국에서는 처음으로 정확하게 찍어서 구체적으로 그 핵심을 강조하고 전하였기 때문에 그런 대성을 이룰 수 있었다고 봅니다. 더구나 그 시대는 그런 메시지가 간절하던 때였습니다. 그런 시대에 여의도순복음교회가 예언자처럼 나서서 그 복음을 집중적으로 외쳤던 것입니다. 전란의 아픔과 경제적 시련이 클 때에 멸망의 성읍을 이야기하지 않고, 오히려 현실 속에서의 인간의 삶과 그 신앙 축복을 이야기했던 것입니다.

이와 같이 순복음의 삼중축복은 우리 현대사에 꼭 필요했던 예언이었을 뿐만 아니라 기독교의 핵심적인 복음을 정확히 짚어내는 공헌을 했다는 데서 큰 의미가 있습니다.

Part 4

오중복음과 기독교 윤리

오중복음의 기독교 윤리는 한마디로 성령론적 윤리이다. 즉, 성령충만 받은 성도는 거룩한 삶, 즉 윤리적 삶의 열매를 맺게 되는 것이 성경의 가르침이다. 또한 이는 교회의 사회적 참여의 근거를 제공하기도 한다. 이런 이유로 순복음 신앙은 '나누어 주는 신앙'의 고백을 강조하며 각계각층의 이웃에게 사랑을 전하는 활동을 활발히 전개하고 있다. 이 장에서는 오중복음의 기독교 윤리적 측면을 살펴봄으로써 순복음 신앙이 우려와는 달리 매우 균형 잡힌 신앙이라는 것을 밝히고자 한다.

Chapter 1.
오중복음과 기독교 윤리학적 본질

Chapter 2.
오중복음의 기독교 윤리학적 특징

Chapter 3.
오중복음과 사회 윤리

Chapter 4.
오중복음과 사회 참여

Chapter 1

오중복음과
기독교 윤리학적 본질

1   기독교 윤리의 정의

    기독교 윤리란 사회 속에서 개인의 전반적인 삶에 적용되고 성령의 능력에 의해 실제화 된 예수의 도덕적 모범과 가르침에 관한 설명이라고 할 수 있다.[216] 기독교 윤리는 다른 윤리와는 달리 예수 그리스도의 말씀과 행적에 대한 믿음에 기초하고 있다. 즉 기독교 신앙의 토대 위에 성립하는 것이다.

Chapter 1. 오중복음과 기독교 윤리학적 본질

　기독교 신앙이란 예수 그리스도가 우리의 구주이심을 받아들이는 것이며, 예수 그리스도가 신앙의 모든 것이 되는 데 있다. 예수 그리스도가 우리 삶의 알파요 오메가가 되신다. 그리스도인들의 삶은 예수 그리스도로 시작하고 예수 그리스도로 결론 맺어야 한다. 모든 인간관계에서 일어나는 도덕적 행위는 예수 그리스도의 빛에 비추어 생각해야 한다. 도덕적 문제에 직면했을 때 그리스도는 이 문제를 어떻게 생각하실까 하는 관점에서 바라봐야 하는 것이다.

　그리고 이것은 곧 도덕적 행위가 예수 그리스도의 생각, 즉 하나님의 특별 계시인 성경에 의해 검토되어야 한다는 것을 의미한다. 자신이 하고자 한 행위가 그리스도께서 하시고자 하는 대로 이루어졌는지를 생각해 보고 그 해답을 얻어야 하는 것이다.

　인간은 이성적이며 도덕적인 존재다. 지능을 가졌으며 양심 또한 가지고 있다. 그러므로 인간은 도덕적 행위에 있어 그것이 무엇인지를 찾을 뿐만 아니라 마땅히 무엇을 해야 할 것인지를 주장한다. 인간은 사상과 함께 이상도 가지고 있다. 그렇기에 반성과 사색과 숙고를 하며 그 이상에 도달하려는 노력을 한다.

　윤리학이 이러한 인간 경험의 도덕적 행위에 대해 비판적으로 연구하는 규범적 학문이라면 특히 하나님의 특별 계시를 기초로 하고 예수 그리스도의 가르침을 주제로 하고 있는 기독교 윤리는 매우 중요한 의미를 지닌다. 무엇보다 오늘날의 사회는 도덕적 타락이 극에 달하고 있다. 교회들은 교리와 신학 논쟁으로 힘을 소모하고 있고, 여기에 수반되는 윤리 문제에 대해서는 별로 관심을 기울이지 않고 있다. 지금 이 시대가 봉착한 도덕적 위기는 도덕의 주창자 되신 그리스도에 의해서만 해소될 수 있다.

오늘날의 윤리학은 인본주의적이며 반기독교적인 경향을 띠고 있다. 심지어는 그리스도인들 가운데서도 기독교적인 도덕적 윤리에서 떠나 생활하는 사람들이 많이 있다. 이와 같은 상황 속에서 많은 사람들이 뚜렷한 윤리 기준을 찾지 못해 방황하고 있다. 그러므로 참으로 성서적인 기독교 윤리를 제시하고, 그에 따라 주님이 원하시는 바른 삶을 살도록 하는 것은 오늘날 교회가 직면한 중요한 과제라 하지 않을 수 없다.

2. 오중복음의 윤리

오중복음은 다른 말로 '순복음'(純福音) 혹은 '충만한 복음'(Full Gospel)을 뜻한다. 이는 창세기부터 요한계시록까지 기록된 하나님의 말씀과 예수 그리스도의 온전한 복음을 성령으로 말미암아 우리의 신앙과 생활에 충만케 하는 복음이다.217)

오중복음의 첫째는 타락으로 하나님과의 교제를 상실한 채 죽음의 존재가 된 인간이 예수 그리스도를 믿음으로써 새로운 생명을 얻게 된 중생의 복음이다. 둘째는 예수 그리스도를 믿은 후 성령의 능력으로 성결하게 살아가며 참다운 그리스도의 증인이 되는 삶을 얻는 성령충만의 복음이다. 셋째는 주님이 인간의 연약함을 담당하시어 모든 질병을 치유하신 바 구원 받은 성도로서 이 땅에서의 질병에서 놓여나 건강하게 살아갈 수 있는 신유의 복음이다. 넷째는 구원 받은 성도가 정직하고 근면하며 충성된 생활을 할 때 가난과 저주에서 풀려나 풍성한 복을 받으며 또 그것을 이웃에게 나누어 주는 축복의 복음이다. 다섯째는 그리스도인으로서 날마다 하늘나라를 소망하며 모든 고통을 이기고 그리스도의 재림을 대망하며 미래 지향적인 삶을 살게 되는 재림의 복음을 말한다.

이와 같이 오중복음은 성서의 부분적이고 편협적인 측면만 다루는 것이 아니라 성서 전반을 포괄하며, 인간의 전인적인 구원을 명확히 제시하고 있다. 또한 오중복음은 신앙과 생활이 유리되지 않게 긴밀히 통합하여 잘 조화시키므로 실제적인 삶에 훌륭히 적용되는 실제적인 복음이라 할 수 있다. 오중복음이 실제적인 삶과 연관되는 '삶의 복음'인 한 이는 인간의 실존적인 문제들을 다루는 복음으로서 인간 행위의 가치문제를 다루는 윤리적인 물음과 무관할 수 없는 것이다.

3. 윤리적 장(場)으로서의 삼중축복

(1) 오중복음과 삼중축복의 관계

오중복음, 즉 중생, 성령충만, 신유, 축복, 재림, 이 다섯 가지 순복음의 주제는 분명한 성경적 근거를 지니고 있는 신앙 이론이다. 어떠한 교리나 신앙 이론도 그 기초와 근본이 성경에서 벗어난 것이라면 그것은 예수 그리스도의 복음이라고 할 수 없으며 하나님의 뜻이라고도 할 수 없다. 그것은 마치 모래 위에 쌓은 집과 같아서 기초를 이루지 못한다.

순복음의 신앙에 있어 오중복음이 그 신앙의 이론(theory)과 교리(doctrine)라고 한다면, 그것을 실천하는 실제(practice)와 적용(application)이 곧 삼중축복이다. 삼중축복은 요한3서 1장 2절, 곧 "사랑하는 자여 네 영혼이 잘됨 같이 네가 범사에 잘되고 강건하기를 내가 간구하노라."의 말씀으로 집약된다. 인간이 영적으로 먼저 하나님과 올바른 관계를 유지하면 육체적 건강과 더불어 범사, 곧 환경적으로도 복을 받게 되므로 인간은 정신적, 육체적, 생활적, 즉 전인적인 구원을 얻게 되는 것이다.

이러한 삼중축복은 오중복음의 요소를 모두 내포하고 있는 바 중생의 복음, 성령충만의 복음, 천국과 재림의 복음은 영혼의 복(영혼이 잘됨 같이)의 기반이 되고, 축복의 복음은 생활의 복(범사에 잘되며)의 기반이 되며, 신유의 복음은 건강의 복(강건하기를 간구하노라)의 기반이 된다고 볼 수 있다.

이런 관점에서 삼중축복은 오중복음의 실천의 장(場)이라고 할 수 있다. 윤리의 문제는 '인간은 무엇을 해야 하는가?'에 대한 관심의 문제다.[218] 즉 인간 행위의 실천적 측면을 다루는 것이라고 볼 때 오중복음의 윤리는 바로 그 실천적 적용의 장인 삼중축복에서 보다 분명히 찾아볼 수 있다.

(2) 윤리의 장(場)으로서의 삼중축복

인간에게 삼중축복이 필요한 것은 앞에서 거론한 바와 같이 인간의 타락이 삼중의 형벌을 가져왔기 때문이다. 타락한 인간은 필연적으로 그 형벌을 면치 못하게 되었지만 예수 그리스도로 말미암아 구원을 얻게 되었다. 그리고 그 구원은 삼중형벌에 대한 회복, 즉 삼중축복으로 나타나게 되며 그것을 가장 잘 표현하고 있는 말씀이 바로 요한3서 1장 2절인 것이다.

① 영적인 축복

창세기 2장 16절과 17절은 이렇게 기록하고 있다.

"여호와 하나님이 그 사람에게 명하여 이르시되 동산 각종 나무의 열매는 네가 임의로 먹되 선악을 알게 하는 나무의 열매는 먹지 말라 네가 먹는 날에는 반드시 죽으리라 하시니라."

선악과를 먹었을 때 아담과 하와는 하나님의 예언대로 영적으로 죽게 되었다. 영적으로 죽는다는 것은 하나님과 분리되고 관계가 단절된다는 것을 의미한다. 그러므로 인간은 하나님과 단절되어 영원히 죽을 수밖에 없는 존재가 되었다.

인류 최초의 비극인 선악과 사건은 모든 인간이 필연적으로 죽을 수밖에 없음을 보여 준다. 왜 인간에게 죽음이 다가오게 되었는가? 그것은 선악을 알고자 했고 또 선악을 지배하고자 했기 때문이다. 즉 자신의 판단에 의해 선과 악을 분별하고자 했던 인간의 행위가 결국 죽음의 역사로 귀결되었다. 그런데 이 죽을 수밖에 없는 인간은 어떻게 되는가? 죽을 수 밖에 없는 인간의 실존 앞에 등장한 가장 절실한 문제는 바로 삶이다. 죽음을 피할 수 없게 된 인간이 다시 살 수 있는 길 - 다시 새롭게 살게 되는 것 - 이 바로 복음이다.

요한3서 1장 2절은 먼저 '영혼의 잘됨'을 말하고 있다. 하나님과의 관계가 단절되어 영적으로 죽을 수밖에 없는 인간에게 영혼의 잘됨과 회복을 말하고 있다. 왜 영혼이 잘되어야 하는가? 영혼은 영원하기 때문이다. 인간의 생활과 육체는 이 땅에 사는 동안 잠깐 존재하다가 없어지지만 영혼은 결코 사라지지 않는다. 그러므로 이 영혼의 삶이 가장 선행되어야 하는 것이다. 예수 그리스도를 믿음으로써 영적으로 구원을 얻어 영원한 삶의 문제를 해결해야 한다는 당위, 이것이야말로 삼중축복의 가장 우선적인 주제이며 가장 절실한 윤리 문제인 것이다.

② 육체적 축복

창세기 3장 19절은 이렇게 기록하고 있다.

"네가 흙으로 돌아갈 때까지 얼굴에 땀을 흘려야 먹을 것을 먹으리니 네가 그것에서 취함을 입었음이라 너는 흙이니 흙으로 돌아갈 것이니라 하시니라."

하나님은 타락한 인간에게 일정한 기한을 주시면서 그 기한을 다 살고 난 다음에는 흙으로 돌아가라고 명령하셨다. 그리고 인간의 육체가 흙으로 돌아가는 것, 곧 죽음의 출발이 병으로 다가오게 되었다. 그래서 갖가지 비극적인 질병이 인간의 육체에 붙어 인간의 삶을 도적질하고 파괴시켜 끝내는 흙으로 돌아가게 만든다. 이러한 고통의 삶은 오늘날 모든 인류의 현실이다. 병과 고통의 문제야말로 현실 세계에서 극복되어야 할 중요한 윤리적 과제다. 그런 만큼 요한3서 1장 2절에서 "강건하기를 간구하노라."라고 하신 말씀은 인간이 질병에서 해방되어 건강하게 살아야 한다는 윤리적 가치관을 제시하고 있다.

오늘날 건강 문제만큼 인간에게 절실한 것도 없을 것이다. 몸이 건강할 때 비로소 인간다운 삶을 영위할 수 있으며 하나님의 자녀답게 살아갈 수 있다. 그래서 주님은 인간의 건강 문제에 깊은 관심을 가지고 지상 사역의 많은 부분을 그것에 할애했으며, 제자들에게도 복음 증거 시에 병든 자를 치료할 것을 누누이 당부하셨다.

그리고 그 자신이 온몸에 채찍을 맞는 수난을 당하심으로써 이 질병의 문제를 해결하셨던 것이다(이사야 53:5).

③ 환경적 축복

창세기 3장 17절과 18절은 이렇게 기록하고 있다.

"아담에게 이르시되 네가 네 아내의 말을 듣고 내가 네게 먹지 말라 한 나무의 열매를 먹었은즉 땅은 너로 말미암아 저주를 받고 너는 네 평생에 수고하여야 그 소산을 먹으리라 땅이 네게 가시덤불과 엉겅퀴를 낼 것이라 네가 먹을 것은 밭의 채소인즉"

아담과 하와의 타락으로 땅이 저주를 받아 가시와 엉겅퀴를 내게 되었다. 이때부터 오늘날까지 인간의 삶에 저주와 가시와 엉겅퀴가 돋아나지 않는 곳이 없게 되었다. 역사 이래 수많은 불모지가 생기고 사람이 이용할 수 없는 자연환경이 나타나게 된 것은 이와 같은 땅의 저주에서 비롯된다. 오늘날 땅이 죽어 가고 강물이 썩고 공기가 오염되어 생태계가 파괴되는 등 날로 심각해지고 있는 환경 문제 또한 여기에 기인한다. 이 환경적 문제는 많은 윤리 문제를 수반한다.

이러한 환경적인 문제에 대해 요한3서 1장 2절은 "범사에 잘되고"라고 기록하고 있다. 복음은 이 환경의 문제도 하나님이 창조할 당시의 모습으로 새롭게 회복되어야 함을 말하고 있다. 인간의 구원의 문제는 환경의 회복까지도 포괄하는 것이다. 즉 구원 받은 자들이 끊임없이 하나님의 말씀에 입각하여 살아갈 때 환경적인 모든 문제도 성서적인 관점에서 해결될 수 있다는 것을 보여 준다.

(3) 가치론적인 문제로서의 삼중축복

삼중축복의 윤리는 사실적이라기보다는 가치론적인 문제다. 요한3서 1장 2절은 "사랑하는 자여 네 영혼이 잘됨 같이 네가 범사에 잘되고 강건하기를 내가 간구하노라."라고 하여 먼저 영혼이 잘된 후에 범사가 잘되고 강건해진다고 했다. 영혼이 잘된다는 것은 인간이 하나님과 올바른 관계를 설정해야 한다는 것을 의미한다. 인간의 윤리적 가치문제는 하나님과의 관계에서 비로소 그 의미를 갖게 된다. 그러므로 리처드 니이버(H. Richard Niebuhr)는 "가치는 하나님과의 관계에서 가치가 된다."라고 말하고 있다.[219]

또한 요한3서 1장 2절의 '간구한다'(εὔχομαι)는 말은 '기도한다', '희구한다'는 뜻으로 삼중축복은 모든 인간이 추구해야 할 바람직한 삶의 상태임을 말해 준다.

즉 삼중축복은 하나의 사실로서 단순한 현상에 머물러 있는 것이 아니라 발전적이고 역동적이며 과정적인 개념으로서 우리가 추구해야 할 윤리적인 가치의 문제다.

Chapter 2

오중복음의 기독교 윤리학적 특징

오중복음의 기독교 윤리학적 특징은 한마디로 성령론적 윤리라고 말할 수 있다. 오중복음은 성령충만의 복음을 내포하고 있는 바 구원 받은 성도가 주님의 뜻 가운데 올바르게 살아가기 위해서는 성령의 절대적인 도우심에 의존해야 한다. 성령은 성도로 하여금 죄를 이길 힘을 주시고 거룩한 생활을 하게 하신다. 뿐만 아니라 하나님과 이웃을 온전히 사랑하게 되어 장성한 그리스도인의 분량으로 자라게 한다. 이와 같이 성령은 기독교인이 윤리적으로 바르게 생활할 수 있도록 가르치고 도와주신다. 이것이 바로 성령론적 윤리가 등장하게 되는 배경이다. 그렇다면 과연 성령론적 윤리가 무엇인지 종래의 신론적 윤리 및 기독론적 윤리와 비교하여 살펴보기로 한다.

1 신론적 윤리

서구 2천 년의 윤리 사상이나 기독교 윤리의 주요 관심사는 언제, 어디서나, 누구에게나 똑같이 적용할 수 있는 객관적이고 보편적인 원칙이나 규범을 설정하는 문제에 집중되었다. 이렇게 규범이나 원칙 설정에 초점을 두는 윤리를 가리켜 '규범적 윤리'라고 한다.

규범적 윤리의 장점은 윤리적 결단을 내림으로써 분명하고 뚜렷한 방향과 지침을 제시하여 일관된 윤리적 행위를 하도록 하는 것이다. 신학의 입장에서 말한다면 이것은 초월적인 하나님의 이해에서 시작하여 초월적 규범의 설정으로 나아가기 때문에 '신론적(神論的) 윤리'라고 한다.[220]

이러한 신론적 윤리는 인간의 행동에 귀중한 지침과 표준을 제공한다. 특히 윤리는 나만의 문제가 아니며 이웃과 공동체 속에서 이루어지는 것이기 때문에 모두가 다 시인하고 지켜야 하는 보편적인 법칙이나 규범은 꼭 있어야 한다. 그런데 여기서 문제가 되는 것은 일반적이고 객관적인 규칙이나 질서는 차이점을 극소화하고 공통점을 극대화하기 때문에 구체적이고 특수한 상황을 등한시하게 된다는 점이다. 그래서 보편적 규범의 강조가 특정한 경우에서는 때때로 형식주의와 율법주의로 나타나게 된다. 즉 신론적 윤리의 문제점은 특별한 상황을 고려하지 않기 때문에 윤리적 주체의 자율성을 해치게 된다는 데 있다.

이런 관점에서 현대 기독교 윤리는 규범 윤리, 즉 신론적 윤리에 크게 반발하고 나서게 되었다.[221] 결국 신론적 윤리는 분명한 행동의 방향과 원칙을 가르쳐 주는 데 큰 공헌을 하긴 했으나 행동의 주체로서의 인간과 그 행동이 일어나는 상황에 대해서는 무관심하거나 아예 외면했다는 사실 또한 부인할 수 없다.

2. 기독론적 윤리

윤리적인 결단과 행동을 위해 규범과 원칙이 요구되는 것은 당연하다. 그러나 그런 윤리적인 형식은 보다 중요시되어야 할 인간 자신의 변화와 해당 상황의 문제를 무시한다는 데서 강한 비판과 공격을 받게 된다. 인간이 너무 외적인 규범이나 제도의 노예가 되어 자유로운 주체로서 행동하기가 힘들다는 것이 그 이유다. 신론적인 윤리에서는 기독교가 타율적인 규범의 문제에만 치중하여 행동의 주체로서의 도덕적 자아 형성의 문제를 등한시했다. 윤리적 행동이란 그 주체인 인간이 하는 것이고, 특히 기독교의 복음주의적 입장에서 본다면 억지로 할 수 있는 것이 아니라 스스로 자유롭게 해야 하는 것이므로 인격 변화의 문제는 대단히 중요한 것이다. 다시 말해서 구원을 받고 의롭다 여김을 받은 사람이라면 그 구원으로 선한 열매를 맺어야 한다는 뜻이다. 타율적인 규범이나 율법주의적인 강제는 있을 수 없다. 원하지도 않으면서 억지로 행하는 행동은 복음에 위배된다.[222]

그렇다면 어떻게 해야 선한 행동을 스스로 할 수 있을까? 여기서 기독론적인 윤리가 형성된다. 그리스도를 통한 도덕적 주체성의 확립이 그것이다. 기독론적 윤리 체계는 선목선실설(善木善實設)에 기초하고 있다. '선한 나무가 되지 않으면 선한 열매를 맺을 수 없다.'는 것이다. 즉 윤리적 근거는 먼저 개인의 변화에 있으며, 윤리의 핵심적 과제는 선한 윤리적 결실을 가져올 수 있는 도덕적 주체성의 확립에 있다는 뜻이다.[223]

기독론적 윤리는 형식주의와 율법주의에 빠지기 쉬운 신론적 윤리의 막힌 담을 뚫고 창의적인 윤리 체계를 마련해 주었다는 점에서 그 공이 크게 인정된다. 그러나 기독론적인 윤리는 동시에 윤리적 상대주의를 낳게 하여 혼돈과 무질서를 가져왔다. 한 사람이 당면하는 상황이 너무나 독특하여 그 자신만이 주체적으로 결단할 수 있다고 하면서 표준과 기준이 없는 윤리적 주체주의를 초래하

게 되었던 것이다. 즉 신론적 윤리가 율법주의에 빠질 위험성이 있
다고 한다면 기독론적 윤리는 상대주의와 윤리적 아노미(anomie)
에 빠질 위험성이 있다. 따라서 새로운 윤리적 방향의 설정이 필요
해지는데, 그것은 자율과 타율을 모두 극복할 수 있는 신률적(神律
的)인 것이어야만 한다.[224]

3 새로운 윤리의 요청

    신론적 윤리가 타율성에 빠질 위험이 있고 기독론적인 윤리가
자율성에 도취될 위험이 있다면, 이 두 가지 폐단을 극복할 수 있
는 길을 찾는 것이 기독교 윤리가 당면한 과제다. 시간적으로 말한
다면 신론적 윤리는 과거 지향적이고, 기독론적 윤리는 현대 지향
적인 입장이기에 이 문제는 미래 지향적이며 그와 관련된 윤리를
바탕으로 해결을 모색해야 한다. 즉 과거에 얽매이지도 않고 현재
에 매몰되지도 않은 채 앞을 바라보며 미래 속에서 종합적인 해결
책을 강구해야 하는 것이다. 신학적으로 본다면 미래라고 하는 것
은 성령의 역동적인 사역과 관계하고 교회와 관계하며, 그 미래에
대한 물음들도 종말론적으로 해결되는 것이다. 따라서 그 새로운
방향성은 성령론적인 형태를 취하게 된다.[225]
    일반적인 신학적 윤리의 경향을 보면, 과거 지향적이었던 신론

적 윤리의 형식주의와 율법주의를 벗어나려고 하는 현재 지향적 기독론적 윤리는 개체적 존재가 실존하는 현실에서부터 시작하여 사회적, 경제적, 정치적 현실에까지 확장되었다. 그리하여 정치 경제적인 권력들과 과감하게 대립되는 입장을 취했는데, 여기서 한계점에 이르게 되었다. 그래서 교회는 다시 순수한 종교적 영역으로 돌아가 정신적인 운동으로 자체 정비를 할 수밖에 없게 되었다.[226]

인간이 의욕적인 행동과 활동을 하다가 막다른 골목에 부딪혀 자신의 한계를 절실히 느끼게 되면 결국 하나님의 권능이 임할 것을 갈망하게 된다. 이때 성령의 역사에 호소하는 새로운 방향이 설정될 수 있다. 이런 여러 가지 각도에서 검토해 볼 때 신학적으로나 윤리학적으로나 또는 현실 참여적인 입장에서 보더라도 성령론적인 윤리의 대두는 불가피하며 여기에 현대 기독교 윤리의 출구가 있다고 하겠다.[227]

4. 성령론적 윤리

근래에 와서 두드러지게 나타나는 현대 교회의 특색이 있다면 그것은 성령에 대한 새로운 인식이다. 성령 운동이 각처에서 교파를 초월하여 일어나면서 성령론에 대한 관심이 전반적으로 파급되고 있는데, 이로써 오늘날 성령님이 얼마나 자기 백성에게 크게 역사하고 계시는지를 알 수 있다. 따라서 기독교 윤리를 성령론적으로 고찰한다는 것은 그 의미가 매우 크다 하겠다.

(1) 성령론적 윤리의 가능성

너무 극단적인 신론적 윤리는 인간의 자율성을 해치고, 타율적이거나 율법주의에 빠질 우려가 있다. 반면에 인간성의 실현을 주장하는 기독론적 윤리는 인간 자체를 그대로 표현하면 그만이라는 생각에 무율법주의나 방종에 빠지기 쉽다. 따라서 자율과 타율의 양극화를 해결하거나 명령과 표현을 종합하는 것이 성령론적 윤리의 출발점이 되는 것이다.[228]

성령론적 윤리는 인간에 대한 이해가 관계에 있다는 데 착안하여 인간이 하나님과의 관계 속에 존재한다는 사실은 곧 인간이 성령과의 관계 속에 있음을 의미한다고 본다.[229] 즉 개신교에서의 성령 이해는 단순히 심리적인 것이 아니요 인격적인 것이며, 인격적인 성령이 우리 안에 임해야 한다는 것이다. 성령론적 입장에서 본다면 윤리적 주체는 존재론적이 아니라 관계론적이다. 하나님은 인간을 초월하여 존재하시며 인간에게 명령을 내리는 입장에서 우리 밖에 계신 분이다. 그러나 인간 안에서 역사하시는 하나님은 우리 안에서 능력으로 작용하시는 내재적인 하나님이시다.

인간은 구원 받아 선한 존재가 된 후에도 완전해질 수가 없다. 우리를 위해 쉬지 않고 간구하고 도우시는 성령의 역사가 없이는 불가능하다. 그는 우리 안에서 우리를 움직이는 하나님이시다. 우리 안에 계시나 우리의 한 부분은 아니며, 그렇다고 완전히 우리 밖에 계신 분도 아니다. 우리 안에서 선한 열매를 맺게 하시는 인격적인 성령이시다. 따라서 전적으로 타율적이지도 않고 전적으로 자율적이지도 않으며, 초월적이지만도 않고 내재적이지만도 않다. 여기에 성령의 오묘한 진리가 있으며, 그렇기 때문에 성령 안에서 타율과 자율이 신률(神律)로 해결될 수 있는 것이다.[230]

이렇게 성령이 우리 안에서 역사하시어 선한 열매를 맺도록 이끄신다는 사실 속에 명령과 자기표현이 하나로 종합될 수 있는 성령론적 윤리가 형성된다. 밖으로부터의 타율도, 안으로부터의 자율도 아닌 우리 안에서 역사하시는 신률적인 성령이시다. 오늘의 기독교 윤리가 타율적인 신론적 윤리와 자율적인 기독론적 윤리 사이에 끼어 헤어날 길이 없다면 분명 성령론적 윤리가 새로운 가능성을 제시할 수 있을 것이다.[231]

(2) 성령론적 윤리의 내용

성령은 기독교인의 윤리적인 삶에 적합한 역동성을 제공해 준다. 성령의 능력 주심이 없으면 윤리학은 추상적이고 비효과적인 것으로 남게 된다. 성령과 함께해야만 예수의 윤리적 의도를 좇을 수 있는 가능성이 있다. 초기 교인들이 성령의 새로운 도덕성에 응답했을 때 그들은 당시의 인습적인 사회 기준보다 더 위로 부상할 수 있었다.

또한 성령론적 윤리는 율법주의적 도덕률 폐기론에 빠지지 않게 한다. 에밀 브루너(Emil Brunner)가 이에 대해 "성령 없는 성서가 잘못된 율법주의를 산출한다."라고 말하고 있다.[232] 성령의 사역은 항상 예수의 사역과 일치하며 또한 그 연장이다. 그러므로 성령은 주님이신 예수님과 똑같이 그의 도덕적 교훈과 조화를 이루며 활동하시는 것이다.

성령론적 윤리가 율법주의적 도덕률 폐기론에 빠지지 않게 한다는 것은 예수님이 말씀하신 바 "진리의 성령이 오시면 그가 너희를 모든 진리 가운데로 인도하시리니(요한복음 16:13)."라는 구절에 잘 나타나 있다. 이것은 좀 더 새로운 진리가 아니라 하나님의 아들에 의해 정확하고 간결하게 제시된 것과 관련된 전반적인 진리로 인도하신다는 뜻이다. 그리고 성령은 우리에게 장래의 일을 알게 하신다. 하나님의 올바른 뜻이 무엇인지 알 수 있게 하시는 것이다. 그러므로 성령의 인도하심을 받는 것은 그리스도 안에서 계시된 하나님의 뜻을 아는 지식으로 인도받는 것이다.

이와 더불어 성령론적 윤리는 성령의 활동을 통해 인간이 도덕적 결단을 할 수 있다는 사실을 보여 준다. 성령은 우리를 도우시는 영원한 동반자이시다. 그래서 칼 하임(Karl Heim)은 "성령은 우리가 예수와 직접 접촉할 수 있게 해주는 매체 혹은 연속체이며 궁극적으로 하나님에 관한 지식을 우리가 얻을 수 있도록 하는 우리의 지도자요 순간순간 접촉할 수 있는 유일한 분"이라고 말하고 있다.[233]

그리고 성령은 우리에게 하나님의 뜻을 바로 알게 해주신다. 사도 바울은 이러한 하나님의 뜻에 대한 지식의 출처를 분명히 밝히고 있다.

"하나님의 일도 하나님의 영 외에는 아무도 알지 못하느니라 우리가 세상의 영을 받지 아니하고 오직 하나님으로부터 온 영을 받았으니 이는 우리로 하여금 하나님께서 우리에게 은혜로 주신 것들을 알게 하려 하심이라 우리가 이것을 말하거니와 사람의 지혜가 가르친 말로 아니하고 오직 성령께서 가르치신 것으로 하니 영적인 일은 영적인 것으로 분별하느니라(고린도전서 2:11~13)."

그러므로 우리 시대의 윤리적인 문제들을 해결하는 데 있어 우리를 향한 하나님의 뜻을 발견하는 길은 오직 우리 안에 내재하시는 그리스도의 영을 통해서만 가능한 것이다.[234]

(3) 성령론적 윤리의 특색[235]

성령론적 윤리의 특색은 성령 사역의 그것과 직결된다. 그 특색은 다음과 같다.

① 주님의 권위와 능력에 대한 새로운 각성이다

우리는 우리의 힘으로 구원 받은 것이 아니라 하나님의 은혜로 받은 것이며, 그 하나님은 지금 이 시간에도 우리 속에서 역사하고 계신다는 믿음이다. 그러므로 언제나 하나님께 맡기며 내 힘이 아니라 성령의 힘으로 성취된다는 겸손한 태도를 지녀야 한다. 여기서 맡긴다는 것은, 자신은 아무것도 하지 않아도 된다는 뜻이 아니라 스스로 노력하고 애써서 성령이 역사할 수 있도록 준비되어 있어야 한다는 의미다.

② 영적인 갱신이다

생명력이 상실된 메마른 상태에서 새로운 기쁨과 힘이 넘치는 영적인 갱신이 성령에 의해 일어난다. 성령은 우리 안에서 역사하시는 하나님의 능력이다. 움직이는 힘이며 생명을 일으키는 권능이다. 형식화되고 제도화되고 화석화된 오늘의 교회에 새로운 힘을 불어넣는 하나님의 역사다. 따라서 역사적으로 볼 때 교회의 모든 갱신 운동은 성령과 직결되어 있다.

③ 초대 교회의 공동체에서 볼 수 있는 사랑의 교제다

일반 신비주의와 기독교 성령 운동의 근본적인 차이점은 공동체 개념에 있다. 신비주의는 종교적인 개인주의로 전락하기 쉽다. 그러나 성령 운동은 언제나 공동체 속에서 일어난다. 성령은 우리 안에서, 교회 안에서 역사하시는 하나님의 영이다. 이러한 공동체 개념은 이미 오순절 사건을 통해 그대로 나타나 있다. 마가의 다락방에 모인 사람들에게 성령의 역사가 나타난 것이다. 더구나 성령을 받은 이들은 자기의 재물을 팔아서 제자들 앞에 갖다 놓고 공동체의 삶을 살았다.

현대의 성령 운동에 있어 이 같은 신앙의 공동체가 강조되는 것은 당연한 일이다. 신학적으로는 '계약 공동체'라고 하는데, 우리가 성령을 충만히 받으면 받을수록 서로 도와주고 사랑하고 우애하는 새로운 공동체가 형성되어야 한다. 왜냐하면 그것이 바로 성령의 열매이기 때문이다.

④ 자연성, 자율성, 성실성이다

성령은 우리를 율법적으로 강요하지도 않고, 마음대로 하도록 방치하지도 않으며, 스스로 기쁜 마음으로 자연스럽게 그리고 성실하게 살도록 권면하신다. 억지란 있을 수 없으며, 자신이 즐기면서 행동하는 입장에 서게 된다.

성령론적 윤리는 거룩과 경건을 목표로 삼아 낙심하지 않고 꾸준히 전진해 나가는 것이다. 그리고 최종적 목표는 하늘에 계신 아버지와 같이 온전해지는 데 있다. 끈질긴 노력과 정성을 다해 거룩한 생활을 계속하는 불굴의 삶, 그것이 바로 성령론적 윤리의 삶이다.

⑤ 일치성을 지닌다

그리스도 안에서 하나가 된다는 성령의 확증을 받게 된다. 성령을 받은 사람은 지나치게 교파주의적인 태도를 고집하지 않는다. 그리하여 성령 운동은 세계적으로 '은사는 다르나 몸은 하나'라는 기독교인의 일치의 개념을 갖게 되며, 가톨릭과 정교회와 개신교가 모두 한자리에서 성만찬을 나눌 수 있는 이른바 '성령 안에서의 일치성'을 지니게 된다. 이런 점에서 볼 때 성령론적 윤리야말로 그리스도인들로 하여금 진정 하나가 되는 놀라운 성령의 역사를 체험하게 하는 특색을 지닌다고 할 수 있다.

Chapter 3

오중복음과 사회 윤리

오중복음의 윤리 문제는 여러 분야에 걸쳐 논의될 수 있으나 여기서는 경제 윤리, 환경 윤리, 그리고 생명 윤리에 대해 살펴보고자 한다.

1. 경제 윤리[236]

인간은 경제생활을 떠나서는 하루도 살 수 없다. 경제생활은 우리 일상의 한 단면이기도 하다. 경제란 인간의 영적, 도덕적, 지적, 심미적 의식과는 다른 차원이면서도 생활의 전 영역에 골고루 침투되어 있다.

(1) 구약 성경의 물질관

구약 성경은 재물을 멸시하지는 않지만 본질적인 면에서는 이차적인 것으로 보고 재물을 통해 하나님께 영광을 돌리며 가난하고 약한 자를 기억할 것을 말하고 있다. 구약 성경에 나타난 물질관은 다음과 같다.

- 물질적 축복은 의인에게 주어진다(시편 37:25; 잠언 10:2).
- 행복은 물질이 지나치게 많지도 않고 적지도 않은 상태다(잠언 30:8, 9).
- 부귀와 재물은 하나님의 선물이다(전도서 5:19).
- 부와 물질은 간단하게 얻어지는 것이 아니다(잠언 10:4).
- 물질은 생활을 윤택하고 평안하게 해준다(잠언 10:15, 18:11).
- 그러나 물질만으로는 충분하지 못하다(시편 62:10; 잠언 11:28,

27:24).
- 원칙적으로 재물은 이차적인 것이며 어리석은 자만이 재물을 의지한다(잠언 22:1, 28:22).
- 재물은 경우에 따라서는 인간으로 하여금 하나님과 그의 이웃을 돌보지 못하게 한다(시편 73:12; 전도서 5:13).
- 물질은 인간에게 권력과 명예를 가져다줄 수 있다(잠언 14:20, 22:7).
- 가난한 자를 학대하는 부자의 재물은 악한 것이다(잠언 28:12; 이사야 53:9; 미가 6:12).

(2) 신약 성경의 물질관

신약 성경은 재물을 멸시하지도 가난을 자랑으로 생각하지도 않는다. 또한 예수 그리스도를 믿고 따르는 자는 물질에 대해 가벼운 마음을 가질 수 있어야 한다고 말한다. 신약 성경에 나타난 물질관은 다음과 같다.

- 기독교인은 생활을 위해 물질을 벌어야 할 책임과 의무가 있다. 그것은 바울이 스스로 벌어서 쓰고 다른 사람들에게 짐이 되지 않도록 노력한 것을 통해 알 수 있다(데살로니가전서 2:9).
- 그럼에도 불구하고 재물과 부귀에는 위험성이 있다(마태복음 19:16~30; 누가복음 6:24, 25).
- 예수님은 가난을 영광으로 생각하지 않으셨으며 부유한 자나

가난한 자 모두를 공평하게 대하셨다(누가복음 19:1~10).
- 재물은 믿을 만한 참재산이 못 되며(누가복음 12:13~21; 디모데전서 6:7), 그 소유물을 책임 있게 사용할 때 참가치가 있다(마태복음 25:18; 누가복음 16:19~31).
- 초대 교회에서는 모든 소유물을 공동으로 나누어 사용하는 것을 큰 특권으로 생각했는데 이것이 곧 신약 성경의 중심 사상이다(사도행전 2:45, 4:35, 20:35).

(3) 물질에 대한 신학적 의미

하나님은 창조주이시며 세상에 있는 모든 만물이 하나님께 속해 있다. 하나님은 홀로 창조주이시며, 하나님 홀로 부의 분배자이시다. 신명기 8장 18절을 보면 하나님이 사람에게 재물을 얻을 능력을 주셨다고 했다. 재물 그 자체를 죄스러운 것으로 생각한 구절은 성경의 어디에서도 찾아볼 수 없다. 그러나 재물로 말미암아 죄를 지을 수 있는 가능성이 있음은 기록되어 있다.

신약 시대에는 돈이 하나님을 경배하는 자들에게 큰 장애물이 되었다. 재물에 집착한 자들에게 예수님은 "재물이 있는 자는 하나님의 나라에 들어가기가 심히 어렵도다(마가복음 10:23)."라고 하셨다. 또한 어리석은 부자와 한 부자 청년에 대한 비유 중에서도 재물이 좋지 못한 것임을 강조하셨다. 이렇게 말씀하신 본래의 뜻은 "한 사람이 두 주인을 섬기지 못할 것이니 …… 너희가 하나님과 재물을 겸하여 섬기지 못하느니라(마태복음 6:24)."라는 구절에 잘 나타나 있다. 이것은 하나님보다 재물에 더 집착하는 자들에 대한 경고라고 할 수 있다. 즉 "너희 보물 있는 곳에는 너희 마음도 있으리라(누가복음 12:34)."라는 뜻이다.

그리스도는 모든 재물을 다 소유한 하나님의 아들이셨음에도 불구하고 우리를 위해 가난해지시고, 낮아져서 죽기까지 복종하셨다. 그러나 하나님은 예수 그리스도를 높여 우리의 구주가 되게 하셨다. 재물 그 자체가 좋거나 나쁜 것은 아니다. 그것을 사용하는 방법에 따라 선하게 되기도 하고 악하게 되기도 하는 것이다. 이에 대해 성경은 "지혜로운 자의 재물은 그의 면류관이요 미련한 자의 소유는 다만 미련한 것이니라(잠언 14:24)."라고 말하고 있다.

(4) 재물에 대한 윤리

하나님의 백성이 이 땅에 살아가기 위해서는 물질의 소유에 대한 기본적인 자세가 정립되어야 한다. 이는 재물에 대한 기독교 윤리의 문제다.

① 하나님의 위탁물

물질은 하나님이 우리에게 위탁하신 것이다. 이 위탁의 개념은 성경 전체를 통해 강조되어 있다. 이 세상 모든 만물은 하나님의 것이다(시편 24:1). 우리가 가진 물질도 모두 하나님의 것이므로 우리는 청지기적 사명감을 가져야 한다.

② 사유 재산의 형성 과정

초대 교회의 신자들은 유무상통하는 경제생활을 했고, 중세 교회에서는 수도원 제도를 통해 공동생활을 했다. 그러나 여기서는 사유 재산을 포기하고 청빈한 생활을 할 것을 강조했다. 그래서 중세 윤리는 이중적일 수밖에 없었다. 사유 재산을 인정하지 않는 수도원 윤리와 일반 세상 사람들을 위한 일반 윤리가 그것이었다.

루터에 와서 믿음으로만 구원 받는다는 생각에 일반 윤리, 즉 결혼도 할 수 있고 사유 재산도 인정하는 윤리와 청빈하고 금욕적인 수도원적 윤리의 단일화 운동이 시작되었다. 그래서 루터에 의해 세속 생활도 소명이 될 수 있다는 주장이 나오게 되었고, 세속 생활에 있어 하나님의 영광을 위해 열심히 살아야 한다고까지 했다.

루터의 이러한 사상은 청교도들과 칼뱅에게 큰 영향을 주었다. 그래서 그들은 생계를 위해서가 아니라 하나님의 영광을 위해 열심히 일하게 되었다. 이것이 자본주의 초기 단계에도 적지 않은 영향을 끼치게 되었던 것이다.

③ 물질에 따르는 문제점
(ㄱ) 물질 만능 사상

소유욕이 지나치면 물질 만능 사상이 팽배해진다. 물질이 필요의 도구로 사용되는 것이 아니라 존재의 목적이 될 때 여러 가지 문제가 야기된다.

(ㄴ) 빈부 격차의 심화

사유 재산 제도는 빈부의 격차를 심화시킨다. 가진 사람은 더욱 부자가 되고 없는 사람은 더욱 가난해지는 것이다. 그 결과 계층 간의 문제가 대두되고 사회의 부조리가 나타나기 시작한다. 여기에 공산주의가 침투하여 저소득층의 반발 의식을 충동하고 폭력에 의한 강제 분배를 부르짖게 되는 것이다.

(ㄷ) 경제적 소유와 권력의 결부

권력은 건설적인 방향으로 활용해야 하는데 자칫 잘못하면 재산의 치부자와 결탁하여 구조적인 범죄로 이어질 가능성이 있다.

(5) 물질에 대한 일반적인 원칙

첫째로 가장 중요한 원칙은 '기독교인은 물질을 소유하되 물질에 소유되어서는 안 된다.'라는 것이다. 기독교인은 돈과 재산을 소유하며 일상생활의 모든 일에 종사해야 하지만 그것이 생애의 궁극적인 목적이 되면 안 된다. 하나님과 재물을 겸하여 섬길 수는 없다(마태복음 6:24). 즉 재물이 이웃을 사랑하고 하나님께 충성하는 길을 막아서는 안 되는 것이다.

둘째, 기독교인이 재물을 잘못 소유하고 잘못 사용하면 재물이 없을 때보다 더 많은 유혹을 받을 수 있다. 부자가 되면 사치를 즐기고 과음과 과식을 일삼거나 게으름에 빠지기 쉽다. 물질을 얻기 위해 불필요하거나 옳지 못한 대가를 치러야 하는 위험성도 있다.

셋째, 그럼에도 불구하고 기독교인이 정당하게 돈을 벌어 그것을 주인이나 원수가 아닌 친구로 보고(누가복음 16:9) 하나님에 대한 책임감과 다른 사람에 대한 사랑 가운데 사용한다면, 재물의 소유가 위험한 일이 아니라 선을 위해 필요한 하나님의 복과 능력이 될 수 있다.

(6) 경제 정의

경제 사회의 세 가지 구성 요소는 토지와 자본과 노동이다. 이 세 가지는 모두 하나님으로부터 받은 것이다. 우리가 사는 이 사회를 유토피아가 아니라 보다 나은 사회로 만들기 위해 그리스도인이 해야 할 몇 가지 원칙을 제시하면 다음과 같다.

① 경제적 자유와 복지 보장

우리는 경제생활을 영위함에 있어 건전한 경제 활동의 자유를 보장받을 권리가 있다는 것을 기억하고 또 그 결과에 대한 정당한 보상이 돌아가도록 해야 한다.

② 기독교인으로서 자원적인 희년(禧年) 선포

우리가 공산주의를 이길 수 있는 강한 힘이 있다면 그것은 자원하여 자신의 가진 것을 나누어 주는 행위일 것이다. 공산주의는 강제성을 띠며 폭력에 의해 분배를 부르짖지만 기독교인의 윤리는 강압에 의한 것이 아니라 자발적으로 가난한 자들에게 나누어 주는 것이다. 기독교가 이것을 실천할 때 공산주의는 더 이상 발붙일 곳이 없어질 것이다. 그러므로 사회에 대한 기독교인의 책임이 막중하다 하겠다. 여기서 현대 기독교인의 경제생활에 원칙이 되는 '웨슬리의 금전관'을 알아보기로 하자.

- 불의한 방법이 아닌 정당한 방법으로 열심히 돈을 벌어라(Earn all as you can).
- 극도의 절약 생활로 열심히 저축하라(Save all as you can).
- 하나님의 영광을 위해 모두 써라(Use all as you can for the glory of God).

③ 검소한 생활

④ 교회의 공동체적 노력을 통한 구제 사업(사도행전 2:44~47)

⑤ 주님이 기뻐하시는 경제 구조의 실현

하나님의 영광을 위해 살았던 웨슬리는 죽을 때 유산을 거의 남기지 않았다. 기독교는 금욕주의가 아니다. 기독교인은 열심히 벌고 저축하고 하나님의 영광을 위해 바르게 쓸 줄 알아야 하는 것이다.

2 환경 윤리

환경의 문제는 오늘날 제기되고 있는 심각한 교회 문제이며 사회의 문제다. 이러한 환경의 문제도 오중복음적 관점에서 살펴볼 수 있는데, 이는 인간에 대한 전인적 구원이 범사, 즉 환경의 문제까지 포괄한다는 사실 때문이다. 환경 문제는 대립 관계에 있었던 자연과 인간이 서로 화해함으로써 해결될 수 있으며, 인간은 자연의 일부분이기도 하기에 자연과의 화해는 인간에게 보다 나은 복된 삶을 약속해 준다.

(1) 환경 문제의 현재 상황
① 공해 문제

오늘날 산업화와 도시화를 추구하는 현대 물질문명의 구조적 결과로 인류 역사상 미증유의 환경 오염 현상이 나타나고 있다. 이 공해 문제는 자연적으로 발생한 것이 결코 아니며, 인간에 의한 인위적인 결과로서 회복되기 위한 대책이 없다는 점에서 큰 문제가 되고 있다. 도시는 수많은 공장과 자동차에서 나오는 유독 가스로 가득 차 있으며, 강물은 폐수와 중금속으로 썩어 가고, 바다 또한 그 오염도가 점점 심각해지고 있다. 농촌도 옛날의 목가적인 모습은 사라지고 가장 중요한 땅이 죽어 가고 있으며, 온갖 곡식과 채소가 유해한 농약에 노출되어 있는 것이 현실이다. 이러한 현상으로 인해 많은 생물들이 위협받고 있으며, 수많은 사람들이 질병과 고통에 시달리고 있다. 공해라는 어두운 그림자가 이 지구를 엄습하고 있는 것이다. 지금 이 순간에도 생명이 충만해야 할 이 세상이 아무것도 살 수 없는 죽음의 장소로 변해 가고 있는 것이다.

② 생태계 파괴

공해 문제가 국부적이고 지역적인 문제인 데 비해 지구 온난화에 의한 생태계 파괴는 보다 광범위하고 위협적이다. 공해에 의해 야기된 문제들이 다시 생태계의 파괴로 연결되고 있기 때문이다.

모든 생물에게 무한한 자원을 제공해 주던 산림은 대기 오염에 의해 대규모로 파괴되어 가고 있으며, 바다는 오염 물질과 산업 쓰레기로 죽어 가고 있다. 특히 대기권의 오존층 파괴는 중대한 생태계 파괴를 예견하게 하며, 세계 곳곳에서 사막화 현상이 나타나고 있는 바 이것은 심각한 식량 문제를 유발하고 있다. 뿐만 아니라 20세기에 있어 가장 위협적인 핵과 방사능의 방출은 인류를 포함한 모든 생명체를 단숨에 죽음으로 몰아넣을 수도 있다.

이러한 공해와 생태계 파괴 문제는 하나님의 창조와 보전의 섭리에 반하는 현상으로, 신학적인 문제와 더불어 도덕적이고 윤리적인 문제를 낳고 있다.

(2) 환경 문제에 대한 윤리적 과제

① 자연과 인간의 공동체성의 회복

자연은 자연 그 자체대로 가치를 지니고 있으며, 인간을 위한 수단적인 존재에 불과하다고 생각한다면 자연은 하나의 이용물로서 죽은 것이 되고 말 것이다. 자연과 인간은 생태학적으로 볼 때 서로 단절되고 지배하는 관계가 아니라 상호 협조하여 살아가는 공동체의 관계다. 인간과 자연은 하나님에 의한 피조물이라는 공통의 존재 근거를 가지고 있는 바 자연은 인간 삶의 근거가 되고 인간은 자연을 돌봐야 할 책임이 있다.

자연과 인간 사이의 생명의 공존을 위한 공동체성을 회복함에 있어 우리에게 요구되는 태도는 생명에 대한 경외감이다. 슈바이처(Albert Schweitzer)가 발전시킨 생명의 경외감 사상은 지금과 같은 환경의 위기 상황에서 큰 공감을 불러일으키고 있다. 인간은 가능한 한 모든 생명체를 도와주고 그 생명에 대한 값어치를 묻는 대신 그 삶 자체를 거룩하게 보는 생명관이 필요하다. 인간 자신도 살고자 하는 생명의 하나라는 생명 외경의 윤리적 생명 사상만이 현대의 환경 위기를 구할 인간의 태도인 것이다.[237] 또한 자연과 인류의 공동체성의 회복은 자연을 죽은 객체가 아니라 인간과 동등한 관계로 보는 것이다. 자연은 인간이 착취하고 이용하는 대상이 아니라 보전하고 존중해야 할 대상이다. 인간과 자연은 모두 하나의 삶의 그물로 엮인 공동체적인 관계인 것이다. 그러므로 자연보다 우위에 있다는 생각을 버리고 스스로 낮추어 자연과 인류의 공동체성을 회복하는 것이 오늘날 환경 문제 해결의 실마리인 것이다. 이러한 자연과 인류의 공동체성 회복은 자연과의 화해를 의미하는 동시에 인류의 평화와 정의의 실현을 의미한다. 하나뿐인 지구에서 생명체들의 지속적인 존속과 인류의 평화를 위해서는 창조 질서의 보전에 대한 노력이 무엇보다도 시급하다.

② 교회의 실천적 윤리 과제

환경의 위기를 인간의 책임 윤리로 해결하려는 노력은 이론적 측면에서 해결을 도모하는 동시에 실천적인 측면이 크게 강조되어야 한다. 환경 문제에 대한 실천 윤리적 과제를 해결할 수 있는 근거지로서 교회가 크게 부각되고 있다. 교회는 아무도 책임지지 않으려는 환경 문제에 대해 신학적 물음을 물을 수 있고 선교적 차원에서 접근할 수 있기 때문이다.

로마서 8장 19절에서 22절 사이에 나타난 사도 바울의 피조물에 대한 고난의 이해는 현대의 환경 위기로 인한 생명체들의 고통과 매우 유사한 것으로 해석된다. 자연이 스스로 타락한 것이 아니라 바로 인간의 착취와 약탈하에서 고난을 겪고 있음을 보여 주고 있다. 또한 사도 바울은 고린도후서 5장에서 '그리스도 안에서의 새로운 피조물'에 대해 언급하고 있다. 이는 하나님으로부터 나온 모든 것이 인간의 죄로 인해 고난을 당하지만 그리스도의 화해를 통해 억압과 착취, 소외와 단절이 없는 새로운 세계, 새로운 피조물을 향해 인도된다는 것을 의미하고 있다.

이러한 성경적인 관점에서 교회가 적극적으로 나서야 할 일은 곧 환경에 대한 구원이요 선교이며 봉사다. 이를 위해 교회는 자연과 인간 사이의 새로운 관계를 정립하고 설교와 강의, 교육과 공동체의 삶 속에서 환경에 대한 선교와 봉사의 역할을 담당해야 한다. 이 같은 관점에서 교회는 환경 문제의 해결책을 영향력 있게 실천해 나가며 책임감 있게 행동하는 공동체라고 할 수 있다. 아울러 여러 시민운동 단체와 연합하여 보다 효과적이고 광범위한 활동을 전개하는 것도 좋은 방법이 될 것이다.

3 향후 한국 사회의 윤리적 과제

이 밖에도 우리나라는 급변하는 시대 속에서 발생하는 다양한 사회적 문제들에 대한 대책 마련이 시급한 실정이다. 그중에서도 최근 가장 활발하게 논의되고 있는 문제들은 다음과 같다. 첫째, 국민의 오랜 염원인 통일을 어떻게 준비하고 대비할 것인가? 둘째, 국가 발전의 걸림돌이 되어 버린 저출산 문제를 해결하려면 어떤 대책이 필요한가? 셋째, 120만 이주민 시대 속에서 다문화 사회를 이룩하기 위해 어떤 노력을 기울여야 하는가?

이와 같은 쟁점들을 해결하기 위해서는 물론 정부의 강력하고 실효성 있는 대책 마련이 시급하다. 그러나 국가만의 힘으로 사회 문제를 해결하는 데는 한계가 있다. 그러므로 사회 각 주체들의 도움이 절실하다. 한국 교회도 정부와의 협력을 통해 이러한 문제들을 해결하는 데 힘을 기울여야 할 것이다.

여의도순복음교회는 예수 그리스도의 구원 사역을 강조하는 오중복음의 입장에서 활발한 사회 참여를 통해 예수 그리스도의 구원 사역을 사회로 확장하는 것 또한 책임져야 할 사명이라고 생각한다.

(1) 통일 문제

통일 문제는 한국 사회가 직면한 가장 심각한 사회적 문제다. 한국과 북한은 엄밀한 의미로 휴전 상태며 현재 지구상의 유일한 분단국이다. 다시 말하면 '통일'이라는 말이 적용되는 나라는 우리나라밖에 없다는 뜻이기도 하다. 분단 이후 남북한은 서로 다른 체제를 유지하며 살아왔으나 북한의 현 상황은 그야말로 어디로 튈지 모른다.

해방 이후 공산 정권의 수립으로 생산보다 분배에 초점을 맞춘 북한은 남한과의 군비 경쟁을 최우선 과제로 삼았고, 이는 식량 생산의 부족 문제를 가중시켰을 뿐만 아니라 타 분야의 산업 발전까지 가로막았다. 특히 식량 배급의 부족으로 평양을 제외한 대부분의 지역에서 수많은 주민들과 아이들이 굶어 죽는 사례가 보고되고 있다. 먹을 것이 없어서 목숨을 걸고 북한을 탈출하여 중국을 거쳐 우리나라로 넘어오는 탈북자의 수도 매년 증가하고 있다. 설상가상으로 테러 지원 국가로 분류되어 국제 사회의 공식적인 원조도 받을 수 없는 상황임에도 불구하고 최근 북한의 지도층은 군비 증감과 핵무기 개발에 더욱 열을 올려 고립을 심화시키고 있다. 이에 따라 국제 사회의 원조가 없이는 살 수 없는 북한 주민들은 하루하루 생존을 위협받고 있다. 이에 반해 우리나라는 전쟁의 폐허 속에서 경제 성장의 신화를 이룩하며 개발 도상국의 국가 발전 모델로 주목받고 있으며, 최근에는 G20 정상 회의를 서울에서 개최할 만큼 비약적인 성장을 이루었다.

그러나 우리 사회는 통일 준비에 대해 많은 문제점을 안고 있다. 통일을 준비함에 있어 가장 큰 걸림돌은 국민 정서가 이념적으로 뚜렷하게 양분되어 극심한 혼란을 겪고 있다는 점이다. 현재 우리 사회는 정치권은 물론 사회 전반에서 이러한 이념적 분리를 겪고 있으며 점점 심화되고 있다. 북한에 대한 원조와 통일에 대한 준비 방법도 많은 차이를 보이고 있는 것이 사실이다.

냉전 이후 군사적 대치 상황을 지속하며 유일한 분단국가로 남아 있던 우리나라는 1960년대와 70년대 군사 정권의 정적이었던 김대중 대통령의 선출로 남북 관계에 새로운 변화가 일어나기 시작했다. 과거 대통령들은 비무장지대(DMZ)에서 정치적 군사적 긴장을 일으켜 북한을 자신의 독재 리더십을 강화하는 방편으로 이용한 반면, 김 대통령(1998~2003)과 노무현 대통령(2003~2008)은 재임 기간 동안 '햇볕 정책'으로 대변되는 대북 정책을 통해 정부 차원을 넘어 비정부 단체들의 접촉을 성사시키는 등 지난 10년 동안 계속해서 변화를 이끌어 냈다. 그러나 금강산 관광, 이산가족 상봉 재개, 남북 한 정상 회담, 개성 공단 사업, 서울-개성 간 화물 열차 운행과 같은 대북 사업들을 추진하면서 내부적으로 한국 전쟁과 베트남 전쟁을 겪은 구세대와 전쟁의 참혹함을 모르는 신세대의 이념적 성향이 뚜렷하게 나뉘는 양상을 보이며 진통을 겪고 있다. 이러한 국론 분열 양상은 최근에 보수적 정권이 취임하면서 더 깊어지고 있다.[238]

그러나 이러한 국론 분열 분위기와는 달리 최근 전문가들은 향후 4~7년 이내에 한반도에 획기적인 변화가 있을 것이라고 조심스럽게 예상하고 있다. 앞으로 4년 후면 한반도가 남북으로 나뉜 지 70년이 된다. 성서적으로 볼 때 '70'이라는 숫자는 매우 중요한 의미를 지니는데, 이스라엘 백성이 바벨론의 침략을 당한 뒤 포로 생활을 마친 것이 70년 만이었다. 최근에는 북한의 천안함 폭침 사건과 연평도 무력 도발로 남북 간의 긴장이 그 어느 때보다 고조되고 있다. 그러나 우리 사회는 이러한 일련의 사태를 겪으면서도 국론이 모아지지 않고 더욱 심각하게 분열되는 양상을 보이고 있다. 그러므로 한국 기독교는 통일에 대한 역사의식을 가지고 국민 여론을 하나로 만드는 사회 통합에 최선을 다해야 할 것이다.

그동안 한국 교회는 몇 가지 측면에서 급격한 사회 변화에 의해 영향을 받아 왔을 뿐만 아니라 이에 대해 반응해 왔다. 첫째로 교회는 사회적 차원에서 이념적인 변화를 조성하는 역할을 해오고 있다. 정부는 북한을 적(適)이 아닌 같은 형제자매로 인식하는 국민적 정서를 조성하기 위해 다양한 미디어 캠페인을 벌이기 시작했다. 이웃뿐 아니라 원수도 사랑하라는 것이 교회의 중요한 가르침인 것처럼 교회는 이런 변화를 가져오게 하는 가장 적합한 기관이다. 둘째는 남북한 교역에 있어 교회의 활발한 참여다. 북한에서 장기간의 기아가 계속됨에 따라 정부 기관, 기업들과 함께 교회가 실질적인 인도주의적 원조를 제공해 왔다. 셋째는 탈북자를 위한 돌봄이다. 특히 그들을 한국 사회에 동화시키기 위해 돕고 있다. 다시 말해 교회는 이러한 중요한 원조를 제공하기 위한 사회적 네트워크로 가장 제격이다.[239]

무엇보다 통일과 관련하여 기독교에서 할 수 있는 가장 효과적인 방법을 꼽는다면 한마디로 '복음 통일'이라고 할 수 있겠다. 독일 통일에 동서독의 교회가 적극 나섰듯이 화해의 신앙과 평화의 창시자이신 예수님의 십자가를 제시하는 것이 하나님께서 한국 교회에 주신 사명일 것이다. 오직 십자가만이 인간과 인간, 분립된 민족 간에 화해를 가져올 수 있다. 정치나 이념적인 통일 방법은 결코 대안이 될 수 없을 것이다. 먼저 신앙으로 복음 통일을 이룩하는 것이 중요하다. 사실 북한은 이미 복음을 전하기에 좋은 체제를 갖추고 있다. 주체사상에 따라 지도자를 하나의 신으로 섬기고 있기 때문에 그 자리를 하나님으로 바꿔 놓기만 하면 쉽게 받아들일 수 있을 것이다. 북한을 변화시키는 길은 그리스도의 복음밖에 없다.

더불어 한국의 전 교회가 연계하여 강력한 기도로써 통일을 위한 영적인 분위기로 사회를 바꿔 나가는 일을 해야 할 것이다. 평양은 원래 '동방의 예루살렘'이라 불릴 만큼 한국 기독교의 기초가 놓인 곳이었다. 북한의 3,500여 개의 교회가 사라진 현실을 안타까워하면서 분단된 조국의 아픔을 안고 주기적으로 간절히 기도하는 모임이 있어야 할 것이다. 동시에 사랑 실천은 더 구체적으로 확대되어야 한다. 사실 교회만큼 중요한 원조를 제공하는 사회적 네트워크도 없다. 교회는 남북한 교역에 있어 적극적인 참여 주체로 활동하고 있다. 북한의 기아 문제를 위해 교회는 정부나 다른 기업들과 같이 실질적인 원조를 제공해 오고 있으며, 탈북자들이 한국 사회에 잘 적응할 수 있도록 계속해서 돕고 있다.

마지막으로 네트워킹이 중요하다. 기독교 내 통일 연구 단체들을 하나로 만드는 것도 중요하지만 교단, 한기총, NCCK, NGO 같은 모든 단체가 통일이라는 같은 목적을 향해 하나가 되어 효과적으로 진행할 방법을 연구한다면 지금보다 훨씬 큰 영향력을 끼칠 수 있을 것이다.

(2) 저출산 문제

1980년대에 우리나라는 "덮어놓고 낳다 보면 거지꼴을 못 면한다."로 대변되는 가족계획을 통해 출산율 저하 정책을 정부 차원에서 추진했다. 일단 계획은 성공했으나 지금과 같은 후폭풍이 있을 줄은 예상치 못했다. 가족계획의 명분 아래 생명 경시 풍조가 사회 전반으로 확산되었고, 그때부터 낙태가 공공연하게 이루어졌다. 그런데 30년이 지난 지금은 오히려 역풍을 맞고 있는 상황이다.

2010년 10월에 발간된 유엔인구기금(UNFPA)의 '2010년 세계 인구 현황 보고서'에 따르면 2010년 현재 우리나라의 인구는 5천만 명에 조금 못 미치는 4,850만 명인 것으로 집계되었다. 세계 인구 순위로는 26위다. 그러나 보고서 내용에서 정작 전체 인구수보다 더욱 주목받은 부분은 186개 국가 중 184위에 기록된 '1.24명'의 합계출산율[240]이다. 통계청에서 발표한 2009년 출산율 1.15명을 적용하면 홍콩에 이어 세계에서 두 번째로 낮은 출산율을 보이고 있다. 이 추세라면 우리나라는 2025년부터 인구가 줄어들 것이라고 한다. 그러나 이보다 더욱 심각한 문제는 노동 인구가 감소함에 따라 점차 국가 발전이 위협을 받게 된다는 점이다.

현재 우리나라는 저출산과 함께 고령화가 매우 빠르게 진행되고 있다. 올해 우리나라 전체 인구 중 65세 이상 고령자는 11%(535만 명)이며, 2018년 즈음에는 노인 인구 비율이 14.3%까지 치솟아 본격적인 고령 사회에 돌입할 것으로 예상되고 있다. 이는 저출산 현상 지속으로 15~64세의 생산 가능 인구 2명이 1명의 노인을 부양해야 한다는 뜻이기도 하다. 이에 대비하여 정부와 사회 주체들이 힘을 합쳐 저출산과 고령화 문제에 관심을 갖고 대책을 마련 중이지만 정작 정책 수요층인 국민들은 무덤덤하게 받아들이고 있어 문제다.

물론 아무 대책도 없이 무작정 아이를 많이 낳을 수도 없고, 나이가 드는 것을 막을 수도 없다. 그렇다면 먼저 필요한 것이 무엇일까? 바로 인식의 전환이다. 예를 들면 '아이가 있어 사회 진출이 힘들다.'보다는 '아이가 있어 책임감이 더 느껴진다.'라고 생각을 바꾸는 것이다. 실제로 '2009년 저출산 / 고령화 관련 국민 인식 조사' 결과에 따르면 '저출산/고령화 문제에 관심이 있다'는 응답은 64.3%로 나타났다. 또 저출산과 고령화 현상의 심각성에 대해서는 '심각하다'는 응답이 각각 83.5%와 89.8%로 나타나 전년도에 비해 달라진 국민 의식을 보이고 있지만 더욱 큰 관심이 필요하다는 지적이다. 물론 정부가 주도적으로 대책을 마련해야겠지만 정부만의 힘으로는 분명 한계가 있다. 정부와 관련 주체들이 국민들로 하여금 아이를 많이 낳을 수 있는 사회적 기반과 제도적 장치를 만드는 데 힘을 기울이고, 한국 교회는 생명에 대한 소중함과 출산 장려 분위기를 사회 전반에 조성함으로써 국가 정책을 지원해야 할 것이다.

성경은 자녀의 수가 많은 것이 축복이라고 말한다.

"자식들은 여호와의 기업이요 태의 열매는 그의 상급이로다 젊은 자의 자식은 장사의 수중의 화살 같으니 이것이 그의 화살통에 가득한 자는 복되도다 그들이 성문에서 그들의 원수와 담판할 때에 수치를 당하지 아니하리로다(시편 127:3~5)."

사실 한국 교회는 저출산 예방을 위한 좋은 대안을 갖고 있는 공동체다. 교회 강단에서부터 결혼과 가정, 자녀와 육아에 대한 의미와 중요성을 일깨울 수 있는 교육이 무엇보다 필요하다. 또한 교회에서부터 직장을 다니는 엄마들을 위해 영·유아 보육 시설을 제공하는 노력을 기울여야 할 것이다. 만약 전국적으로 네트워크를 갖춘 한국 교회가 이런 시설을 확충하여 지역 주민들에게 개방한다면 저출산 문제를 해결할 수 있을 뿐만 아니라 사회 구원을 앞당기는 사역이 될 것으로 기대된다.

(3) 다문화 이주민들의 인권 문제

현재 우리나라는 예상보다 빠르게 다문화 사회로 진입하고 있다. 법무부 통계에 따르면 국내에 체류하고 있는 외국인이 120만 명에 이른다고 한다. 실제로 농촌에서는 총각 열 명 중에 네 명이 베트남이나 필리핀 등지에서 온 여성과 결혼하여 국제결혼으로 파생된 다문화 가정이 급증하고 있는 실정이다. 그러나 우리는 다문화 사회로의 진입을 이야기하면서도 이들에 대한 이해와 인식, 그리고 제도적 뒷받침이 매우 부족한 상황이다. 이런 이유로 다문화 가정의 이혼율이 매년 급증하고 있어서 앞으로 사회 문제로 비화될 조짐까지 보이고 있다.

다문화 가정 자녀들의 교육 시스템도 문제다. 다문화 가정 자녀들의 국내 학교 진학률은 날이 갈수록 증가하는 추세지만 이들을 위한 맞춤형 교육 시스템은 거의 전무한 실정이다. 그런데 이러한 문제는 여기에서 그치지 않고 학교 부적응 문제로 이어지고 있다. 문화나 외모에 대한 차이 등의 이유로 따돌림을 당하게 되는 것이다. 그러나 이들을 도와줄 수 있는 장치는 전혀 마련되어 있지 않다. 현실적으로 가정에서조차 이 아이들을 도와줄 수가 없어서 다문화 가정 자녀들의 사회 부적응 악순환은 계속되고 있다. 뿐만 아니라 외국인 차별도 심각한 수준이다. 한국인들은 국내 거주 외국인을 출신국의 경제 발전 수준에 따라 달리 대우한다. 외국 국적을 가진 동포조차도 거주국이 선진국이면 저개발국 출신보다 우대 받는다. 심지어 피부색에 따라 백인이면 '외국인'이라 부르고 동남아 인이면 '이주민'이라 부르는 것만 봐도 외국인 노동자에 대한 차별이 얼마나 심각한지 알 수 있다. 이러한 외국인에 대한 차별의식은 스위스의 국제경영개발원(IMD)이 조사한 한국의 다문화 포용성 순위에서도 나타난다. 한국은 지난해 전체 55개국 중 55위, 올해는 57개국 중 56위로 최하위를 면치 못하고 있다.

그러나 저출산과 고령화 문제를 안고 있는 상황에서도 외국인들의 유입은 더욱 가속화될 것이라는 전망이다. 조만간 500만 명을 넘어 외국인 천만 명 시대가 올 것이라는 관측들이 나오고 있다. 다문화 시대의 도래는 피할 수 없는 시대적 요청인 것이다. 그렇다면 다문화 시대를 어떻게 준비해야 하는가?

다문화 시대를 준비하기 위해서는 이들이 하나님의 형상으로 창조된 피조물이라는 사실을 인식하는 것이 가장 중요하다. 이들을 바라보는 시각에 있어 그들도 나와 동일한 '하나님의 형상'이라는 인식이 교회에서부터 확산되어야 한다. 이것이 바로 다문화 시대를 준비하는 출발점이자 빠르게 늘고 있는 외국인들을 어떻게 선교에 활용할 것인지를 모색하는 다문화 선교의 시발점일 것이다.

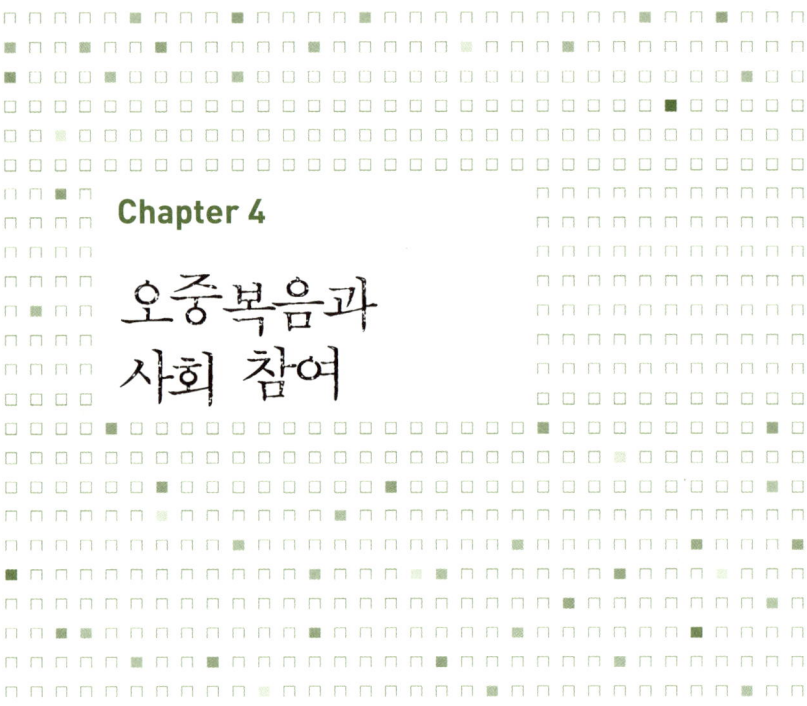

Chapter 4

오중복음과 사회 참여

앞에서 우리는 오중복음의 윤리가 성령론적 윤리임을 살펴보았다. 성령론적 윤리의 특색 중 하나는 초대 교회에서 볼 수 있듯 사랑의 공동체를 이루는 것이다. 성령의 역동적인 힘은 그리스도인 자신을 끊임없이 새롭게 갱신시킬 뿐만 아니라 이웃과 사회에 대해 그리스도의 증인된 삶을 살게 한다. 성령이 그리스도인을 준비시켜 능력 있는 삶을 살게 하는 근본 모체는 사랑의 정신이다. 그러므로 진정한 성령론적 윤리는 자신이 가진 것을 나누는 일과 자기희생으로 나타난다. 이웃 공동체, 사회 공동체에 사랑으로 봉사하고 예수 그리스도의 삶의 자취를 따라 헌신해야 하는 것이다. 이것은 곧 역사와 세계에 대한 넓은 관심과 책임 있는 자세를 지녀야 함을 뜻한다. 그러므로 오중복음의 윤리는 주변에 무관심하지 않은 사회 참여적 윤리인 것이다.

1 윤리적 공동체로서의 교회

(1) 성령의 공동체

교회는 오순절 성령의 강림 이후에 탄생했다. 교회는 성령으로 충만한 사람들의 모임이라고 할 수 있다. 바로 이것이 성령의 공동체로서 교회의 특성이다.

성령은 거룩하게 하는 영이신 바 인간의 모든 죄악을 청산하고 주님의 거룩하신 품성 가운데 장성한 분량으로 자라게 하신다. 그래서 교회는 그 자체가 주 안에서 거룩한 존재가 된다. 동시에 교회는 사회에 대해 거룩함을 나타내는 빛과 소금의 역할을 한다. 성령의 역사는 개인적인 의와 사회적인 의로 나타나는 것이다.

기독교는 사람들로부터 격리된 상태에서는 생존할 수 없다. 기독교는 사회적 종교다. 성령의 공동체인 교회는 밖으로 향할 때 그 존재적 가치를 지니게 된다. 하나님은 성령을 통해 세상으로 나오신다. 그리고 성령은 세상 가운데서 믿는 자들을 하나님께로 인도하신다. 인간은 비록 유한하고 나약하지만 성령으로 충만할 때 비로소 하나님께서 세상 속에서 변화의 역사와 치료의 기적을 우리에게 행하시는 것이다.

성령의 공동체인 교회의 윤리 속에는 "하나님께서 그리스도 안에 계시사 세상을 자기와 화목하게 하시며(고린도후서 5:19)"라고 하여 좋은 소식을 증거하라는 증인된 삶의 명령이 내포되어 있다. 그리스도인은 성령이 충만할 때 이와 같은 그리스도의 증인된 삶을 살 수 있다. 이러한 증인된 삶이 곧 세상을 변화시키는 삶이다.[241]

이처럼 교회는 성령의 공동체로서 개인적 차원과 사회적 차원에서 변화시키고 개조시키며 치료하게 하는 윤리적 공동체의 역할을 한다.

(2) 사랑과 친교의 공동체

성령의 공동체인 교회는 또한 사랑과 친교의 공동체다. 신자가 성령으로 충만할 때 나타나는 대표적인 징표는 사랑이다. 성령의 열매가 바로 사랑이기 때문이다(갈라디아서 5:22).

성령에 의해 예수 그리스도를 닮아 간다는 것은 그의 거룩한 사랑의 모습으로 변화되어 가는 것을 의미한다. 신자가 사랑의 모습으로 변해 갈 때 그것은 반드시 밖으로 나타나게 되어 있다. 사랑이란 개인적 차원이라기보다는 다른 사람들과의 관계 속에서 의미를 지니기 때문이다. 사랑은 사회적 의미를 지니는 공동체의 언어인 것이다. 그래서 사랑은 세상과 밀접한 관계를 맺고 있다. 온전한 사랑은 그리스도인과 그렇지 않은 사람들이 접촉하는 가운데서 성장한다. 평화를 조성하고 사랑을 베푸는 삶은 성도들과 다른 사람들 사이에서만 실현될 수 있다. 그렇기에 참다운 교회가 누룩과 같이 세상을 변화시키는 것이다.

사회 속에서 사랑과 자비를 베푸는 일이야말로 중요한 교회의 사명이다. 이러한 일들은 단지 영혼만을 구하는 것이 아니라 파괴된 인간의 삶을 치료하며, 굶주리고 병들고 가난한 사람들에게 소망과 힘을 준다. 이것이 주님께서 성도에게 명하신 사랑의 법이요 최고의 법이다.[242]

사랑의 실천은 교회가 친교의 공동체가 될 때 더욱 큰 힘을 발휘할 수 있다. 교인들이 서로 연합하여 하나가 되는 친교의 공동체가 이루어질 때 사회를 향한 변화가 더욱 가속화되는 것이다. 이러한 친교의 공동체는 초대 교회의 모습에 잘 나타나 있다.

"믿는 사람이 다 함께 있어 모든 물건을 서로 통용하고 또 재산과 소유를 팔아 각 사람의 필요를 따라 나눠 주며 날마다 마음을 같이하여 성전에 모이기를 힘쓰고 집에서 떡을 떼며 기쁨과 순전한 마음으로 음식을 먹고 하나님을 찬미하며 또 온 백성에게 칭송을 받으니 주께서 구원 받는 사람을 날마다 더하게 하시니라(사도행전 2:44~47)."

오늘날의 교회도 성령의 역사에 의해 이러한 친교의 공동체가 형성될 때 비로소 사회 변화의 원동력으로 작용할 것이며, 이 땅에 하나님의 뜻이 이루어지고 널리 하나님 나라가 실현될 것이다.

2 교회와 사회 참여

그리스도는 교회의 머리요 교회는 그의 몸이다. 교회는 그리스도에 의해 세워지고 인도된다. 또한 교회는 세상을 향한 그리스도의 편지이고(고린도후서 3:3), 어두운 세상을 위한 소금과 빛이다(마태복음 5:13, 14). 즉 교회는 자신이 아니라 세상을 위해 존재할 때 비로소 그 존재의 가치와 방향을 찾게 된다. 그러나 이러한 교회의 존재론적 당위는 현대 사회의 개인주의적이고 이기주의적인 성향과 오직 믿음으로써만 구원을 받는다는 은혜 중심적 사고로 인해 위협을 받고 있는 것이 사실이다.

교회는 소명을 받은 자들의 공동체라고 볼 수 있으며, 인간 공동체로서 사회의 일부라고 할 수도 있다. 교회는 하늘에서 내려온 것으로서 사회와 격리된 존재가 아니다. 교회는 사회 속에서 그 존재의 자리를 차지한다. 교회의 존재의 의미와 가치는 바로 사명을 가지고 사회 속에 참여한다는 데에서도 발견할 수 있다. 교회가 사회 속에서 책임과 사명을 다해야만 그 존재의 가치를 지니게 되는 것이다.

교회와 사회는 모두 그리스도의 주권 아래에 있다. 그리스도는 세상 속에서 역사하신다. 교회는 그리스도의 주권과 역사를 인정하며 사회를 향한 책임을 다한다. 교회가 그리스도를 섬긴다는 것은 그리스도가 역사하는 대로 따라가며 그 일에 동참한다는 뜻이다. 교회는 그리스도의 뒤를 따라 그가 역사하시는 사회 속에서 책임을 다해야 한다.[243]

3 오중복음에서의 사회 참여

오중복음의 신앙은 나 자신만 잘되면 남이야 어떻게 되든 상관없다는 이기적인 신앙이 아니다. 그것은 하나님 중심의 신앙이며 다른 사람을 위한 신앙이다. 즉 오중복음은 '나누어 주는 신앙'이라고 할 수 있다. 나누어 주는 신앙이란 하나님으로부터 받은 복을 먼저 하나님께 드리며 또 이웃에게 나누어 구제하는 신앙을 말한다. 이는 우리의 신앙을 최종적으로 확인하는 것이라고 할 수 있다.

하나님께서는 인간의 영혼뿐만 아니라 의식주 문제에도 깊은 관심을 가지고 계시다. 그 때문에 하나님은 불우한 이웃을 동정하고 구제하는 개인과 사회와 국가에 복을 주신다. 성경을 보면 고넬료나 도르가는 구제하는 신앙으로 큰 복을 받았고(사도행전 9:36,

10:2), 마게도냐 교회는 구제로 인해 칭찬을 받았으며(고린도후서 8:1~5), 다니엘은 느부갓네살 왕에게 공의를 행하고 가난한 자들을 돌보면 왕이 평안하고 나라가 견고하리라고 간언했다(다니엘 4:27). 신앙생활을 할 때 복과 구제는 불가분의 관계에 있다. 하나님은 구제하는 개인, 사회, 국가와 함께하시기 때문이다.

더 나아가 구제, 곧 나누어 주는 신앙은 그리스도인의 미덕이다. 고린도후서 9장 9절은 "그가 흩어 가난한 자들에게 주었으니 그의 의가 영원토록 있느니라."라고 기록하고 있다. 우리가 이웃을 끊임없이 구제할 때 하나님의 의가 나타나 우리의 미덕이 되며 교회의 아름다운 덕이 나타나게 된다. 오중복음의 신앙은 이와 같이 하나님의 형상대로 지음 받은 이웃에게 하나님의 사랑을 나누어 주는 신앙이다.[244]

(1) 복음적 사회 참여

같은 하나님, 주님, 성령, 교회를 말하면서도 교회는 이 세상에서 하나가 되지 못한 것이 역사적 사실이다. 한국 교회도 줄곧 그 테두리를 벗어나지 못했었다. 아니 오히려 교회의 분열이 심화된 면도 없지 않다.

그리고 이상하게도 우리 한국 교회에는 사회 참여라는 문제를 중심으로 양극화의 경향이 있는 것 같다. 즉 교회의 사회 참여를 적극 주장하는 진보파와 이에 반대하는 보수파가 대립되는 듯한 인상을 주고 있다. 이와 함께 한국 교회의 신앙 형태를 보면 적극적인 사회 참여를 주장하는 유교적 전통과 소극적이고 타계적인 성격을 띠는 샤머니즘, 그리고 불교적인 전통이 기독교인들의 종교적 심성을 상당히 좌우하고 있기도 하다.

더 정확히 말하면 전적으로 개인 구원을 주장하고 사회 변혁은 그 개인 구원의 결과로 자연히 도래한다는 주장과, 오늘날과 같이 발달된 민주적이고 조직적인 사회에서 어떻게 사회 구원과 개인 구원을 분리시켜 생각할 수 있느냐는 상반된 입장이 마주하고 있는 것이다. 그러나 전자의 주장은 간접적인 사회 참여를 말하고 후자는 직접적인 사회 참여를 말하는 것으로, 둘 다 사회 참여를 거부한다고 할 수는 없을 것이다.[245]

오중복음의 신앙은 대체로 개인의 영혼 구원의 문제에 보다 큰 비중을 두고 있는 것이 사실이다. 그러나 그렇다고 해서 사회 참여 문제를 도외시하거나 이차적 또는 부수적이라고 생각하지는 않는다. 영혼 구원과 함께 인간의 실제적인 필요의 문제를 해결하기 위해 노력하고 있는 바 사회 참여는 이와 거의 동시적이라고 할 수 있다. 무엇보다 인간의 삼중축복을 주장하고 있는 까닭에 실제적인 삶의 문제를 외면하지 않으며, 병들고 고통 받고 소외된 이웃에게 적극적인 구제와 사랑의 손길을 전하고 있다. 이런 의미에서 오중복음 신앙의 사회 참여는 복음적 사회 참여라고 말할 수 있겠다.

(2) 사회를 향해 열린 복음

오중복음 신앙의 특징은 사회에 대해 줄기차게 복음을 증거하고 있다는 것이다. 물론 많은 교회들이 전도와 선교에 힘을 쏟고 있지만 오중복음의 신앙을 기반으로 한 여의도순복음교회만큼 복음 전파에 열정적인 교회도 드물 것이다. 이러한 사실은 한편으로는 사회에 대한 사랑이 뜨겁고 인간 구원에 대한 책임 의식이 강하다는 것을 말해 주고 있다.

이처럼 사회를 향해 열려 있는 오중복음의 신앙은 문서 선교를 통해서도 지대한 공헌을 하고 있다. 무엇보다 1989년부터 발간된 국민일보는 종합 일간지로서 복음을 싣고 있다는 데 그 특징이 있다. 기독교인만의 신문이 아니라 모든 사람이 뉴스와 정보를 접하면서 가장 기쁜 소식인 복음을 자연스럽게 받아들이도록 권면하는 것이다.

또한 오중복음의 신앙은 소위 인터넷으로 대변되는 디지털 시대에도 능동적으로 발맞추어 가고 있다. 한국어 외 7개 국어-영어, 일본어, 중국어, 스페인 어, 프랑스 어, 러시아 어, 독일어-로 제공되는 글로벌 인터넷 홈페이지인 FGTV를 효과적으로 운영하고 있으며, 새로운 TV 운영 방식인 IPTV를 통해 실시간으로 복음적인 설교, 선교 방송 그리고 기독교계의 소식들을 온 세계에 송출하고 있다. 최근에는 전 세계 스마트폰 사용자를 대상으로 교회 홈페이지의 다양한 콘텐츠를 제공하고 있다. 이처럼 온라인(on-line)과 오프라인(off-line)을 통해 희망의 오중복음 메시지를 전함으로써 수많은 사람들에게 그리스도의 복음을 소개하고, 그들을 기독교 공동체로 초청하고 있다.

오늘날은 정보화 시대요 매스 미디어의 시대다. 하루가 다르게 새로운 정보와 새로운 소식이 요구되는 이때에 복음의 말씀이 끊임없이 새롭게 퍼져 나갈 수 있다는 것은 가히 경이적인 일이라 하지 않을 수 없다. 이것은 복음의 메시지만이 세상을 구원할 수 있고 사람을 전인적으로 살릴 수 있다는 복음적 사회 참여에의 책임 의식이 가져다준 소산이다.

(3) 사랑 나눔 운동

오중복음의 성령론적 윤리의 특징은 성도가 자발적인 사랑의 열매를 맺는다는 것이다. 성령충만의 결과는 사랑의 결실로 나타나기 때문이다. 또한 오중복음에서 축복의 복음은 하나님의 은혜로 받은 그 축복을 남을 위해 사랑으로 나누어 주고 구제하는 나눔의 신앙을 의미한다.

오중복음의 신앙을 소유한 여의도순복음교회도 이러한 사랑의 나눔 운동과 구제 사업을 활발히 전개하고 있다. 이것은 신앙이 삶과 유리되지 않았음을 보여 주며, 교회가 사회를 향해 적극적인 봉사의 책임 의식을 지니고 있음을 말해 준다.

Part 4. 오중복음과 기독교 윤리

4 　사회 참여적 기독교 윤리에 대한 역사적 고찰

(1) 웨슬리

① 웨슬리의 성령 체험

존 웨슬리(John Wesley)는 자기 자신의 힘으로 의롭다 함을 받으려 하였고, 그 노력의 결과로 하나님의 구원을 얻는다고 생각했다. 이런 그가 1738년 5월 24일 밤 런던의 올더스게이트(Aldersgate Street)에 있는 집회에 참석하여 루터의 로마서 주석의 서문을 낭독하는 것을 듣다가 마음에 변화를 받는 사건이 일어났다. 그는 올더스게이트의 체험을 성령세례라는 사도행전적 용어로 표현하지는 않았으나 그것은 자신이 나중에 서술한 것처럼 칭의와는 구별되는 두 번째 은혜로운 체험이었다.

복음 전파로 영국의 사회 변혁에 앞장섰던 웨슬리

② 웨슬리의 사회 윤리와 그 영향력

우리는 성령론적 윤리의 가능성을 존 웨슬리[246]에게서 발견할 수 있다. 웨슬리의 성령 체험 후 그에게 윤리적 변화가 일어났다. 성령 체험 이전에 그의 윤리는 그 자신의 영혼을 구원하려는 깊은 관심에서 발생한 것이었다. 그러나 성령 체험 이후에는 그리스도 안에서 알게 된 새로운 사랑의 힘으로 다른 사람들을 위해 자기 자신을 내줄 수 있게 되었다.247) 이것은 그의 윤리가 개인 윤리에서 사회 윤리로 확장되었음을 말해 주고 있다.

이후 웨슬리의 성령 운동은 개인의 성화에 머물지 않고 사회의 변화를 가져왔다. 즉 웨슬리의 구원은 '영혼 구원'과 '개인 변혁'에서 출발하지만 이러한 성취는 이웃과 사회 전체를 거룩하게 만드는 일을 통해 완성되었다.248)

그 당시 도덕적 타락과 부패가 만연하고 폭력이 난무한 영국을 웨슬리는 복음 전파를 통해 구해 냈다. 그는 기독교가 사회적인 종교로서 사회를 새롭게 변혁할 책임이 있음을 주장하며 사회 변혁에 앞장섰다. 웨슬리는 사회봉사와 구제를 통해 어려운 이웃을 도왔다. 돈, 의류, 식량, 연료 및 생활필수품을 모아 가난한 이들에게 나누어 주는 일을 게을리하지 않았다. 가난한 이들의 자립을 위해 일자리를 알선해 주고, 일자리 창출을 위한 공장을 세웠으며, 가난한 사람들을 위해 무이자로 돈을 빌려 주는 대여 금고를 설립했다.249) 더 나아가 자선 단체를 만들고 무료 의료 시설(의료 복지) 및 탁아소(아동 복지), 양로원(노인 복지), 고아원 등 사회 복지 시설을 설립 운영했다. 그리고 가난하여 학교에 가지 못하는 아이들을 위해 주일 학교(교육 사업)도 운영했다. 이렇게 인도주의적인 개혁 방법을 통해 이웃 사랑의 희생과 봉사, 헌신의 구체적인 열매들을 맺었다.

뿐만 아니라 정치적으로는 농민들을 무산 계급으로 만드는 것을 비판했으며, 노예 제도의 폐지를 위한 서명 운동250)을 펼치고 상속법 시정을 정부에 요구하는 등 사회 제도적 변혁을 위해 부단히

노력했다.[251]

엘리 할레비(Elie Halevy)와 렉키(W. E. H. Lecky)를 비롯한 여러 학자들은 18세기부터 19세기 초까지의 웨슬리 복음 운동이 프랑스 혁명과 같은 폭력적 피의 혁명의 위기에서 영국을 구원했다고 주장했다. 특히 할레비는 같은 시대에 유럽의 여러 나라에서 자주 일어났던 민중의 폭력적 혁명이 왜 영국에서는 일어나지 않았는가에 대해 의문을 갖고 영국 역사를 연구하던 중 그 해답을 18세기부터 19세기 초까지의 웨슬리 감리교 부흥 운동에서 찾았다. 그는 웨슬리의 복음 운동이 당시 영국의 가난한 노동자 계급(the poor people of the working class)과 중산층에게 청교도적 경건주의의 실천을 통한 보수주의적인 세계관을 심어 준 것이 민중의 폭력적 혁명을 피하게 했다고 설명했다.[252]

웨슬리의 실천적 사회 윤리는 지금까지도 영향을 주어 현 교회에 부과된 사회적 책임에 대한 구체적 대안을 제시해 주고 있다.

(2) 20세기 오순절 운동

초기 오순절주의자들은 성경이 말하는 것을 문자적으로 지키는 삶을 중요시했다. 그들은 성경에 언급된 오순절 경험을 통해 하나님께 더 가까이 갈 수 있다고 생각했을 뿐만 아니라 성령이 충만한 가운데 그리스도의 사랑을 이웃에 실천하고 사회를 변화시키고자 노력했다. 성령충만이 개인의 성화뿐만 아니라 사회의 성화까지 이루었던 흔적을 20세기 초의 오순절 운동에서 찾아볼 수 있다.

① 웨일즈 부흥 운동

20세기 초의 오순절 성령 운동은 전 세계에서 동시다발적으로 일어났는데, 이 운동의 중요한 특징 가운데 하나가 사회 변화를 동반했다는 점이다. 1904년 이반 로버츠(Evan J. Roberts)

사회 정화 운동으로 이어진 웨일즈 운동

라는 젊은 청년을 사용하여 하나님께서 웨일즈(Wales)를 중심으로 온 영국에 성령의 불길을 퍼뜨리셨다.[253] 웨일즈 운동은 사회 정화 운동으로 이어져 한때 도시 전체에서 범죄가 완전히 없어지기도 했다.[254] 이 운동은 영국은 물론 유럽과 아시아 지역으로 확산되었으며, 우리나라의 장대현교회를 중심으로 1907년에 일어난 평양 부흥 운동에도 간접적으로 영향을 끼쳤다.[255]

② 아주사의 오순절 성령 운동

1906년 4월 9일 미국 로스앤젤레스 중심부에 있는 아주사 거리(Azusa Street)에서 흑인 설교자 시무어(William J. Seymour)를 중심으로 시작된 부흥 사건을 통해 수많은 사람들이 성령의 세례를 체험하고 그 결과 방언을 말하는 현상이 일어났다. 시무어는 이 사건을 종말에 대한 고지로 보았으며, 아주사의 성령 강림은 전 세계적으로 그리스도의 재림을 준비하게 하는 각성 운동의 시발점이 되었다. 프랭크 바틀만은 이 사건에 대해 "로스엔젤레스는 하나님의 마음에 있어서 교회를 회복시키는 곳과 같다."256)라며 의미를 부여했다.

아주사 부흥 운동의 중요한 의미는 이 운동이 미국의 인종 차별의 벽을 허무는 데 중요한 역할을 했다는 점이다. 아주사 부흥 운동을 알리는 잡지였던 「사도적 신앙」은 하나님께서 마구간 교회를 사용한 이유를 다음과 같이 이야기한다.257)

> 만약에 아주 멋진 교회에서 그 역사가 일어났다면 가난한 유색 인종들이나 히스패닉들은 그 역사를 접할 수 없었을 것이다. 그러나 여기에서 부흥을 일으킨 하나님을 찬양하라. 전능하신 하나님은 모든 육체에 그의 성령을 부어 주시겠다고 하셨다. …… 모든 민족이 얼마나 자유롭게 느끼는지를 누구나 볼 수 있다. 멕시칸이나 독일계가 영어를 못한다 해도 자유롭게 일어나 모국어로 기도를 하면 성령께서 그것을 통역해 주시므로 다른 사람들이 아멘을 한다. 하나님께서는 피부색이나 차림새 또는 교육 정도 때문에 도구로 쓰기를 거절하는 경우가 결코 없다. 이것이 바로 하나님께서 이곳을 통해 역사를 일으키신 이유다.

아주사 부흥 운동을 주도했던 시무어와 바틀만

아주사 부흥 운동에는 흑인보다 백인이 더 많이 참여했다. 바틀만은 이러한 현상에 대해 피부 색깔이 그리스도의 보혈로 다 씻겼기 때문이라고 말하면서 "아주사의 사역을 통해 그리스도의 보혈이 교회에서 다시 회복되었다."라고 선언했다.[258] 아주사 부흥 운동이 미국의 인종 차별 정책 폐지 운동보다 훨씬 이전에 일어났다는 점을 생각할 때[259] 성령충만한 기독교인의 윤리는 세속적인 사회 윤리를 초월하거나 앞서가고 있음을 알 수 있다.

아주사 부흥 운동의 또 한 가지 특징은 성령세례와 성화와의 관계다. 시무어는 3단계 은혜를 주장하는 자였으며, 능력과 함께 성결을 강조한 성결 오순절주의자였다.[260] 그는 "성령세례를 받은 분명한 증거가 무엇인가?"라고 묻는 독자의 질문에 "사랑과 자비다. 갈라디아서 5장 22절의 성령의 열매가 진정한 성경적 증거다. 그리고 외적인 나타남은 방언, 귀신 쫓음, 신유, 그리고 영혼에 대한 사랑이다."라고 대답했다.[261] 오늘날 성령 운동에서 성화에 대한 강조가 약화되고 있는 점을 안타깝게 여기는 스티븐 랜드는 그의 책 『오순절 영성』에서 "성령세례의 핵심은 얼마나 많은 은사나 어떤 종류의 은사가 나타나느냐 하는 것이 아니다. 그 핵심은 변화에 자신을 내어놓으며, 겸손히 순종하며, 하나님의 일들에 대한 열정을 갖기 위해 하나님의 충만함 가운데서 살고 행하는 것이다(골로새서 3:1~3)."라고 지적한다.[262] 스티븐 랜드의 주장처럼 오늘날 오순절주의자들이 놓치고 있고 회복해야 할 것이 있다면 성화에 대한 강조다. 성령의 열매는 그리스도의 성품의 열매들이며, 성령 충만은 그리스도로 충만해지는 체험이다.

③ 1907년 평양 대부흥 운동

평양 장대현교회 당회원들(가운데 길선주 목사)

20세기 초 한국 교회의 성령 운동은 회개와 함께 시작되었다. 1907년 평양의 장대현교회에서 길선주 목사는(당시 장로) 기도회를 마친 후 회개의 시간에 많은 사람들 앞에서 자신의 죄를 회개했다. 그러자 갑자기 성도들 사이에서 통회의 자복이 터져 나오더니 성령의 역사가 나타나기 시작했다.263) 당시 기록에 의하면 성령을 체험한 한 어린 아이가 전에 훔쳐 먹었던 호떡집 주인을 찾아가 회개하고 그 대금을 배상해 주어 믿지 않은 사회에서 큰 화젯거리가 되기도 했다. 또한 교회는 성령을 통한 부흥 운동과 함께 금주, 금연, 절제 운동을 통해 교회 안과 밖에서 새롭게 하시는 성령의 역사를 체험하게 했다. 특히 금주, 금연 운동은 초기 우리나라 사회의 방종과 타락, 도박과 탈선을 방지하는 데 크게 기여했고, 오늘날 사회 정화의 기틀을 마련했다.264)

④ 한국의 초기 오순절주의자들

공식적으로 한국에 오순절 신앙을 처음 소개한 럼시(Marry C. Rumsey) 선교사는 당시 구세군 본부에서 일하고 있던 허홍과 함께 서빙고에 최초의 오순절 교회인 서빙고교회를 세웠다. 이 교회에 일본에서 성경 훈련을 받고 오순절 신앙 체험을 한 박성산 목사가 처음으로 부임했다. 박성산 목사는 설교를 통해 "성령세례의 표적은 방언이며 바람직한 그리스도인의 모습은 성령충만함과 사회 참여"라고 말했다.265) 한국의 초창기 오순절주의자들도 사회 참여에 대해 관심을 가졌다. 한국에서의 오순절 성령 운동의 사회 윤리는 여의도순복음교회로 인해 더욱 충실하게 실천되고 있다.

한국 최초 오순절 교회인 서빙고교회를 설립한 럼시 선교사와 허홍 목사

(3) 여의도순복음교회의 사회 참여

① 여의도순복음교회의 사회 참여 배경

여의도순복음교회는 축복 신앙으로 많이 알려져 이로 인해 오해와 비판도 적지 않게 받아 왔다. 하나님께 복을 구하는 축복 신앙은 기복 신앙이나 무속 신앙과는 전혀 다르다. 무속 신앙에는 다른 사람이나 공동체의 이익을 생각하는 윤리가 없다. 기복 신앙은 자기희생이나 회개를 통한 인격적인 변화나 성숙을 요구하지 않는다. 그러나 축복 신앙은 회개와 변화를 동반하며 성도를 헌신으로 이끈다. 삼중축복을 이야기하는 요한3서 1장 2절의 축복의 배경에는 가이오의 헌신이 깔려 있다. 그물이 찢어질 정도로 고기를 많이 잡은 베드로는 예수님이 누구신지 알고는 스스로

죄인임을 고백한 후 예수께서 부르실 때 모든 것을 버리고 예수님을 좇았다(누가복음 5:1~11). 축복은 신앙의 목적이 아니라 헌신을 위한 과정이며, 하나님께서 그의 백성을 인격적으로 변화시키기 위한 은혜의 수단이다.

순복음(오순절) 교회는 가난한 자들과 약자들에 대해 지대한 관심을 가지고 있다. 초대 교회가 그러했을 뿐만 아니라 여의도순복음교회의 역사가 그것을 잘 보여 준다. 여의도순복음교회의 원로목사인 조용기 목사는 「교회성장」과의 인터뷰에서 여의도순복음교회의 존재 이유와 필요성에 대해 다음과 같이 말한 바 있다.[266]

저의 목회 45년을 통해 보면 우리 교회에서 복을 받아 고소득층이 된 사람은 강남으로 건너가고 지적인 교회로 자리를 옮겼습니다. 많은 성도들이 옮겨 갔으며 지금 남아 있는 사람들은 저소득층 성도들입니다. 저는 떠난 사람들을 원망하지 않습니다. 왜냐하면 사람은 생활의 수준에 따라 요구가 달라지기 때문입니다.

그런데 성경 말씀처럼 저소득층의 사람은 항상 있기 마련입니다. 그러므로 우리 교회는 항상 필요한 존재입니다. 저소득층에 대한 생존 메시지가 언제나 필요하기 때문에 저는 이 메시지에 중점적으로 관심을 두고 복음을 전해 왔습니다. 그 결과로 오늘 신학자들 중에 중산층 이상에 속한 사람들은 "조용기 목사는 기복주의 신앙을 전도한다. 너무 현실주의자다."라고 공격합니다. 그러나 그 사람들은 제가 살아온 삶을 걸어오지 않은 부유하고 편안한 삶을 살아왔기 때문에 그런 이야기를 한다고 생각합니다. 절박한 생존 경쟁에 힘들어

하는 양 무리를 거느리지 않았기 때문에 그런 말을 할 수 있다고 이해합니다. 그러므로 대상에 따른 목회가 절실히 필요합니다. 이렇게 교회성장이라는 것은 단편적으로 하나로 정의할 수 없습니다. 상층 사회의 목회, 중산층 사회의 목회, 생존 경쟁으로 몸부림치는 하층 사회의 목회가 따로 있고 그들에게 필요한 메시지와 제도와 조직이 각각 있습니다. 거기에 응하면 교회가 그 계층에 대한 교회성장을 이룰 수 있는 것입니다.

여의도순복음교회의 후임 목사로서 필자 역시 「신동아」(2009년 5월 호)와 「월간조선」(2010년 1월 호)에 동일한 맥락의 글을 기고한 바 있다.[267] 여의도순복음교회는 그동안 하나님께 복을 많이 받았다. 그러나 그렇다고 해서 하나님의 축복 속에만 머물지 않고 하나님께서 성령을 부으신 이유, 즉 복을 주신 하나님의 뜻에 따라 구제와 선행과 나눔을 지향하며 나아가고 있다. 이에 여의도순복음교회는 1980년대에 들어서 본격적으로 나누는 일에 동참하게 되었다.

② 여의도순복음교회의 나눔 활동
(ㄱ) 사회 복지 활동
여의도순복음교회는 지난 30여 년 동안 국내뿐만 아니라 국경을 초월하여 다양한 구호 사업을 전개해 왔다. 기독교 정신에 입각하여 불우한 아동들을 돕는 '홀트아동복지회'를 일찍부터 후원하고 있으며, 1982년에는 '나누어 갖기 운동'을 시작하여 고아원, 양로원, 농어촌 교회, 저소득층 가정 등을 지원하고 있다. 1984년부

조용기심장전문병원 착공식

사랑과행복나눔재단

터는 '심장병 환자 무료 시술 사업'을 시행하고 있으며 2010년 3월까지 26년간 4,268명에게 새 생명을 전했다.[268] 2008년에는 북한의 평양에 '조용기 심장전문병원'이 착공되었다. 1986년에는 불우 청소년과 노인들을 위해 '엘림복지타운'을 설립하여 대규모 사회 구제 사업을 시작했다. 교회에서 폐지 수집 기구, 의료 수집 기구, 그리고 재난 구제 기구 등도 운영하고 있다. 1988년부터 적극적으로 전개한 '사랑의 헌혈 운동'을 통해 기증받은 헌혈 증서로 심장병 환자 시술 사업에 큰 보탬을 주고 있으며 1984년부터는 국내외 난민들에게 의류와 쌀 등의 구호품과 성금을 전달하고 있다. 1991년 이래로 시작된 '은혜의 빵 나누기 운동'은 방글라데시, 몽골, 베트남, 캄보디아, 모잠비크, 케냐, 에티오피아, 소말리아 등 기아, 질병, 전쟁으로 고통 받는 전 세계 사람들을 구제했다.

또한 조용기 목사는 교회의 창립 50주년을 희년으로 묘사하며, 교회가 50년간 축복을 경험해 온 것처럼 이제는 나눔의 50년을 새

롭게 시작하자며 2008년에 '사랑과행복나눔재단'을 설립하여 사랑을 실천하고 있다.269)

(ㄴ) 언론 및 교육 분야

여의도순복음교회는 기독교 정신을 기반으로 하는 언론과 교육 분야에도 참여하고 있다. 1998년 개신교 역사상 세계 최초의 기독교 일간지인 〈국민일보〉를 창간함으로써 매스컴 선

한세대학교

교의 새로운 가능성을 열었다. 언론 사업 외에도 국민일보는 소외되고 고통 받는 이웃을 위한 사랑의 실천 운동에 관심을 기울여 '소년 소녀 가장 돕기', '아프리카 난민 돕기', '사랑의 헌혈' 등 다양한 사회봉사 운동을 활발하게 전개하고 있다. 한세대학교를 설립하여 미래의 오순절 성령 운동을 위한 세계적인 인재 양성과 기독교 정신에 입각한 지도자 양성에도 매진하고 있다.

(ㄷ) NGO 활동

여의도순복음교회는 1999년 비정부 조직(NGO)인 '굿피플' (Good People)을 세워 국제적으로 광범위한 활동을 하고 있다. UN 산하에 등록된 NGO인 '굿피플'은 '제3세계'를 지원하는 사업의 일환으로 필리핀, 인도네시아, 베트남, 스리랑카, 방글라데시, 아

프가니스탄, 아이티 등에 다양한 구제 활동과 함께 교육 및 의료 프로젝트들을 지원하고 있으며, 고통 받는 난민들을 돕고 있다.

또한 탈북한 '새터민'들을 위해 '굿피플 대학'을 개강하여 이들이 한국 사회에 성공적으로 정착할 수 있도록 기독교 정신에 입각한 종합적인 전인 교육을 실시했으며, 2004년에 이를 '자유시민대학'으로 개칭하여 지난 6년간 총 300여 명의 졸업생을 배출했다.

2002년에는 NGO 재난 구조단인 '굿피플재난구조단'을 결성하여 국내외의 긴급 구호 활동을 전개하고 있다. 이 밖에 '세계실명예방봉사단'을 발족시켜 실명 위기에 있는 사람들을 돕고 있으며, 노숙인들이 새로운 삶을 시작할 수 있도록 '굿피플하우스'를 설치하여 운영하고 있다.

(ㄹ) 환경 운동

여의도순복음교회는 사회 운동뿐만 아니라 환경 운동에도 많은 관심과 노력을 기울이고 있다. 국내외 환경 보존과 공해 추방을 통한 사회 활동 및 복음 전도를 위해 1995년 '기독교환경운동선교회'(CGM선교회)를 창설했다. 하나님께서 창조하신 생태계를 보존하기 위해 설립된 이 선교회는 환경과 관련하여 국

굿피플 제3세계 지원 사업

민 의식을 선도하고 캠페인을 전개하는 등 환경 보호 운동에 앞장서고 있다. 1997년에는 '대만 핵폐기물 이전 반대 운동'을 전개했으며, '굿피플'의 '환경선교국'과 '환경운동선교회'는 서울시로부터 '샛강생태공원'의 운영권을 인계 받아 2000년 3월 11일 '여의도샛강생태공원 운영단'을 발족하여 지금까지 자연 보호 운동을 전개하고 있다. 또한 순복음성시화운동본부를 통해 환경 보존 운동과 근검 절약 운동에 앞장서고 있다.

③ 여의도순복음교회 사역의 패러다임 전환(Paradigm Shift)

여의도순복음교회는 개인 구원뿐만 아니라 사회 구원의 지평을 계속해서 넓혀 가고 있다. 조용기 목사는 2005년도 시무 예배 시 충격적인 선포를 했다. 그가 이제까지 견지해 온 전인구원의 개념이 개인 구원 중심이었음을 적나라하게 고백하고, 개인 구원 중심의 구원관이 오늘의 상황에서 새롭게 재조명되어야 할 필요를 역설했다. 조용기 목사는 요한복음 3장 16절을 설명하면서 하나님이 사랑하신 '세상'은 사람뿐만 아니라 자연을 포함하는 개념임을 지적하였다.

"저는 최근에 저의 47년간의 사역이 많은 부분에서 충분하지 못했음을 발견하게 되었습니다. 성경은 말하기를 "하나님이 세상을 이처럼 사랑하사 독생자를 주셨으니 이는 그를 믿는 자마다 멸망하지 않고 영생을 얻게 하려 하심이라."라고 했습니다. 그러나 저는 이 말씀을 잘못 해석했습니다. 저는 이 말씀을 하나님이 '세상'이 아니라 '사람'을 사랑해서 하나뿐인 독생자를 주셨다고 이해했습니다. 여기에서 말하는 '세상'은 무엇일까요? 세상은 사람, 사회, 하늘, 땅, 바다, 식물, 곤충, 동물 등 모든 것을 말합니다. 성경은 말하기를 하나님이 '세상'을 이처럼 사랑하사 독생자를 주셨다고 했지 '사람'을 사랑해서 독생자를 주셨다고 제한하시거나 말씀하시지 않았습니다.

우리는 자연에 대한 책임이 있습니다. 예수님이 십자가에서 죽으실 때 자연도 구원하신 것입니다. 아담의 타락으로 자연이 저주를 받았지만 십자가에서 흘리신 예수님의 보혈은 자연도 구원한 것입니다. 벌레와 곤충까지 모든 것을 하나님이 창조하신 것입니다. 그들은 타락한 상황에서 고통스런 삶을 살고 있습니다. 우리는 자연을 위해 기도하고 축복해야 합니다. 인간은 자연이 살아있을 때 살 수 있습니다. 우리는 그런 운동을 발전시켜야 합니다."

조용기 목사는 "그동안 인간 구원에 대해 너무 집착했기 때문에 하나님의 구원의 은총이 사회를 변화시키고 자연을 변화시킬 수 있음에도 불구하고 하나님의 구원 사역에 동참하지 못했다."라고 고백했다. 그는 "아담의 타락은 우주적인 사건이었으며 사회악의 근원이 되었고 자연의 타락을 가져왔다. 아담이 타락한 결과 마귀는 사람만 점령한 것이 아니라 사회도 점령하고 자연도 점령했다. 그러므로 생태계에 대한 관심을 갖지 않는 구원은 전인구원이라고 할 수 없다."라고 했다. 이어서 "새해에는 우리가 영혼 구원, 그리고 사회악을 제거하기 위한 모든 운동과 일, 그다음에는 우리 환경 지킴이 운동을 적극적으로 증거하는 해"로 만들도록 할 것이라고 목회 방침의 전환을 밝힌 바 있다. 조용기 목사의 2005년 시무 예배 메시지는 많은 사람들에게 신선한 충격과 새로운 변화에 대한 도전을 주었으며, 국제적으로 환영을 받기까지 했다. 조용기 목사의 이 시무 예배 강연 내용을 전해 들은 몰트만 교수는 절대적인 지지와 환영의 메시지를 즉시 이메일로 보낸 바 있다. 그는 여의도 순복음교회가 영혼 구원, 사회 구원, 자연의 회복을 가져올 때 '세계를 포용하는 순복음교회'가 될 것임을 확신한다고 했다.[270]

오순절 성령 운동의 선봉에 서 있는 여의도순복음교회는 성령은 개인의 영혼뿐만 아니라 세계를 품으시는 영이시며 성령의 은혜를 베푸신 것은 예수 그리스도의 십자가 사랑을 실천하는 성숙한 신앙으로 이끌기 위한 것임을 자각하고 있다.

(4) 과제
① 오순절 성령 운동의 회고 및 반성

오순절 성령 운동을 하는 교회가 앞장서서 사회 참여를 하는 것이 성경적이면서 하나님의 뜻임에도 불구하고 일각에서 그렇지 못한 모습을 보인 것은 깊이 반성해야 할 과제다.[271] 이처럼 불미스러운 일이 일어난 이유는 인격적인 성숙을 위해 간절히 하나님께 의지하지 않았기 때문일 것이다. 성령의 능력 있는 은사와 인격적인 열매는 전혀 무관한 것은 아니지만 그렇다고 해서 후자가 전자에 자연히 동반되는 것은 아니다. 비록 성령의 충만함을 받고 그 사역에 성령의 은사와 능력이 나타나더라도 거룩하게 하시는 성령으로 말미암은 윤리적인 변화와 인격적인 성숙을 가져오기 위해서는 인간의 의지적인 결단과 매달림이 필요하다.[272]

② 여의도순복음교회의 전망과 방향

여의도순복음교회는 성도들의 성령충만의 체험을 통한 영적 성숙을 위해 더욱 노력할 것이다. 그리스도인의 변화의 가능성 및 잠재력은 성령에 있기 때문이다. 이와 함께 여의도순복음교회는 개인의 성화와 함께 사회의 성화라는 더 큰 성령의 윤리적 요구에 적극적으로 동참할 계획이다. 이를 위해 여의도순복음교회는 다음과 같은 활동에 적극적으로 참여할 것이다.

첫째, 사도행전의 교회가 소외된 사람들을 섬겼듯이 사랑과행복 나눔 운동을 통해 소외된 계층을 섬기는 일에 최선의 노력을 기울일 것이다. 사랑은 분열된 사회와 원수된 인간을 하나 되게 하는 강력한 띠다. 구제와 나눔을 통한 사랑의 실천 없이 교회와 인간은 진정한 하나가 될 수 없다. 이웃에게 관심을 갖지 않는 복음은 내가 아무리 많은 복을 받더라도 성경적인 복음이라고 할 수 없다. 전인적인 축복과 구원을 주는 복음은 나 혼자만 복을 받는 복음이 아니라 이웃과 사회를 품고 기도하며 다 함께 잘 사는 행복한 사회를 만드는 복음이다.

둘째, 사회를 향해 열린 복음을 전할 것이다. 한국 사회는 현재 많은 문제를 안고 있다. 통일, 다문화 가족, 노사 갈등, 이념 갈등, 가정 파괴로 인해 버려진 아이들, 소년 소녀 가장, 노숙자, 낙태와

Chapter 4. 오중복음과 사회 참여

미혼모, 이혼과 저출산의 문제 등 해결해야 할 과제가 많다. 이러한 다문화와 가치 부재의 시대에서 어느 것 하나 바른 해결책을 제시해 주지 못하고 있다. 역설적으로 말하면, 오늘날 한국 사회의 위기는 문화를 변혁시키고 사회를 복음으로 이끄는 교회의 사명을 다할 수 있는 좋은 기회라고 볼 수 있다. 이 기회를 잘 활용하기 위해서는 복음이 사회를 향해 열려 있어야 한다. 그럴 때 교회는 세상의 소리를 들을 수 있고, 세상은 복음의 소리를 들을 수 있다.

셋째, 성령충만을 더욱 강조할 것이다. 여의도순복음교회의 사역의 전환은 오순절 성령의 역사를 무효화하는 것이 아니다. 필자는 초대 교회의 유무상통하는 사회가 오순절 성령충만의 결과였다는 것을 늘 마음에 깊이 새기고 있다. 인간의 모든 이상과 꿈은 성령의 역사 없이는 이루어지지 않는다. 만물을 새롭게 하시고 우리에게 천국을 주시는 분이 바로 성령 하나님이시다. 사랑의 실천 역시 성령의 감동 없이는 일어날 수 없다. 여의도순복음교회가 성도 개개인과 사회를 향해 품고 있는 미래의 과제가 바로 우리 모두가 실천해야 할 과제이며 그것이 또한 주님이 우리를 통해서 이루고자 하는 과제라고 생각한다.

초대 교회가 성령을 통해 예수님의 꿈을 이루어 나갔듯이 오늘날 모든 한국 교회와 성도들이 성령에 붙잡힌다면 주님이 오시는 그날까지 교회와 성도는 세상의 소금과 빛의 역할을 충실히 감당할 것이며, 하나님 나라가 이 땅에 크게 확장될 것이다.

이처럼 오중복음에 근거한 사랑의 나눔 운동은 말로만 하는 복음 전파가 아닌 실질적으로 피부에 와 닿는 복음 증거를 통해 교회와 사회가 그리스도의 사랑 안에서 하나가 되고 사회가 복음으로 변화되는 놀라운 역사가 나타나고 있음을 보여 주고 있다.

십자가, 순복음 신앙의 뿌리
Part 4. 오중복음과 기독교 윤리

Chapter 1 오중복음과 기독교 윤리학적 본질

오중복음은 신앙과 생활이 유리되지 않게 긴밀히 통합하여 잘 조화시키는 실제적인 복음이라 할 수 있다. 삼중축복은 오중복음의 실천의 장으로서 요한3서 1장 2절의 말씀에 따라 모든 인간이 추구해야 할 바람직한 삶의 상태, 즉 우리가 추구해야할 윤리적인 가치의 문제라고 볼 수 있다.

Chapter 2 오중복음의 기독교 윤리학적 특징

오중복음의 기독교 윤리학적 특징은 한마디로 성령론적 윤리라고 할 수 있다. 성령은 기독교인이 윤리적으로 바르게 생활할 수 있도록 가르치고 도와주신다. 그러므로 우리 시대의 윤리적인 문제들을 해결하는 데 있어 우리를 향한 하나님의 뜻을 발견하는 길은 오직 우리 안에 내재하시는 그리스도의 영을 통해서만 가능하다.

Chapter 3 오중복음과 사회 윤리

하나님의 백성이 이 땅에 살아가기 위해서는 물질의 소유뿐만 아니라 환경, 생명 등에 대한 기본적인 자세가 정립되어야 한다. 또한 급변하는 시대 속에서 발생하는 통일, 저출산, 다문화 이주민들의 인권 문제 등에도 대처하는 자세가 필요하다. 순복음교회는 오중복음의 입장에서 적극적으로 사회에 대한 선교와 봉사의 역할 담당에 힘쓰고 있다.

Chapter 4 오중복음과 사회 참여

오중복음의 윤리는 주변에 무관심하지 않은 사회 참여적 윤리로서, 진정한 성령론적 윤리는 자신이 가진 것을 나누는 일과 자기희생으로 나타난다. 교회는 성령의 공동체로서 개인적 차원과 사회적 차원에서 변화시키는 윤리적 공동체의 역할을 한다. 또한 사랑과 친교의 공동체로서 사회 변화의 원동력으로 작용하여 이 땅에 하나님의 나라가 이뤄지는 도구로 쓰임 받아야 한다.

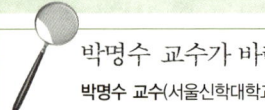

박명수 교수가 바라본 순복음의 사회 참여
박명수 교수(서울신학대학교 현대기독교역사연구소장)

　순복음교회는 한국 사회의 변화와 함께 성장하였습니다. 해방 후 절대 절망의 상황에 있는 사람들에게 조용기 목사는 절대 희망을 외쳤습니다. 60년대와 70년대 산업화 시대에 많은 사람들은 꿈을 갖고 서울로 몰려들었고, 이때 한국 사회는 "잘 살아 보세"라는 새마을 노래를 불렀습니다. 당시 조용기 목사는 "할 수 있거든이 무슨 말이냐 믿는 자에게는 능히 하지 못할 일이 없느니라(마가복음 9:23)."를 외치면서 한국 사회에 희망을 주었습니다. 그 결과 우리 한국 사회는 세계에서 유래가 없는 경제 성장을 이루게 되었습니다.

　하지만 너무 빨리 달리다 보니 부작용도 많이 보이게 되었습니다. 못 따라 오는 사람도 있고, 앉아서 울고 있는 사람도 있었습니다. 이런 사람들을 돌아보면서 조용기 목사는 새로운 메시지를 외쳤습니다. 바로 '하나님의 십자가 사랑' 입니다. 여의도순복음교회는 그 사랑을 가지고 성장에서 낙오된 사람들에 대한 따뜻한 배려에서 복지사업을 전개하고, 이북에서 내려온 탈북자를 도우며, 북한의 심장병을 고쳐주기 위해서 병원을 세우고, 이제는 산업화로 인해 파손된 환경을 회복하기 위해서 노력하고 있습니다.

　이와 같은 여의도순복음교회의 사회 참여는 분명한 성경적인 근거에서 출발합니다. 그것은 인간의 타락으로 영혼, 육체, 자연이 파괴되어 죄, 질병, 가난이 찾아오게 되었고, 예수 그리스도의 십자가의 대속으로 구원, 치유, 축복이 우리에게 전해진 것, 이것은 성서의 온전한 복음(Full Gospel)이며, 그 결과는 하나님이 주시는 위대한 온전한 구원(Full Salvation)입니다. 하나님의 구속의 역사는 영혼이나 개인에 국한될 수 없습니다. 그의 영역은 사회와 자연을 포함합니다. 이런 역사가 예수 그리스도를 구주로 영접하는데서 출발한다는 것은 분명합니다.

주석

| 주석 |

1) Dictionary of Pentecostal and Charismatic Movements, 1988 ed., 'Full Gospel Business Men's Fellowship International', by J. R. Zeigler. p. 321.
2) 위의 책, pp. 322, 323.
3) 위의 책, p. 323.
4) 조용기, 『5중복음과 삼박자축복』(서울 : 서울서적, 1990), p. 12.
5) 영산연구원, 『오중복음과 삼중구원의 축복』(서울서적, 1991), p. 24. 여기서 질병의 치료와 축복은 영혼이 거듭나 중생케 되는 구원 사역 이후 하나님이 우리에게 값없이 주시는 은혜를 말한다. 일각에서 이 개념을 잘못 이해하여 병 고침을 받고 축복받아야만 구원 받은 것이라고 순복음에서 주장한다고 하는데, 이는 전혀 신학적 연구를 거치지 않은 편견에서 온 의견이다.
6) 위의 책, pp. 19~21.
7) 조용기, 「5중복음과 삼박자축복」, p. 238.
8) 위의 책, p. 124.
9) 영산연구원, 앞의 책, pp. 125, 126.
10) 위의 책, p. 126.
11) 위의 책, pp. 126, 127.
12) 위의 책, pp. 127~129.
13) 위의 책, p. 129.
14) 조용기, 『5중복음과 삼박자축복』, p. 244.
15) 위의 책, p. 130.
16) 위의 책, pp. 130, 131.
17) 조용기, 『나는 이렇게 설교한다』(서울 : 서울서적, 1989), p. 251.
18) 국제신학연구원, 「하나님의 성회 교회사」(서울: 서울서적, 1993), p. 189.

19) 영산연구원, 앞의 책, p. 132.
20) 국제신학연구원, 앞의 책, p. 189.
21) 영산연구원, 앞의 책, p. 132.
22) 국제신학연구원, 앞의 책, p. 189.
23) 조용기, 『나는 이렇게 설교한다』, pp. 254, 255.
24) 위의 책, p. 34.
25) 한영제 편, 『단권 기독교 백과사전』(서울 : 기독교교문사, 1992), p. 643.
26) 영산연구원, 앞의 책, pp. 35, 36.
27) 위의 책, p. 35.
28) 위의 책, p. 49.
29) 국제신학연구원, 앞의 책, p. 187.
30) 조용기, 『새 생명의 길』(서울 : 여의도순복음교회, 1989), p. 47.
31) 위의 책, p. 48.
32) 국제신학연구원, 앞의 책, p. 187.
33) 조용기, 『나는 이렇게 설교한다』, pp. 248, 249.
34) 국제신학연구원, 앞의 책, p. 187.
35) 조용기, 『5중복음과 삼박자축복』, p. 51.
36) 조용기, 『나는 이렇게 설교한다』, p. 249.
37) 국제신학연구원, 앞의 책, p. 188.
38) 영산연구원, 앞의 책, p. 43.
39) 영산연구원, 앞의 책, pp. 24, 25.
40) 조용기, 앞의 책, p. 14.
41) 영산연구원, 앞의 책, p. 25.
42) 위의 책.
43) 조용기, 앞의 책, p. 16.
44) 영산연구원, 앞의 책, pp. 25, 26.
45) 위의 책, p. 26.
46) 조용기, 앞의 책, p. 18.
47) 영산연구원, 앞의 책, p. 26.

48) 위의 책, p. 27.
49) 위의 책, p. 28.
50) 조용기, 앞의 책, p. 22.
51) 영산연구원, 앞의 책, pp. 28, 29.
52) 위의 책, p. 29.
53) 위의 책, p. 29.
54) 조용기, 앞의 책, p. 24.
55) 영산연구원, 앞의 책, pp. 30, 31.
56) 위의 책, pp. 31, 32.
57) 조용기, 『4차원의 영성』(서울 : 교회성장연구소, 2004), pp. 64~66.
58) 앞의 책, pp. 64, 65.
59) 위의 책, p. 67.
60) 위의 책, pp. 68, 69.
61) 위의 책, p. 69.
62) 위의 책, p. 70.
63) 위의 책, p. 73.
64) 위의 책, p. 24.
65) 위의 책, pp. 24, 25.
66) 위의 책, p. 28.
67) 위의 책, p. 29.
68) 위의 책, pp. 29, 30.
69) 위의 책, p. 30.
70) 위의 책, p. 34.
71) 위의 책, p. 35.
72) 위의 책, pp. 36, 37.
73) 위의 책, p. 37.
74) 위의 책, pp. 40, 41.
75) 위의 책, pp. 76, 77.
76) 위의 책, p. 77.

77) 위의 책, p. 78.
78) 위의 책, pp. 79, 80.
79) 위의 책, p. 80.
80) 위의 책, pp. 80, 81.
81) 위의 책, p. 81.
82) 위의 책, p. 82.
83) 위의 책, p. 82.
84) 위의 책, pp. 83, 84.
85) 위의 책, pp. 85, 86.
86) 조용기, 『5중복음과 삼박자축복』, p. 56.
87) 위의 책, p. 58.
88) 조용기, 『순복음의 진리』(下)(서울 : 영산출판사, 1979), pp. 272, 273.
89) 조용기, 『5중복음과 삼박자축복』, p. 59.
90) 조용기, 『순복음의 진리』(下), p. 262.
91) 조용기, 『5중복음과 삼박자축복』, p. 63.
92) 조용기, 『순복음의 진리』(下), p. 278.
93) 위의 책, p. 282.
94) 위의 책, p. 288.
95) 위의 책, p. 289.
96) 위의 책, p. 290.
97) 조용기, 『말씀과 믿음』(下)(서울 : 서울서적, 1981), p. 197.
98) 조용기, 『순복음의 진리』(下), p. 309.
99) 위의 책, p. 311.
100) 조용기, 『5중복음과 삼박자축복』, pp. 70, 71.
101) 조용기, 『순복음의 진리』(下), p. 311.
102) 위의 책, p. 313.
103) 위의 책, p. 315.
104) 조용기, 『순복음의 진리』(下), p. 317.
105) 조용기, 『5중복음과 삼박자축복』, p. 79.

106) 위의 책.
107) 위의 책, pp. 82~84.
108) 조용기, 『성령론』(서울 : 영산출판사, 1980), pp. 36~38.
109) 조용기, 『말씀과 믿음』(上)(서울 : 서울서적, 1981), p. 95.
110) 위의 책.
111) 위의 책.
112) 조용기, 『성령론』, pp. 45~48.
113) 위의 책, pp. 49~53.
114) 위의 책, pp. 54~82.
115) 조용기, 『5중복음과 삼박자축복』, pp. 109~113.
116) 조용기, 『5중복음과 삼박자축복』, p. 114.
117) 위의 책, p. 116.
118) 위의 책, pp. 117, 118.
119) 위의 책, p. 119.
120) 조용기, 『말씀과 믿음』(上), p. 127.
121) 조용기, 『5중복음과 삼박자축복』, p. 125.
122) 위의 책, p. 130.
123) 위의 책, p. 131.
124) 조용기, 『5중복음과 삼박자축복』, p. 172.
125) 순복음교육연구소 편, 『오중복음과 삼박자축복』(서울 : 서울서적, 1988), p. 77.
126) 위의 책, pp. 77~79.
127) 조용기, 『5중복음과 삼박자축복』, p. 182.
128) 순복음교육연구소 편, 『오중복음과 삼박자축복』, p. 84.
129) 위의 책, p. 85.
130) 위의 책, pp. 85, 86.
131) 조용기, 『5중복음과 삼박자축복』, p. 144.
132) 위의 책, p. 145.
133) 순복음교육연구소 편, 『오중복음과 삼박자축복』, p. 94.
134) 조용기, 『5중복음과 삼박자축복』, pp. 147, 148.

주석

135) 순복음교육연구소 편,『오중복음과 삼박자축복』, pp. 96, 97.
136) 위의 책, pp. 98, 99.
137) 위의 책, pp. 100, 101.
138) 위의 책, pp. 102, 103.
139) 조용기,『5중복음과 삼박자축복』, p. 204.
140) 조용기,『말씀과 믿음』(下), p. 283.
141) 위의 책.
142) 위의 책, p. 284.
143) 순복음교육연구소 편,『오중복음과 삼박자축복』, p. 109.
144) 위의 책.
145) 조용기,『말씀과 믿음』(下), p. 285.
146) 순복음교육연구소 편,『오중복음과 삼박자축복』, p. 110.
147) 조용기,『5중복음과 삼박자축복』, p. 112.
148) 순복음교육연구소 편,『오중복음과 삼박자축복』, p. 112.
149) 위의 책.
150) 조용기,『말씀과 믿음』(下), p. 292.
151) 순복음교육연구소 편,『오중복음과 삼박자 축복』, p. 112, 113.
152) 조용기,『5중복음과 삼박자축복』, p. 216.
153) 순복음교육연구소 편,『오중복음과 삼박자축복』, p. 113.
154) 위의 책, pp. 113~115.
155) 위의 책, pp. 115, 116.
156) 조용기,『5중복음과 삼박자축복』, p. 232, 233.
157) 김홍기,『세계 기독교의 역사 이야기』(서울 : 도서출판예루살렘, 1992), p. 178.
158) F. D. Brunner,『성령 신학』(A Theology of the Holy Spirit), 김명용 역(서울 : 나눔사, 1989), p. 36.
159) Donald W. Dayton, Theological Roots of Pentecostalism(Grand Rapids : Zondervan Publishing House, 1987), p. 94.
160) 위의 책, p. 96.
161) 위의 책, p. 101.

162) 위의 책, p. 105.
163) 위의 책.
164) 'Full Gospel'을 순복음으로 번역하게 된 경위에 대해서는 이 책의 '들어가며' 부분에서 '순복음의 의미'를 참조한다.
165) 위의 책, pp. 19~21.
166) 위의 책, pp. 21, 22.
167) 그러나 이 두 가지 입장 중 어떤 것이 오순절 운동을 주도적으로 대변해야 하는가는 여전히 미결로 남아 있다.
168) R. A. Torrey, 『성령의 사역』(The Person & Work of the Holy Spirit), 이성강 역(서울 : 기독교문서선교회, 1984), p. 163.
169) 토페카와 아주사 부흥 운동을 주도한 팔함과 시무어(W. J. Seymour)는 그 당시 시카고의 부흥을 주도한 더함과는 신학적으로 상이한 입장을 지니고 있었음을 주시할 필요가 있다. 결국 팔함과 세이무어로 시작되는 초기의 현대 오순절 운동은 웨슬리적인 제2의 축복, 즉 성화의 입장을 계속 유지하고 있었음을 알 수 있다.
170) Stanley M. Burgess, Gary B. McGee and Patrick H. Alexander eds., Dictionary of Pentecostal and Charismatic Movements(Grand Rapids : Zondervan Publising House, 1988), p. 4.
171) 제3의 물결이란 미국의 풀러 신학교(Fuller Theological Seminary)의 피터 와그너(C. Peter Wagner) 교수에 의해 제안된 개념이다.
172) P. A. Pomerville, The Third Force in Missions(Peabody : Hendrickson Publishers Inc., 1985), p. 104.
173) 이에 대한 자세한 논구는 Donald W. Dayton, Theological Roots of Pentecostalism, pp. 18~21을 참조한다.
174) 이에 대한 성구로는 요엘 2:23, 예레미야 5:24, 신명기 11:14, 사도행전 2:17~21, 야고보서 5:7 등을 들 수 있다. '늦은 비'에 대해서는 프로드샴 [Stanley H. Frodsham(1882~1969)]의 With Signs Following : The Story of the Latter Day Pentecostal Revival(Springfield, Mo. : Gospel Publishing House, 1926), p. 249를 참조한다.
175) 이에 관해서는 John Nichol, Pentecostal(Plainfield : Logos International,

1966), pp. 2~7을 참조한다.
176) 김홍기, 앞의 책, p. 46.
177) 위의 책, pp. 49, 50.
178) De Civitate Dei, ⅩⅣ, ⅰ, 1.
179) Summa Theologica, Ⅰ, 2, 3.
180) De Trinitate, Ⅴ, 2, 3.
181) 김홍기, 앞의 책, p. 191.
182) 위의 책, p. 192.
183) 조용기, 『5중복음과 삼박자축복』, p. 93.
184) 위의 책, pp. 104~107.
185) 이에 관해서는 위의 책, pp. 92~135를 주의 깊게 살펴본다.
186) 순복음의 7대 신앙에 대해서는 이 책 Part 1의 '7대 신앙 : 순복음 성도의 7대 신앙 고백' 부분을 참조한다.
187) 구원에 대해 조용기 목사는 예수 그리스도를 구주로 믿고 입으로 시인하면 구원에 이른다는(로마서 10:10) 점을 강조하고 있으며, 추하고 버림받아 마땅한 죄인이라도 누구든지 이러한 은혜를 받을 수 있음을 설교 때마다 강조한다. 그가 칼뱅적인 이중예정설을 피력한 설교나 글 혹은 강의를 편집자는 발견하지 못했다(편집자 주).
188) 조용기, 『말씀과 믿음』(上), pp. 119~123.
189) 조용기, 『말씀과 믿음』(下), pp. 283~193.
190) 이에 관해서는 조용기, 『말씀과 믿음』(上), pp. 115, 116, 119~123을 참조한다.
191) 이에 관해서는 J. Rodman Williams, Renewal Theology Vol. Ⅰ.(Grand Rapids : Zondervan Publishing House, 1988), pp. 161, 162를 참조한다.
192) 조용기, 『5중복음과 삼박자축복』, pp. 161, 162.
193) 이에 관한 전반적인 논의로는 C. A. 반 퍼슨, 『몸, 영혼, 정신』, 손봉호, 강연안 역(서울 : 서광사, 1985), pp. 11~24를 참조한다.
194) 조용기, 『5중복음과 삼박자축복』, p. 238.
195) 이에 관해서는 그의 책 Blessing in the Bible and the Life of the Church(Philadelphia : Fortress Press, 1978)를 참조한다.

196) 한영제 편,『단권 기독교 백과사전』, p. 1446.
197) 장병일, '유형학적 입장에서 본 기독교와 샤머니즘',『기독교 사상』, 1961. 6, p. 59.
198) 박봉배, '한국 기독교의 토착화',『기독교 사상』, 1971. 1, p. 81.
199) 국제신학연구원,『오순절 운동이 한국 교회에 미친 영향』(서울 : 국제신학연구원, 1993), pp. 69, 70.
200) 위의 책, pp. 51, 52.
201) 위의 책, p. 57.
202) Lee, Jae Bum, 'Pentecostal Type Distinctives and Korean Protestant Church Growth'(미간행 박사 학위 논문, 풀러 신학 대학원, 1986), p. 247.
203) 국제신학연구원,『오순절 운동이 한국 교회에 미친 영향』, p. 58.
204) 조용기,『새 생명의 길』, p. 88.
205) 이영훈, '한국 교회 성령 운동이 나아갈 길',『성령 운동의 현주소』(서울 : 국제신학연구원, 1993), p. 118.
206) 국제신학연구원, 앞의 책, pp. 227, 228.
207) 성서백과대사전편찬위원회 편,『성서백과 대사전』, 제4권(서울 : 성서교재간행사, 1982), p. 275.
208) 류형기 편,『성서주해』(서울 : 한국기독교문화원, 1978), p. 65.
209) 그리스도교대사전편찬위원회,『그리스도교 대사전』(서울 : 대한기독교서회, 1980), p. 327.
210) Eduard Thurneysen,『목회학 원론』, 박근원 역(서울 : 성서교재간행사, 1979), p. 44.
211) 이기춘, '한국 교회의 목회 신학 분석',『신학 사상』제37호(서울 : 한국신학연구소, 1982), p. 341.
212) 조용기,『성공적인 교회성장의 열쇠』(서울 : 서울서적, 1990), pp. 34, 35.
213) 조용기,『5중복음과 삼박자축복』, p. 238.
214) 안준배,『조용기 목사와 성령 운동』(서울 : 박영사, 1982), p. 229.
215) 위의 책, pp. 229, 230.
216) 헨리 H. 바네트,『기독교 윤리학 개론』, 최봉기 역(서울 : 침례신학대학 출판부,

1983), pp. 29, 30.
217) 조용기, 『5중복음과 삼박자축복』, p. 12.
218) 맹용길, 『기독교 윤리학 입문』(서울 : 대한기독교출판사, 1976), p. 9.
219) H. Richard Niebuhr, Christ and Culture(New York : Harper & Row Company, 1965), p. 431.
220) 영산연구원 편, 『기독교 윤리』(서울 : 서울서적, 1988), p. 32.
221) 박봉배 외, 『기독교 윤리학 개론』(서울 : 대한기독교출판사, 1987), pp. 19, 20.
222) 박봉배, 『기독교 윤리와 한국 문화』(서울 : 성광문화사, 1983), p. 111.
223) 영산연구원 편, 『기독교 윤리』, pp. 32, 33.
224) 박봉배 외, 앞의 책, p. 24.
225) 위의 책, p. 113.
226) 위의 책, p. 114.
227) 위의 책.
228) 위의 책, p. 115.
229) Helmut Thielicke, Theological Ethics(Philadelphia : Fortress, 1966), Vol. I, pp. 192, 193. 박봉배, 『기독교 윤리와 한국 문화』, p. 115에서 재인용.
230) 위의 책, ch. 6 박봉배, 『기독교 윤리와 한국 문화』, pp. 116, 117에서 재인용.
231) 박봉배, 앞의 책, p. 117.
232) Emil Brunner, The Divine Imperative(Philadelphia : Westminster, 1947), p. 85.
233) D. M. Baillie, God was in Christ(New York : Charles Scribner's Sons, 1948), p. 99.
234) 헨리 H. 바네트, 앞의 책, pp. 166~168.
235) 영산연구원 편, 『기독교 윤리』, pp. 35, 36.
236) 영산연구원 편, 『기독교 윤리』, pp. 67~73.
237) 진교훈, '환경 윤리학과 그리스도 윤리의 만남', 『현대 사회와 종교』(서울 : 그리스도교철학연구소, 1987), pp. 222~234.
238) Young-hoon Lee, The Holy Spirit Movement in Korea: Its Historical and Theological Development(Oxford: Regnum Books International, 2009), p.

119.
239) 앞의 책, p. 120.
240) 합계출산율이란? 여성이 출산할 수 있는 나이인 15세부터 49세까지 평생 낳은 자녀수를 의미하는 것으로, 각 연령별 출산율을 계산한 후 이를 더하는 방식으로 산출한다.
241) 레온 힌슨, 『웨슬리의 윤리 사상』, 이희숙 역(서울 : 전망사, 1987), pp. 144, 145.
242) 레온 힌슨, 앞의 책, pp. 178~180.
243) 이인현, '교회와 사회', 『기독교 사상』, 1972. 3, pp. 60~67.
244) 순복음교육연구소 편, 『오중복음과 삼박자축복』, pp. 30~32.
245) 박봉배, 앞의 책, pp. 574, 575.
246) 웨슬리는 1742년에 쓴 「감리교도의 성격」이라는 논문에서 "구원이 의미하는 바는 마음과 삶의 성결"이라고 밝히고 있듯이(John Wesley, Works Ⅷ. 341), 교리적이거나 이론적이기보다는 윤리적이고 실천적인 삶을 강조했다.
247) 레온 힌슨, pp. 38~40.
248) 이원규, "웨슬리 신학 전통에서 본 사회 변동과 한국감리교회," 『신학과 세계』(서울: 감리교신학대학교, 1989년 봄), p. 38.
249) John Wesley, Letters Ⅱ, pp. 309~310.
250) 웨슬리는 1774년 "노예에 대한 고찰"(Thoughts upon Slavery)이란 논문의 제목을 발표하여(Works Ⅺ, 59~79) 노예 제도에 반대하는 신학적 근거를 제시했다.
251) 웨슬리의 사회 윤리는, 생명을 주시는 분은 하나님이시므로 하나님보다 작은 권력이 인간의 생명을 그에게 종속시킬 수 없다는 점을 강조한다. 그러므로 인간의 생명이 목적을 이루기 위한 수단으로 사용될 수 없다고 주장한다 (Leon O. Hynson, To Reform the Nation: Theological Foundations of Wesley's Ethics, [Michigan: Francis Asbury Press, 1984], p. 47).
252) Elie Halevy, The Birth of Methodism in England, tr. by Bernard Semmel (Chicago and London: The University of Chicago Press, 1971), pp. 1~29, 64~77.
253) 웰쉬 부흥 운동으로 인하여 10만 명이 주님께로 돌아왔다. 부흥의 초기 6개월 동안에 회심한 자들 중 6만 명이 1910년 여전히 웰쉬 교회의 교인으로 남아 있었다.

주석

보다 자세한 사항에 대해서는 Young-hoon Lee, The Holy Spirit Movement in Korea: Its Historical and Theological Development(Oxford: Regnum Books International, 2009), 27면의 각주 25를 보라.

254) 많은 사람들이 이반 로버츠의 설교를 듣기 위해 줄을 서서 기다렸다. 상점들은 문을 일찍 닫았고, 공장의 노동자들은 작업복을 입은 채로 교회로 왔다. 당시 그의 집회를 목격한 사람들의 증언에 의하면 새벽 5시까지 계속된 예배시간 내내 사람들은 찬송을 하고 울면서 가슴을 치며 회개하였다고 한다. 이반 로버츠와 관련된 일화를 더 보려면 1904년의 웨일즈 부흥 운동과 1906년의 아주사 부흥 운동의 상황을 자세히 서술한 릭 조이너, 「세계를 변화시키는 능력」(서울: 순전한 나드, 2006)과 티모시 존스, 「하루 만에 꿰뚫는 기독교역사」(서울: 규장, 2007)를 참고하라. 이반 로버츠의 저서로는 이반 로버츠, 제시 팬 루이스, 「성도들의 영적 전쟁」(서울: 벧엘서원, 2008)이 있다.

255) 이 운동에 뉴질랜드와 호주로 건너갔으며 1905년에는 인도에 간접적으로 영향을 미치게 되었다. 인도의 부흥 소식이 중국을 통하여 한국으로 전해졌으며 이것이 계기가 되어서 1907년 한국의 장대현교회를 중심으로 부흥 운동이 일어나게 되었다. 보다 자세한 사항에 대해서는 Young-hoon Lee, The Holy Spirit 동일한 곳을 보라.

256) Frank Bartleman, "How Pentecost Came to Los Angeles," in Donald Dayton, ed., Witness to Pentecost: The Life of Frank Bartleman(New York, 1985), pp. 39, 53, 89.

257) The Apostolic Faith 1, No. 3(September, 1906), p. 3.

258) 로버트 리어든, 「아주사 부흥」, 김광석 역(서울: 서로사랑, 2006), pp. 112~113.

259) Assembly of God Report, "Being the People God Called," Pentecostal Evangel(1991), pp. 3~7.

260) "성령세례를 받기 전에 완전 성화를 먼저 추구해야 하는가?"라는 질문에 시무어는 대답하기를 "예, 성화는 우리를 거룩하게 하나, 성령세례는 성화된 후에 우리를 봉사적 권능으로 채우는 것이다."라고 하였다(Apostolic Faith[1908] 참조).

261) Apostolic Faith(1908).

262) Steven Land, p. 170.

263) Young-hoon Lee, pp. 34~49.
264) 요나단 고우포스의 책 「1907년 한국을 휩쓴 성령의 불길」(인천: 예수전도협회출판부, 1995)은 이 당시의 부흥 운동이 끼쳤던 사회적인 영향과 그 결과가 해외에까지 보도되었음을 밝혀준다.
265) 국제신학연구원, 「하나님의 성회 교회사」(서울: 서울말씀사, 1998), p. 199.
266) 조용기, "영성이란? 기도운동입니다." 「교회성장」, 2003. 5, pp. 19~20.
267) 이 주제와 관련된 필자의 최근의 인터뷰 기사를 위해서는 이영훈, "이사람: '세계 최대 교회' 여의도순복음교회 이영훈 담임목사" 「월간조선」, 2010. 1, 368~381면을 참고하라. 이 인터뷰에서 필자는 "사회에 기여하는 교회, 나누고 섬기는 교회를 만들겠다."라고 여의도순복음교회의 목회 방향을 밝힌 바 있다. 동일한 내용의 글이 "여의도순복음교회 담임목사 이영훈: '가진 자가 안 내놓는 게 문제; 재벌이 자세 바꾸면 노사문제 풀려'" 「신동아」, 2009. 5, 202~221면에 실린 바 있다.
268) 1990년 말부터는 성인은 물론, 국경을 초월하여 우즈베키스탄, 네팔, 베트남, 캄보디아, 우크라이나, 몽골, 중앙아시아, 중국까지 그 범위를 확대하였다.
269) '사랑과행복나눔'은 지금까지 700여명의 봉사자들을 배출했고, 한 달에 이, 삼백여 명의 봉사자들이 여러 분야별 봉사를 하고 있다. '사랑과행복나눔'은 연 8회 낙후 지역을 선정하여 주택 개보수, 의료 봉사, 생계비 지원, 이, 미용 봉사 등을 하고 있으며 향후 마을 축제나 문화 공연 등도 계획하고 있다. 정기적으로 소년소녀 가장과 독거노인들을 돌보고 있으며, 저소득층을 위한 의료비 지원 사업, 경제적 어려움으로 고통 받는 위기 가정에 생계비 지원, 저소득 위기 계층의 주택 개, 보수, 주택 임차 보증금 지원, 소규모 시설 개, 보수 지원 사업 및 후원금 지원 사업, 무료 법률 지원 사업 등 다양한 사업을 펼치고 있다.
270) 「순복음가족신문」, 2005. 2. 13, 9면에 그 전문(全文)이 실려 있다.
271) 1988년에 짐 베이커와 지미 스와가트 스캔들로 인하여 기독교계와 사회에 물의를 일으킨 바 있고, 최근에는 복음주의 진영의 지도자인 테드 해가드가 마약 복용과 동성애의 문제로 추락하였다.
272) 많은 오순절주의자들이 성령을 받고도 윤리적으로 비판을 받는 것은 윤리적인 변화를 위하여 애써서 기도하지 않기 때문이다. 은사와 능력을 구하는 것과 인격적

인 변화를 위하여 기도하는 것은 별개의 것이다. 성령의 은사와 성령의 열매는 동전의 양면과 같은 것이 아니다. 하나가 다른 것을 전적으로 보장해 주지 않는다.

미디어 속의 순복음

"지금은 심부름꾼… 공부에 힘쓸것"

여의도순복음교회 이영훈 담임목사 서리

이영훈 여의도순복음교회 담임목사 서리가 8일 기자간담회에서 활짝 웃고 있다.
이동희 기자

여의도순복음교회 담임목사 서리로 지난 1일 부임한 이영훈(52) 목사는 8일 서울 태평로 프라자호텔에서 기자간담회를 갖고 "기쁘기에 앞서 조용기 목사님의 사역을 어떻게 계승하고 이어갈 수 있을지 조심스럽고 두려운 마음"이라고 말했다.

지난달 투표를 통해 세계 최대 교회의 차기 담임목사에 선출된 이 목사는 이달부터 주일 오후 1시 4부예배의 설교를 맡는 등 '공부'를 시작했다. 이 목사는 2년간 서리로 사역한 뒤 공동의회를 거쳐 담임목사직을 이어받게 된다.

이 목사는 담임목사 서리로서 자신의 역할을 '심부름꾼'이라고 하면서 "조 목사님께 목회 수업을 받고 심부름을 하며 그분의 사역을 이어가고 계승할 수 있도록 열심히 공부하고 있다"고 말했다.

이날 간담회에서 이 목사는 시종일관 자신을 낮추면서 "지금은 조 목사의 목회를 배울 때"라고 강조했다. 그는 자신이 초등학생 때인 1964년 8월 처음 본 조 목사의 인상을 "키가 크고 깜마른 총각 목사"였다고 회상했다.

당시 조 목사는 설교할 때 말을 무척 빨리 했는데 "그 말씀에 굉장한 힘이 있어 마치 기관총으로 세례를 받는 것 같았다"고 이 목사는 말했다.

4대째 믿음을 이어온 집안 출신이라고 자신을 소개한 이 목사는 "증조부가 평양에서 처음 믿음을 가지셨으며, 외가쪽은 성결교인이고 저희 집안은 원래 장로교회에 출석했다"고 밝히고 "제 동생이 감리교회 선교사이니 장로교 감리교 성결교와 순복음교회가 우리 집안에 모두 있다"며 웃었다. 그는 "미국에서 각 교파의 선교사들이 들어왔기 때문에 한국교회가 여러 교파로 나뉘었지만 사실은 단일 문화권에 같은 찬송, 같은 성경을 쓰는 등 세계에서 찾아보기 힘든 연합을 이뤘다"고 말했다.

앞으로의 목회 방향에 대해 그는 "지금은 공부를 더 해야 할 때"라면서도 "조 목사님께서 그동안의 개인 구원과 양적 성장에서 사회 구원과 질적 성숙을 강조하고 계신다"고 말했다.

그는 "소외된 이웃을 돌아보고 하나님이 창조하신 생태계의 질서를 복원하는 일동이 교회가 관심을 가져야 할 이슈가 될 것"이라며 "개방기 교회가 사회 변화에 기여한 것처럼 21세기에도 그같은 역할을 해야 한다는 것이 조 목사님의 생각"이라고 강조했다.

김지방 기자 fattykim@kmib.co.kr

[이웃 돌아보고 생태계 질서 복원할 때] / 2006.12.08. 국민일보

"향후 5~8년 한반도에 획기적 변화 교회 사명은 민족 화해·복음통일"

이영훈 목사 심포지엄서 발제

순복음영산신학원과 여의도순복음교회 국제신학연구원은 19일 '분단 극복을 위한 기독교의 과제'를 주제로 통일을 위한 교회의 역할을 모색했다. 서울 신수동 순복음영산신학원에서 열린 심포지엄에선 이영훈 (사진) 여의도순복음교회 목사가 발제자로 나서 한반도를 둘러싼 국제정세를 분석하고 통일시대 교회의 역할을 강조했다.

이 목사는 "올해가 분단 65주년인데 향후 5~8년은 영적으로 이스라엘 민족이 바벨론 포로생활 70년을 보낸 해와 같다"면서 "전문가들은 이 기간 내에 한반도에 획기적인 변화가 올 것을 조심스럽게 예상하고 있다"고 설명했다. 그는 또 "독일 통일에 동·서독 교회가 적극 나섰듯 화해의 신앙과 평화의 창시자이신 예수님의 십자가를 제시하는 것이 한국교회의 사명"이라며 "십자가만이 인간과 인간, 분립된 민족 간 화해를 가져올 수 있다"고 강조했다.

이 목사는 "정치나 이념적인 통일방법은 결코 대안이 될 수 없다"면서 "유일한 길은 신앙으로 복음통일을 이룩하는 것이며, 북한의 자존심을 상하지 않도록 남한이 자연스럽게 체제의 우월성과 유익을 보여줘야 한다"고 말했다. 글·사진=백상현 기자 100sh@kmib.co.kr

[남북한 화해와 평화는 한국 교회의 사명] / 2010.10.19. 국민일보

미디어 속의 순복음

21세기 세계선교의 방향성을 모색한 '에든버러 2010 대회'가 6일 오후 5시(한국시간 7일 오전 2시) 에든버러 어셈블리 홀에서 폐막됐다. 1910년 에든버러 대회가 이후 100년간 전개된 세계교회 연합운동의 출발점이 됐듯 이번 대회 역시 향후 세계선교 역사에서 큰 영향을 미칠 것으로 보인다. 특히 이번 대회에서 한국교회가 차지한 비중은 컸다.

'에든버러 2010 대회' 폐막- 달라진 한국교회 위상 확인

'에든버러 2010대회'는 21세기 세계선교의 방향성을 제시했다.(왼쪽). 여의도순복음교회 목사가 4일 '크리스천의 영성과 여의도순복음교회의 섬김 사역'을 주제로 발제하고 있다.

한국 목회자 강의·설교⋯ 선교 보고서 작성

100년 전 변방에서 중심으로

이영훈 목사 섬김의 선교 주창
여의도순복음교회 세계적 명성

진보·보수 한자리서 토론

전세계 대표 300여명 참석
이념 아우르는 선교 방향 제시

◆한국교회 약진=100년 전만 해도 한국은 중국 일본 인도 아프리카 등과 함께 선교 대상국으로 분류된 세계교회 지도자들이 "어떻게 하면 효과적으로 도와줄 수 있는가"를 두고 토론을 받이는 처지에 있었다. 하지만 100년 만에 상황이 달라졌다. 한국인 목회자들은 주요 강의와 마지막 날 설교, 선교 보고서 작성을 맡았다.

특히 아시아 대표로 나선 이영훈 여의도순복음교회 목사는 주요 강의 발제자로 초청돼 21세기 세계선교의 실제적 대안을 제시했다. 이철신 연동교회 목사는 6명의 주일 설교자 중 한명으로 초청받으며, 연교성 전 몽골 선교사는 이번 선교 보고서 작성자 가운데 한명으로 참여했다. 340쪽짜리 보고서에선 한국교회가 모범 사례로 자주 언급됐다.

미국침례교연합회 대표로 참석한 앨베스 로이 메들리(62) 목사는 "이영훈 목사가 발표한 여의도순복음교회의 성장 동력과 영성은 큰 도전을 줬다"면서 "복음 전파에 그치지 않고 평화와 하나님의 정의, 전인구원을 위해 다양한 활동을 펼치는 여의도순복음교회와 파트너십을 갖고 싶을 정도"라고 말했다. 커스틴 김 대회 준비위원장은 "이번 회의에서 한국인 목회자가 주제발표와 설교를 맡은 것은 한국교회의 위상을 보여주는 것"이라고 말했다. 세계교회협의회 선교와전도위원회 금남실 총무는 "이 목사가 주창한 겸손과 섬김의 선교는 신학적으로 굉장한 깊이를 갖고 있기 때문에 소책자를 만들어 한국교회에 배포해도 좋을 것"이라고 조언했다.

◆진보·보수 함께 방향 고민=이번 대회의 또 다른 특징은 개신교부터 성공회, 정교회, 천주교에 이르기까지 예수를 따르는 전 세계 기독교 단체의 대표 300여명이 한 자리에 모였다는 것이다. 특히 진보와 보수 교회는 한 자리에 모여 1910년 주제였던 '비기독교 세계에 복음 전파' '선교지의 교회' '협동과 연합의 증대' 등 9개 주제에 따라 과거와 현재, 미래를 찾는 세미나를 가졌다. 여기에선 서구 중심의 제국주의, 식민지 정책, 세계화, 물질주의에 편승한 교회의 모습을 반성하고 변화하는 시대적 상황에서 대화, 평화, 연합, 바른 신학사상 정립 등을 촉구하는 내용이 주를 이뤘다.

대회에 초대된 홍성욱 안양제일교회 목사는 "1910년 대회가 금세기 안에 복음화를 이룩할 수 있다는 낙관에 지배됐다면 이번 대회에선 진보와 보수가 하나 되지 못했던 것을 반성하고 대안을 제시하는 분위기가 강했다"고 소개했다. 김정석 광림교회 목사도 "한국에는 세계 최대의 교회와 감리교회, 장로교회가 있을 정도로 큰 저력을 지니고 있지만 아쉽게도 진보와 보수가 하나 되지 못하고 있다"면서 "다원주의의 거센 도전 속에서 효과적으로 복음을 전파하기 위해선 진보와 보수가 손잡고 이영훈 목사가 보여주신 겸손과 섬김의 눈높이 선교를 해야 한다"고 조언했다.

에든버러=글·사진 박석현 기자
100sh@kmib.co.kr

[21세기 세계 선교 방향성을 모색한 에든버러 선교대회 / 2010.06.06. 국민일보]

미디어 속의 순복음

"절대적인 긍정의 믿음이 삶을 축복으로 인도할 것"
영혼의 리더〈48〉 여의도순복음교회 이영훈 담임목사

김환영〈whanyung@joongang.co.kr〉
| 제171호 | 20100620 입력

이영훈 목사는 "교회가 사회를 변화시키는 주역이 되어야 한다."고 생각한다. 개인 구원으로 출발한 교회가 성장한 후에는 활동 영역을 사회 구원으로 확대해 나가는 게 당연하기 때문이다. 신인섭 기자

여의도순복음교회는 조용기·최자실 목사가 1958년 설립한 이래 세계 최대의 단일 교회로 성장했다. '교단 규모'의 대형 교회이지만 여의도순복음교회는 1914년 미국에서 창립된 '하나님의 성회(AG)'의 일원인 '기독교대한하나님의성회' 교단에 속한다. 하나님의 성회는 세계 212개국에 6000만 명의 신자가 있다. 19세기 말 영국과 미국에서 시작된 '오순절 운동'으로 탄생한 교단 중 가장 크다. 오순절 운동은 성경과 초대 교회로 돌아가자는 운동이다. 오순절 운동은 특히 예수 부활 50일째, 승천 후 열흘째 날인 오순절에 예수의 제자들에게 성령이 강림한 사건에 주목하고 성령 체험을 재현한다. 세계에는 2억 5000만 명에 달하는 오순절 교회 신자가 있다. 가톨릭·성공회·장로교 등 다른 교회에 속하면서 성령 은사 운동을 하는 크리스천들까지 합하면 오순절 운동의 영향권에 있는 크리스천은 5억 명이다.

2007년에 등록 교인 수가 83만 명에 달했던 여의도순복음교회는 수도권 21개 지교회를 독립시켜 현재는 등록 교인이 45만 명으로 줄었지만 지금도 매달 1000명의 새 신자가 생기고 있다. 조용기 목사가 2008년 목회 50년을 맞아 은퇴하고 이영훈(55·사진) 담임목사가 후임으로 여의도순복음교회를 이끌고 있다. 이 목사에게 '조용기 목사님의 사역의 뒤를 잇는다는 것은 매우 버겁고 두렵고 또한 기쁜 일'이다.

등록 교인 45만 명, 매달 새신자 1000명씩 생겨

조용기 목사의 인도로 46년간 신앙생활을 해온 이영훈 목사에게 조 목사는 영적인 아버지이자 스승이다. 이 목사는 특히 두 가지 면에서 이상적인 후계자다. 첫째는 국제적인 감각과 역량이다. 이영훈 목사는 워싱턴 순복음제일교회 및 순복음동경교회 담임목사, 베데스다대학교 총장 등으로 일하며 국제 기독교 무대에서 활동할 수 있는 훈련을 받았다. 이

미디어 속의 순복음

목사는 60개국 300명의 교회 지도자가 모인 '에든버러 2010 대회'에 아시아 대표로 참가해 4일에는 주요 강의 발제자로 나서 겸손과 섬김의 선교를 주창했다. 둘째, 미국 웨스트민스터 신학대학원(신학석사), 미국 템플대(종교철학 석사ㆍ박사)에서 공부한 이 목사는 국제신학연구원장, 일본 순복음신학대학 학장, 한국기독교교회협의회(KNCC) 신학위원장으로 활동하며 '오중복음(중생ㆍ성령충만ㆍ신유ㆍ축복ㆍ재림의 복음)'과 '삼중축복(영적ㆍ환경적ㆍ육체적 축복)'으로 요약되는 조용기 목사의 신학을 발전시킬 수 있는 훈련도 받았다. 이 목사의 저서로는 『한국의 성령운동』『하나님이 기뻐하시는 교회』『예수 우리의 기쁨』『영광의 소망 예수 그리스도』 등이 있다. 이영훈 목사를 12일 여의도순복음교회에서 만났다. 다음은 인터뷰 요지.

-순복음교회의 뿌리가 되는 오순절 운동은 어떤 운동입니까.
"오순절 운동은 사도행전에 나오는 성령 강림 사건을 재현하는 것입니다. 성령 강림은 교회를 탄생시킨, 예수님께서 승천하신 후 일어난 가장 중요한 사건입니다. 바울은 성령 체험을 체계적으로 정립해 가르쳤습니다. 중세에는 영적 활동에 대한 강조가 점차 약해지는 경향이 있었습니다. '예수는 누구인가'라는 문제로 기독론이 전개됨에 따라 성령 하나님보다는 성자 하나님에 신학적인 관심이 집중되기도 했죠. 하지만 중세에는 수도원 운동이 있었고 종교 개혁 이후에는 존 웨슬리의 감리교 운동, 성결교 운동에 이어 오순절 운동이 전개됐습니다. 갑자기 생겨난 게 아니라 초대 교회부터 면면히 이어오는 운동입니다."

-현대 교회에서 오순절 운동의 위상은 어떻습니까.
"오순절 운동은 '제3의 기독교'라고 불립니다. 20세기 초 시작된 부흥 운동은 전 세계로 확산됐습니다. 기성 교회ㆍ교단도 많은 신자가 성령을 체험하자 오순절 운동을 수용하게 됩니다. 1960년 데니스 베네트 성공회 신부가 은사 운동을 개시했고 67년에는 가톨릭 신학생들이 성령을 체험해 가톨릭 내에서도 성령 은사 운동이 확산됩니다. 가톨릭 은사 운동의 주역 중 한 사람은 벨기에 추기경인 조제프 수에넨스였습니다. 명동 성당에도 은사 운동 담당 신부가 있습니다. 6월 초 에든버러 100주년 대회가 있었습니다. 이번 대회는 21세기 선교에서 오순절 운동이 차지하는 중요성을 확인했습니다. 2013년 한국에서 총회를 개최하는 세계교회협의회(WCC)도 오순절 운동에 주목하며 오순절 교회와 계속 대화하고 있습니다."

-오순절 운동은 개신교와 가톨릭을 한데 묶는 데 기여하고 있습니까.
"해외에서는 교파를 초월해 은사 운동이 전개되고 있습니다. 조용기 목사님이 프랑스에 가셨을 때 가톨릭 은사 운동 행사에서 설교하신 적도 있습니다. 교회가 하나 되는 데 가장 큰 힘이 성령 운동이라고 생각합니다."

미디어 속의 순복음

-세례는 성부·성자·성령의 이름으로 받는 것인데 성령 체험은 세례 직후부터 시작돼야 하지 않습니까.

"신앙인들이 처음 예수를 믿었을 때 내게 성령이 오시는 사건과 그 이후에 성령으로 충만하게 되는 사건으로 성령 체험을 나눠 볼 수 있습니다. 컵에 물이 차기 시작할 때를 지나 컵이 물로 넘치는 단계가 있죠."

교회 하나 되게 하는 힘은 성령 운동

-성령 체험을 하면 방언을 반드시 하게 됩니까.

"방언은 성령 체험을 할 때 나타나는 보편적인 외적 현상입니다. 그러나 방언을 못하면 성령 체험을 못한 것이냐는 질문에 대한 답에는 논란의 여지가 있습니다. 성령의 선물로는 치유의 은사도 있는데 순복음교회의 발전 과정에서 자주 나타났고 지금도 계속 일어나고 있습니다. 성령의 열매는 예수님의 성품으로 변하는 것입니다. 그리스도인의 삶에서 예수 믿고 난 다음의 거룩한 변화를 성화(聖化)라고 하는데 성령 체험을 통해 성화의 단계로 계속 발전해 나가는 것이죠."

-순복음교회라는 교회 이름에서 순복음은 무슨 뜻입니까.

"19세기 말 이후 기독교 신학에 문서비평을 비롯한 자유주의 물결이 들어와 성경 속에 하나님의 말씀뿐만 아니라 사람의 말도 있다는 주장이 제기됐고 성경의 많은 부분이 신화로 취급됐습니다. 이에 대해 성경을 있는 그대로 전체를 믿자는 취지가 'full gospel', 즉 '충만한 복음'이라는 용어로 표현됐습니다. 순복음으로 번역한 것은 선교사들입니다."

-순복음교회가 진보 성향의 한국기독교교회협의회(KNCC)에 가입한 이유는 무엇입니까.

"조용기 목사님은 진보와 보수가 어울려야 한다고 보셨습니다. 성령의 능력으로 KNCC가 한쪽으로 치우치지 않는 균형 있는 단체로 이끈다는 측면이 있었습니다. 한국 사회의 약점 중 하나는 대립입니다. 교회가 이념·지역 간 대립을 극복하고 하나로 묶는 역할을 해야 합니다. 성령의 역사로 그것이 가능합니다."

-교회가 대립을 극복해야 하지만 교회 간의 경쟁이 또 다른 대립을 낳는 경우도 있지 않습니까.

"순복음교회는 다른 교회에 속한 적이 없는 새 신자에 대한 선교를 중시합니다. 순복음교회 초창기에는 성령 체험을 위해 다른 교단에서 신자들이 찾아 온 경우도 있었지만 은혜 받은 후에는 본래 교단으로 되돌아갔습니다. 순복음교회의 공헌 중 하나는 각 교파에 성령 운동의 불길을 확산시킨 것입니다."

미 디 어 속 의 순 복 음

-순복음교회에 대해 해외에서도 관심이 많은데요.

"지난해 은퇴한 하버드대의 하비 콕스 교수가 『하늘로부터의 불(Fire From Heaven)』이라는 책을 출간했습니다. 콕스 교수는 미국에서 오순절 교회를 제외한 모든 교회가 쇠퇴하고 있는 것을 발견하고 유독 오순절 교회만 부흥하는 이유에 대해 분석했는데 11장은 한국 교회와 여의도순복음교회를 다룹니다. 진보적인 신학자들을 포함해 세계적인 석학들은 오순절 운동에서 21세기 선교의 희망을 봅니다."

선행 따라 하늘나라서 받을 상급 달라

-순복음교회 신앙은 선행을 어떻게 봅니까.

"선행이 구원의 전제 조건은 아니지만 구원 받은 사람은 열심히 선행을 해야 합니다. 그래야 이 땅의 하늘나라가 확장됩니다. 선행에 따라 하늘나라 가서 받을 상도 다릅니다. 기독교의 본질은 사랑과 섬김입니다. 크리스천이 '작은 예수'가 되면 한국 사회가 밝게 될 것입니다. 교회 차원에서 순복음교회는 '사랑과행복나눔재단' 등 복지 재단을 운영하고 있습니다. 성령 운동의 열매는 사회를 겸손하게 섬기고 소외된 이웃을 향해 나아가는 것입니다. 여의도순복음교회는 심장병 수술을 지원해 4000여 명의 생명을 살렸습니다. 다문화 가정의 정체성 문제, 이혼 문제, 저출산 문제 등에 대해서도 순복음교회가 나서고 있습니다."

-통일을 위해선 어떤 활동을 하고 있습니까.

"평양에 남북 합작으로 조용기심장병원을 짓고 있습니다. 남한의 모든 교회가 통일을 위해 기도하면 좋은 일이 곧 일어날 것입니다. 독일 통일에도 교회의 기도가 통일의 물꼬를 텄습니다."

-어떤 성경 구절을 가장 좋아하십니까.

"로마서 8장 28절입니다. '우리가 알거니와 하나님을 사랑하는 자 곧 그의 뜻대로 부르심을 입은 자들에게는 모든 것이 합력하여 선을 이루느니라.'라는 말씀입니다. 실패 · 어려움 · 고난까지도 모두 하나님께서 우리에게 좋은 결과를 낳게 하시는 과정이라는 것입니다. 하나님에 대한 절대적인 긍정의 믿음이 우리의 삶을 하나님의 축복으로 인도합니다."

[여의도순복음교회 이영훈 담임목사 인터뷰 / 2010.06.20. 중앙선데이]

미디어 속의 순복음

[신년 인터뷰] 이영훈 여의도순복음교회 담임목사

"개인구원서 사회구원 …… 전환점에 서 있습니다"

대담=임순만 종교국장
[2009.01.11 14:16] 정리=백상현 기자 100sh@kmib.co.kr

이영훈 여의도순복음교회 담임 목사. 그는 지난해 5월 취임한 후 온건한 품성으로 대(代)를 잇는 순복음 영성, 섬김의 리더십, 오중복음과 삼중축복의 영성 이론을 더욱 체계화하면서 78만명의 성도들로부터 큰 호응을 얻고 있다. 출석 교인 세계 최대 교회의 담임을 맡아 부담이 많지 않느냐는 질문에 "넘치는 은혜 속에서 엎드려 기도하며 주님이 도우시는 능력으로 부담을 극복하고 있다."고 답했다. 이 목사는 본보와의 첫 인터뷰에서 한국 교회와 사회적 실천, 성령운동 등 그동안의 생각을 밝혔다. 순복음 신학의 '장자(長子)'답게 그의 설명은 명쾌하면서도 장려함이 있었다.

－담임 목사에 취임한 후 지금까지 언론의 인터뷰에 나오지 않았습니다. 그간 중점을 둔 사역은 어떤 것입니까.

"그동안 언론에 나오지 않은 것은 갖춰야 할, 내실화해야 할 것들이 많았기 때문입니다. 교회의 아름다운 전환기에 전임 목사님의 전통을 이어가면서 사역을 확장하는 것이 후임 목사의 할 일일 것입니다. 조용기 목사님 사역의 뒤를 잇는다는 것은 매우 버겁고 두렵고, 또한 기쁜 일입니다. 조용기 목사님께서 50년간 해오신 성령운동, 개인 구원의 운동을 사회 구원 운동으로 확산시켜야 하는 시점에 제가 서 있습니다. 과거에는 사회 구원 운동을 민중신학적 개념으로 이해하는 측면이 있었으나 근래에 들어와서는 교회의 사회 구제 봉사사역이 성경에서 말하고 있는 본질적인 사역임을 많이들 인식하고 있습니다. 조용기 목사님께서 은퇴 후 전개하고 있는 '사랑과행복나눔 운동'은 사회 구제 사역의 새로운 모델이 될 것으로 확신합니다."

－최근 한국 교회에 '성령운동'이란 말이 최대의 핵심어가 되고 있습니다. 성령운동이 어떤 것인지 간략하게 설명해주십시오.

"일반적으로 한국 기독교의 정체성을 1907년 평양대부흥운동에 두는데 그 부흥 운동의 핵심은 성령운동이었습니다. 그러나 일제시대를 거치며 열기가 식었고 유교적 영향을 받

미디어 속의 순복음

아 경건주의를 강조하다 보니 영적으로 메마르게 됐습니다. 이런 상황에서 조용기 목사님이 1960년대 '영혼이 잘됨 같이 범사가 잘되고 강건케 되어 이 땅에서 축복을 받는다'는 희망신학과 성령운동으로 잠자고 있는 교회를 깨우기 시작했습니다. 처음에는 많은 교회들이 잘 이해를 하지 못해 갈등이 있기도 했지만, 오히려 그런 갈등이 한국 교회의 신학을 성숙하게 했습니다. 지금은 부흥하는 교회는 어디나 성령운동을 중시합니다. 성령 사역이 없으면 교회 부흥이 어렵습니다. 한국 교회가 처음부터 성령운동으로 탄생했기 때문입니다.

- 평양 조용기심장병원 공사는 어떻게 돼 갑니까.

"여의도교회가 추진하는 사업이지만 남북관계에 획기적 변화를 가져올 것이 바로 평양 조용기심장병원입니다. 지금은 남북관계가 경색되어 모두 닫혀있지만 저희 심장병원만은 열려 있습니다. 개성관광 철수 때도 우리는 올라갔습니다. 지금도 육로로 건축물자와 쌀이 올라가고 있습니다. 심장병원은 통일 된 후 '한국교회가 그동안 뭐했냐' 할 때 자신 있게 내놓을 수 있는 것입니다. 심장병원은 조 목사님이 남북통일을 예상하고 기독교적 정신으로 북한 심장부에 세운 것입니다. 최근 소식에 따르면 북한 주민들이 이 병원이 남쪽 교회에서 세운 것이라는 사실을 알고 있다고 합니다. 오는 6월 상량식을 하고 내년 봄에는 준공식을 하게 됩니다. 지금 지하 공사를 끝내고 2층 건설 중에 있습니다. 지금 남북관계가 경색되어 있습니다. 그러나 병원만은 예외로 인정하고 있습니다. 다행이라 생각합니다. 북한 사람들은 본인을 위해 심장전문병원을 지어주는 것에 대해 굉장히 고마워하고 있습니다. 평양 고위층이 병원을 이용하면 남쪽 교회가 사랑을 베풀었다는 사실은, 말은 안 해도 다 알게 될 것이라 봅니다."

- 목사님의 강점과 약점이 무엇이라 생각하십니까.

"부족한 것이 매우 많습니다. 매주 설교하는 것이 참 힘든 것 같습니다. 늘 하고 나서도 부족하다는 생각이 듭니다. 지난 송구영신 예배 때는 조용기 목사님이 뒤에 앉아서 설교를 들으셨는데 긴장이 많이 됐습니다. 그리고 사역이 너무 바쁘다보니 가정에 알게 모르게 소홀히 하는데, 그 부분도 참 죄송스럽습니다."

- 가족관계가 어떻게 되십니까.

"아내는 저보다 3년 연하이고 올해 12살 되는 딸이 하나 있습니다. 결혼하고 하나님께서 17년 만에 소중한 딸을 주셨습니다. 그래서 개인적으로 하고 싶은 바람은 부모에게 버림받은 아이들을 도울 수 있는 한 많이 돕는 것입니다. 둘째를 기르는 마음으로 돌보고 싶은 마음이 있습니다. 소외된 아이들, 상처 입은 아이에 대한 관심이 많습니다."

- 한국 사회가 시급히 관심 가져야 할 문제는 무엇입니까.

미디어 속의 순복음

"요즘엔 가정이 깨어지면 부모 양쪽이 아이를 맡지 않고 짐으로 여긴다고 합니다. 농어촌 선교하는 분한테 들은 얘기인데 시골에 갔더니 아이들이 그렇게 많았다고 합니다. 자식이 이혼하고 손자 손녀를 맡기곤 다시는 안와 산골마다 할아버지 할머니와 같이 사는 아이가 많다고 합니다. 그 말 듣고 마음이 너무 아팠습니다. 한국사회는 아무도 이 말을 않고 있습니다. 그러나 아이들이 10~20년 후가 되어 사회적 물의를 일으킬 때 말을 시작할 것입니다. 이것을 방지하기 위해선 어떻게 하든지 '너는 버림받은 아이가 아니다, 하나님이 너를 사랑한다'며 하나님 사랑을 알려 바로 서게 만들어야 할 것입니다. 교회에서 그렇게 사회의 어두운 부분을 끌어안기 시작하면 교회 때문에 미래가 밝아질 것입니다. 국민일보가 그런 보도를 많이 해줘서 한국 사회에 좋은 이정표를 제시해 주었으면 좋겠습니다."

"국민일보는 보수와 진보를 아우르는 절묘한 특징을 가지고 있어서 참 좋다고 생각합니다. 특히 미션 면은 한국 교회의 희망입니다. 국민일보가 너무 한쪽으로 치우치지 말고 진보·보수를 끌어안는 드높은 균형 감각을 잃지 말아주실 것을 당부드립니다. 기독교 대변지로서 사람들에게 새로운 희망과 꿈을 담아 사회를 밝게 이끌어주실 것을 거듭 부탁드립니다."

["개인 구원서 사회 구원 …… 전환점에 서 있습니다." / 2009.1.11. 국민일보]